月見野の発掘

先土器時代研究の転換点

✻

戸沢充則［編］

TSUKIMINO

新泉社

月見野の発掘

はじめに──解題をかねて

戸沢　充則

　いまから40年前、1968年におこなわれた神奈川県月見野遺跡群の発掘は、そのちょうど20年前の1949年、岩宿遺跡の発掘を契機として始まった日本の旧石器段階の文化＝先土器時代文化研究の学史の中で、一つの画期をなしたものであると位置づけられている。研究者がよく用いる「月見野・野川以前と以後」というキーワードは、月見野発掘の翌年（1969年）発掘調査された東京都野川遺跡の成果と並べて、実はわたし自身が発した言葉である（第III部1参照）。

　その後の研究史を通じて、月見野や野川の発掘の成果や意義が、多くの若い世代の研究者によって語られ、またさまざまな評価が加えられている。それはそれで発掘当事者の一人としてたいへん嬉しいことであるが、「月見野・野川以前と以後」といった当時のわたしの真意は、もう一つ別のところにあったと想い起こす。その気持ちを垣間見る一つの証言が、40年前に月見野の発掘に参加した一人の学生の回想の中にある。

　「私達学生の多くは、旧石器時代遺跡の発掘調査がはじめての経験でもあり、こうした調査結果を何の違和感もなく受け入れていたが、当時、すでに石器文化の編年観を確立されていた先生にとっては驚きは大きかったようで、そのことを率直に学生達に話し、新たな体系化の必要性を語られていた。また各遺跡の石器の分布がブロック群をなして広範囲に広がることから、先生はブロックを単位とした遺跡の構造を明らかにする必要があることも力説されていた」（鈴木次郎「月見野遺跡群の調査について」『市民と学ぶ考古学』2003年より）

　この回想記が書いているとおり、岩宿発掘以来の20年の研究史の中で、初期の段階（発見史段階）の先輩たちの業績を批判的に継承し、1960年代以後、「インダストリー論」などを掲げて方法論にも口をはさみ、いくつかの遺跡で貧しい実践を繰り返してきたわたしにとっては、月見野の発掘で直面

したような、量的にも質的にも予想を超えた石器群や、それらの遺跡における遺物分布や層位の在り方などを前に、驚嘆すべき体験だった。そしてその驚異の発掘成果を、それまでの自らの実践や方法論と重ね合せて、反省の思いが積み重なるばかりだった。

　だから「月見野・野川以前と以後」というキーワードは、先土器時代研究史上におけるわたし自身の〝自分史〟に終止符をうち、新しい世代にかける期待を、やや〝詩的⁉〟に、わたしなりに表現したものだったといまにして思う。

　月見野遺跡群の第一次発掘がおこなわれた1968年のわたしの年譜をみると、わたし自身の記事と並んで「津島遺跡明治百年記念武道館事件（5月）」と記されている。そして翌年の69年の年譜の冒頭には「大学紛争のためフィールド調査はほとんど中断」と書かれ、その右欄には「東大安田講堂事件（1月）」の記事もある。それ以来約10年、1979年の矢出川遺跡群の総合調査まで、わたしが主体的にかかわったフィールド調査は皆無だった。月見野の第二次調査（1969年）や、砂川遺跡の第二次調査（1973年）などいくつかの発掘は、何人かの若い研究者がわたしに代わって、調査の担当や現地の指導にあたってくれた。そしてわたし自身は、大学や学界（日本考古学協会）の役職を当てがわれて、かの「学園紛争」の対応に追われた。

　その間、大学の研究室に持ち込まれた月見野遺跡群の彪大な資料はどうなったか。それらはほとんど封印状態で研究室や考古学陳列館の一角に保管され、長い期間（10年以上）本格的な整理や研究をすることはできなかった。

　しかし、そんな困難で切迫した状況の中であったが、法令で決められた発掘終了報告を文化庁や神奈川県教育委員会、さらに発掘主体者である東京急行電鉄株式会社に提出する義務があった。どこでどのように、誰が作業をおこなったか、いまではほとんど記憶がないが、おそらく発掘期間の毎夜、合宿所で夜遅くまでその日の調査結果を整理し、またある課題について学習・検討した成果を中心に、最低必要な図版等を用意してまとめたのが、本書の第Ⅰ部として復刻した『概報・月見野遺跡群』である。

　原本40頁の本文・図版は全部手書（描）き。それを当時の性能の低い機器でコピー印刷して仕上げている。そのため頁によっては印刷がかすれたりして、いま手元にある一冊など、ところどころ判読のむずかしい部分も少な

くない。それだけにかえって、当時、発掘に参加した大学院生や学生たち調査団員の情熱や努力の跡が、そのままなまなましく行間に、また一つひとつの図に読みとれるほどである。もちろん今回はその文字は全部活字化した。しかし図版については版組・判型の都合で、縮尺や植字を多少変更した部分もあるが、なるべく原本に近い形で復刻した。

ところでこの『概報・月見野遺跡群』は、発行時おそらく50部程度の小部数がコピーされたと記憶する。当然、次年度に予定されていた第二次調査分もふくめて、完全な整理・分析の結果をふまえて、本報告書の作成・発表がなされるはずの計画であった。しかし、前述のような当時の学内・学界状況もあって実現していない。そのことは発掘の担当者でもあり、その後の大学の研究室の責任者の一人でもあったわたくしくの、大きな責任であったと深く反省している。発掘40周年の記念に、この復刻版の概報刊行を思いついたことを、せめてのおわびのしるしとしたい。

新たに加えた「写真構成 月見野の発掘」を見て、研究史の画期となった40年前の研究最前線の原点を偲んでいただきたい。

概報の発行で、わたしの月見野遺跡群の発掘は終わった（？）が、「月見野以後」の研究は若い研究者によって続けられ、多くの成果が研究史の上に記録されることになった。本書の第II部に収録した諸論文は、月見野遺跡群調査団の主体をなして努力した、当時の学生・大学院生だった次世代の先土器時代研究者たち（戸沢は除外）の多くの業績の中から、月見野の調査に関係深いものを選んだ。

先述したように、わたしにとっては"驚異"の資料群を前にして、その整理や分析も思うように出来ない歯がゆさの中で、将来の報告書の基礎・基幹になるような研究を、発掘に参加した学生の卒業論文のテーマとしてとりあげるようにはからった。

「先土器時代の石器群とその編年」（鈴木・矢島 1978年）と「先土器時代の遺跡群と集団」（小野 1979年）は、月見野遺跡群調査の経験と、相模野の他の多くの調査資料等を基礎とした研究の成果である。それぞれの論文は月見野発掘以後、そして卒業論文提出後10年前後の時期を経ている。その後の相模野地域の発掘の成果もとり入れて、『日本考古学を学ぶ』（有斐閣）の初版に掲載された論文で、もちろん卒業論文とくらべてかなり内容が深まって

はいる好論文で、共にきわめて広く研究者・市民にも読まれた一般書での論文ということもあって、月見野以後の研究史の中の基本文献の一つといってよい。なお、この論文が発表された『日本考古学を学ぶ』は10年後に新版を再発行し、その際、研究の進展にともなってかなりの改訂が加えられたが、本書では学史的な意義を考え、初版本の原著を採録した。

「神奈川県・月見野遺跡群」（安蒜・戸沢 1983年）は、月見野とその調査の成果の概要を、コンパクトにまとめて一般に紹介した論文の一例としてあげた。この副題というべきかキーワードに「先土器時代のムラ」と付けたことは、月見野の発掘が遺跡の構造的研究の重要な出発点の一つになったとされる研究史的な評価と関係がある。

その研究史の流れはさらに大きく展開して、個々の遺跡（ムラ）で完結するのではなく、遺跡群の構成やその移動などを通して、より大きな単位としての先土器時代の社会の追求へと拡大した。「先土器時代における遺跡の群集的な成り立ちと遺跡群の構造」（安蒜 1985年）は、そうした研究の先駆的かつ代表的な論文の一つであろう。

冒頭に触れた「月見野・野川以前と以後」の研究史的画期について、最近わたしは〝自分史〟的な意味づけをおこなった（第Ⅲ部5参照）。それは「インダストリー論」研究を「考古地域史論」といった〝自分史的研究戦略〟に結びつけられないかという試みである。そして「月見野・野川以後」の先土器時代研究は、歴史叙述を目ざす石器群の研究、遺跡・遺跡群の研究でなければならないと、何度も意見を述べた（第Ⅲ部）。

日本列島有数の質量ともにすぐれた先土器時代の遺跡群を持ち、多数の研究者によってその時々に学界をリードするような研究の歴史をもつ相模野で、先土器時代の歴史叙述がいつか可能になることを夢みていた。幸いなことに、最近のいくつかの「市史」の叙述の中に、そのモデルになるような業績が見られるようになった。「先土器時代の地域史を復元する」（矢島 2002年）と改題して本書に収録ができたのは、月見野遺跡群のある大和市に接した『綾瀬市史』の第一章である（一部割愛）。地方史誌における一つの試みである。

第Ⅱ部の最後に、「先土器時代文化 2003 相模野平成篇」（織笠 2003年）を加えた。筆者の織笠昭君は、40年前はまだ大学生ではなく、当然、月見野の発掘には参加していない。しかし学生時代も、そして卒業後も相模野の先土器時代遺跡群を主なフィールドとして、旺盛な研究活動を展開した。数

多くの論文を発表して学界の研究を刺激し活性化した。しかし2004年、52歳という若さで忽然と世を去った。死を迎える前年には『海老名市史』にすぐれた歴史叙述としての先土器時代の地域史を執筆した。本書では頁数があまりに多いため収録をあきらめざるを得なかった。それに代わって採録したのは、おそらく活字となって発表された、織笠君の最後の論文であろう。

「月見野・野川以後」の先土器時代研究史に大きな汚点を残す、前・中期旧石器発掘捏造事件の発覚というショックが考古学界をゆるがせた。そうした状況下でいわば"遺作"ともいえる形で書かれた織笠君の論文には、短い言葉ではあるが、捏造事件以後の先土器時代研究のあるべき姿が、「石器文化」の位置づけや評価をめぐって、端的に語られているように思う。そしてその考え方は月見野以来の研究史の動向を正しく見通していた研究姿勢に貫かれている。

第III部は多くを触れるのをはばかる、わたしの講演の記録集を主にまとめてある。こうして並べてみると偶然だったことのように、1969年の月見野発掘以後、79年（神奈川考古同人会）、89年（長野県考古学会）、そして93年（日本考古学協会）は年代がすこしズレるが"戸沢パラダイム・シフト"された年、そして2006年の講演は旧石器捏造事件が一応の結着を見た直後というように、なにか研究史の節目の時に、自由な立場というか、先土器時代研究者であった者としてはやや無責任に、それぞれの時点での問題を語っている。

しかし改めて読み返してみると、先輩面をして若い研究者に向けて苦言を呈している場面もみられるが、総じて、「月見野・野川以後」の先土器時代研究が、みんなの努力によって、着実に伸びていることへの確認をしている語り口だったことがわかって、いささか安堵した。

月見野遺跡発掘40周年の記念に思い立った本書の刊行が、将来の先土器時代研究史への、一つの懸橋になれば幸せである。そしてその橋を渡った岸には、先土器時代を日本列島の人類史に正しく位置づけるような、豊かな歴史叙述を目指す研究活動が、花開いていることを期待したい。

(2008. 10. 19)

掲載論文・講演録の年代順一覧

(本書の章番号)

1969　明治大学考古学研究室月見野遺跡群調査団『概報・月見野遺跡群』　……Ⅰ-1

1974　戸沢充則「月見野・野川以前と以後」
　　　（『砂川先土器時代遺跡』所沢市教育委員会）　……Ⅱ-1

1978　鈴木次郎・矢島國雄「先土器時代の石器群とその編年」
　　　（『日本考古学を学ぶ1』有斐閣）　……Ⅱ-2

1979　小野正敏「先土器時代の遺跡群と集団」
　　　（『日本考古学を学ぶ3』有斐閣）　……Ⅱ-3

1979　戸沢充則「先土器時代論」
　　　（『日本考古学を学ぶ3』有斐閣）　……Ⅱ-4

1980　戸沢充則「日本先土器時代研究の視点〔講演〕」
　　　（『神奈川考古』8、神奈川考古同人会）　……Ⅲ-1

1981　戸沢充則「先土器時代研究の到達点と保存の意義」
　　　（『第2次埋蔵文化財白書』日本考古学協会）　……Ⅲ-2

1983　安蒜政雄・戸沢充則「神奈川県・月見野遺跡群──先土器時代のムラ」
　　　（『探訪 先土器の遺跡』有斐閣）　……Ⅱ-5

1985　安蒜政雄「先土器時代における遺跡の群集的な成り立ちと遺跡群の構造」
　　　（『論集 日本原史』吉川弘文館）　……Ⅱ-6

1991　戸沢充則「石槍文化研究の定点〔講演〕」
　　　（『長野県考古学会研究叢書1』長野県考古学会）　……Ⅲ-3

1994　戸沢充則「岩宿時代とその研究〔講演〕」
　　　（『中部高地の考古学Ⅳ』長野県考古学会）　……Ⅲ-4

2002　矢島國雄「先土器時代の地域史を復元する」
　　　（『綾瀬市史5　通史編　原始・古代』
　　　〔第一章　先土器時代（旧石器時代）〕綾瀬市より一部抜粋・改変）　……Ⅱ-7

2003　織笠昭「先土器時代文化2003 相模野平成篇」
　　　（『考古論叢 神奈河』11〔『石器文化の研究』新泉社、2005年〕）　……Ⅱ-8

2007　戸沢充則「インダストリー論とは何だったのか〔講演〕」
　　　（『語りかける縄文人』新泉社）　……Ⅲ-5

月見野の発掘◎目　次

はじめに──解題をかねて　戸沢充則 ──────────── 3

掲載論文・講演録の年代順一覧　8

Ⅰ　月見野遺跡群発掘の記録

1　概報・月見野遺跡群　明治大学考古学研究室月見野遺跡群調査団 ──── 17

 Ⅰ　月見野遺跡群の発見から調査まで　17

 Ⅱ　月見野遺跡群の地学的観察　20

 Ⅲ　各遺跡の層序と石器出土層位　25

 Ⅳ　月見野遺跡群の石器文化とその石器　27

 Ⅴ　遺物の平面的遺存状態──ブロックについて　36

 Ⅵ　礫群について　39

 Ⅶ　月見野遺跡群調査の意義　42

2　写真構成　月見野の発掘　島田和高 ──────────── 45

9

II 先土器時代の文化と社会を追う

1 月見野・野川以前と以後　戸沢充則 —— 63

砂川遺跡の第1次調査から第2次調査まで　63

2 先土器時代の石器群とその編年　鈴木次郎・矢島國雄 —— 66

1　先土器時代の石器群　66

2　関東ローム層の区分と石器群の編年　70

3　南関東の先土器時代石器群の編年　72

4　全国的な編年に向けて　80

3 先土器時代の遺跡群と集団　小野正敏 —— 85

1　相模野台地と先土器時代遺跡群　85

2　遺跡の構造と石器の動き　91

3　先土器時代の集団と地域　94

4 先土器時代論　戸沢充則 —— 96

1　先土器時代文化の発見と研究　96

2　先土器時代文化の構造　101

3　先土器時代文化の背景　105

5　神奈川県・月見野遺跡群　安蒜政雄・戸沢充則 ——— 112

月見野遺跡群の調査と意義　112

先土器時代の生活とムラ　117

6　先土器時代における遺跡の群集的な成り立ちと遺跡群の構造　安蒜政雄 ——— 122

1　遺跡の分布と遺跡の類型　122

2　遺跡数の変化と移動の様態　127

3　遺跡の群集的な成り立ち　130

4　遺跡群の形成　132

5　先土器時代と遺跡群　136

7　先土器時代の地域史を復元する　矢島國雄 ——— 140

1　先土器時代研究の歩みと相模野　140

2　先土器時代人の生活の舞台と集団　146

8　先土器時代文化 2003 相模野平成篇　織笠 昭 ——— 161

1　旧石器時代ではなく先土器時代から　161

2　相模野編年の大別と細別　161

3　相模野編年における画期　163

4　最古級の石器群とは何か　164

5　ならぬことはなりませぬ　166

III　月見野発掘後の40年

1　日本先土器時代研究の視点〔講演〕戸沢充則 ── 171

30年前の岩宿発見の感動　*171*

研究用語と概念の整理と統一を　*172*

一つの石器に歴史の重みを　*174*

研究史の新しい画期の意義　*175*

先土器時代研究には石器型式学がない　*177*

歴史の動態を知る研究に向けて　*179*

2　先土器時代研究の到達点と保存の意義　戸沢充則 ── 182

はじめに　*182*

層位と編年の再検討　*183*

遺跡の構造への関心　*186*

今後の問題　*187*

3　石槍文化研究の定点〔講演〕戸沢充則 ── 189

石槍のふるさと信州へようこそ　*189*

歴史的意味のある「石槍」という用語　*190*

石槍文化研究への最近の関心　*191*

石槍文化研究の研究史的意義　*192*

石槍は石器群の構造的研究を促した　*193*

新しい研究史を切り拓く尖兵として　*195*

石槍文化発祥の地は信州か？　*197*

4　岩宿時代とその研究〔講演〕戸沢充則 ―――― 201

はじめに　*201*

先土器時代研究史40年の総括　*201*

研究史の断片的で私的な回顧　*206*

克服されるべき考古学の危機　*209*

岩宿時代に向けて　*211*

5　インダストリー論とは何だったのか〔講演〕戸沢充則 ―――― 213

それは研究の出発点にすぎない　*213*

歴史学的認識の必要性　*216*

「インダストリー論略史・自分史」の転機　*217*

なぜ今またインダストリー論か　*218*

考古学の存立基盤を守るために　*219*

装幀　勝木雄二

I
月見野遺跡群発掘の記録

明治大学考古学研究室月見野遺跡群調査団
Institute of Archaeology, Meiji University

1
概報・月見野遺跡群

I 月見野遺跡群の発見から調査まで

1. 相模野台地の先土器時代遺跡

　関東平野の西南に広い地域を占める相模野台地は、これまでに多くの遺跡が発見されて調査が進んでいる武蔵野台地などにくらべて、先土器時代文化の研究では、あまり大きな注目をあびる場所ではなかった。そのなかで、1960年以来数年間にわたって岡本勇・松沢亜生氏などによっておこなわれた、相模原市を中心とした地域の調査で、約40個所にのぼる先土器時代の遺跡の分布が明らかにされ、南関東の他の地域では望みえない、明確な層準の把握の可能性とあわせて、将来、この地域が先土器時代文化研究の有力なフィールドであることが予測されていた（岡本・松沢 1965）。

　その後、1967年ごろから、明治大学考古学専攻学生のうち、神奈川県に在住する有志が集まる「相模野研究グループ」のメンバーが、相模野台地における先土器時代遺跡の組織的なマッピング調査をはじめ、急速に進む宅地造成地などのカッティングを綿密に調査し、まず、引地川流域で40個所以上という濃密な先土器時代遺跡の存在を明らかにした。1968年にはいって、このグループの調査は引地川の東に並ぶ目黒川流域および、ここでもまた30個所にちかい遺跡を確認するとともに、大規模な宅地造成のおこなわれていた下鶴間地区で、月見野遺跡群の存在を明らかにしたのである。

2. 月見野遺跡群の発見

　われわれのいう月見野遺跡群のうちのひとつは、すでに岡本・松沢両氏によってNo.3遺跡として礫の発見が報ぜられている（岡本・松沢 1965）。

　また、1967年には、酒井仁夫・松浦省一郎両氏によって、われわれの調査した月見野第I、第II遺跡付近から、北島正孝氏によって採集されたという大小の槍先形尖頭器、ナ

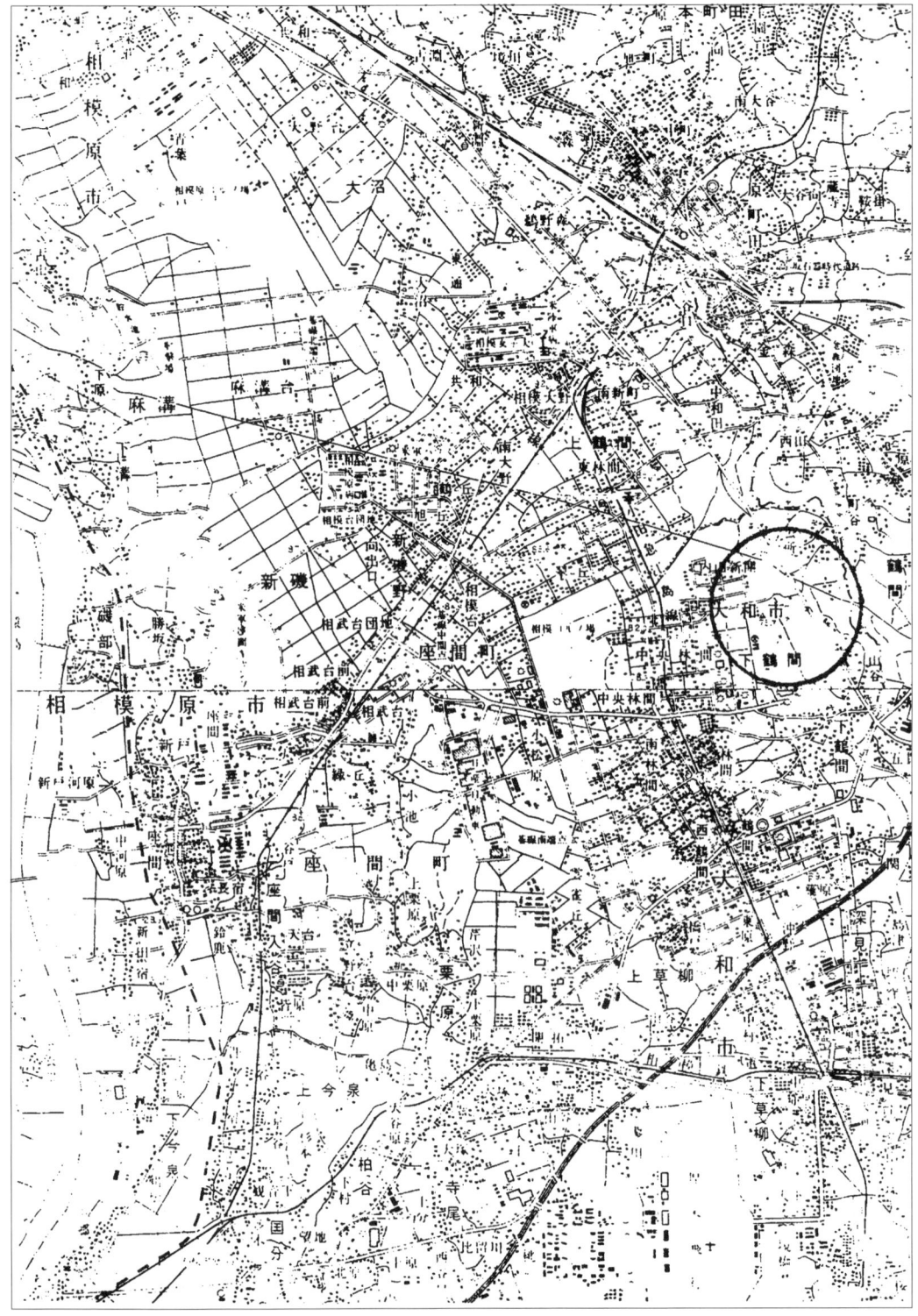

図1　月見野遺跡群の位置（当時）

イフ形石器、刃器など数点の資料の報告と、その採集地点に残存した礫群や地層の観察についての簡単な記述がおこなわれている。

　以上のような業績をもとにした相模野研究グループの調査は、1968年はじめから開始され、土地の区画整理ですでにかなりの深さのローム層まで削平されて露出している資料の徹底的な表面採集と、随所にみられる切り通し面の細かな調査をくりかえし、発掘調査の実施が具体化される同年7月までには、目黒川にそって全長2kmにおよぶ宅地造成区域内で、実に17個所という多数の遺跡の摘出に成功した。

3. 発掘調査の実施

　大和市北部区画整理組合と東京急行電鉄株式会社が開発する当該地の総面積は約70万m²に達する広大なものである。1968年になって、はじめてわれわれが改めて現地におもむいた時点で、すでにその大部分は区画整理のための大工事は終了し、山林はとり払われ、1mあまりの層厚をもつ黒土層は削平され、部分によっては、ローム層がかなり深くまで削りとられているところもあった。もちろん、計画的な道路施設によって台地は断ち切られ、目黒川をふくむ谷も埋められて、往時の景観はまったくとどめていないといってよい状態であった。

　こうした状態のもとで発見された月見野遺跡群17個所の遺跡について、われわれは個々にその条件を細かく検討し、①削平面に遺物や礫群が露出し、なお多少の包含層が残存する可能性があって緊急に調査の必要がある個所（第Ⅱ・第Ⅲ-A・第Ⅳ-D遺跡）、②切り通し面に包含層が露出し、地形的な条件からいってなお半分以上の遺跡が残存するとみられる個所（第Ⅰ・第Ⅲ-B・第Ⅳ-A・B・C遺跡）を、それぞれ発掘調査を必要とする遺跡と認定し、他はすでに遺跡の大半を破壊されたものとして、上記各遺跡の発掘調査の実施を神奈川県教育委員会および文化庁を通じて、東京急行電鉄株式会社に申し入れたのである。

　以来、関係者の間で数次にわたる検討を重ね、①現状において遺跡の完全保存はすでに不可能であること、②次期の工事（宅造工事）が開始される予定の11月までに調査を完了することなどを基本原則として諒承したうえで、東京急行電鉄株式会社は発掘調査の実施を具体的に決定し、調査担当者として明治大学考古学研究室の杉原荘介・戸沢充則の両名を委嘱し、発掘調査に必要な費用の全額の負担と、工事現場担当事業所（東急建設株式会社・成瀬組）および大和市北部区画整理組合の全面的な協力を約束した。

　このようにして、1968年9月11日から1ケ月にわたり、調査員25名による発掘調査を実施し、以下に記述するような予測以上の成果を収めることができたのである。

　なお、上記の調査終了後でも、宅造工事や付随工事などに伴う新しい資料の発見は当然

予想されるが、これらについては、工事に著しく影響を与えない範囲で、記録保存のための調査を続行することを諒解しあっており、その一環として最近新たに削平工事のため、注意すべき資料が露出した第III-C・D両遺跡を、1969年4月に発掘調査する予定である。

4. 調査団の組織

- 調査者：五島昇（東京急行電鉄株式会社社長）
- 発掘担当者：杉原荘介（明治大学教授）
  戸沢充則（明治大学助教授）
- 調査員：西沢弘恵・小田静夫・安蒜政雄・小野正敏・蟹江康子・鎌田俊昭・鶴丸俊明・矢島俊雄・奥山睦義・柿沼修平・大山晃平・川崎和夫・赤木克視・大塚真弘・小島暁子・重南和子・鈴木次郎・高橋芳宏・西山太郎・村山昇・岸田博三・菅原俊行・松崎水穂・金子登喜男・河原政司・吉田愛子・矢島國雄・綾芳子・三村久美・河村敦子・富田福子（以上明治大学学生）

II 月見野遺跡群の地学的観察

1. 相模野台地

神奈川県の中央を相模川が北から南へと流れている。その東には、南北約30km、東西約10kmにおよぶ広大な洪積台地がひろがっている。東は多摩丘陵に接し、西は相模川にいたる間に連なる開析のすすんだ丘陵群に境される。これを「相模野台地」とよぶ。

相模野台地における地形的・地質的な研究は古くより盛んであり、段丘面の多いことや、段丘面と関東ローム層に関連した地史的位置づけなど、その成果は考古学の研究にも大きな力となっている。

それによれば、相模野台地の段丘面は高位より座間兵陵・高座兵陵・相模原面・田名原面・陽原面に区分される。月見野遺跡が位置するのは相模原面であり、武蔵野台地の武蔵野面に対比され、相模野台地の最も広い部分を占める。武蔵野礫層に対比される相模野礫層上に、武蔵野ローム層・立川ローム層をのせる。礫層までの深さは大和高校校庭（海抜78、80m）において約16mである。立川ローム層と武蔵野ローム層の境界は、ローム面下3.5〜4.0mにある〝波状部〟にあたると考えられる（貝塚・森山 1969）。

2. 目黒川流域の遺跡群（図2）

月見野遺跡群は広大な相模原面の東縁を刻む境川の支流である目黒川の谷に沿って分布

I 概報・月見野遺跡群

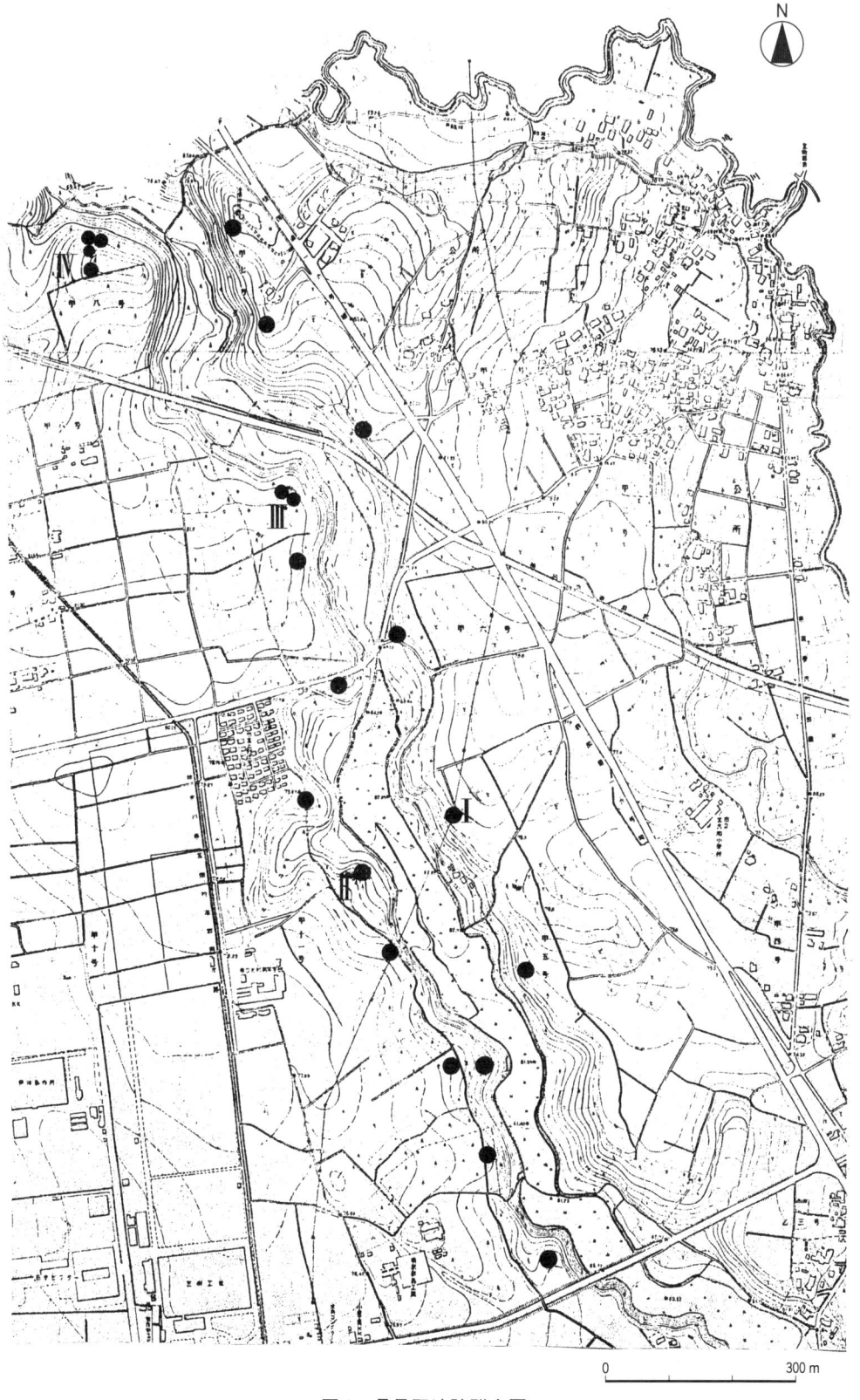

図2　月見野遺跡群全図

している。目黒川は小田急線相模大野駅付近に源をもち、大和市下鶴間付近で境川に合流する約11km余りの川である。谷幅は下鶴間で約100mであり、この中を小さく屈曲しながら流れている。谷の深さは約14〜15mである。

現在この谷は中央部約2kmの範囲を大和市北部第一土地区画整理組合により、削平埋積されて宅地化しつつあり、将来「月見野」と呼ばれる予定である。月見野遺跡群とは、目黒川流域の遺跡群の中でこの区域に該当する遺跡の総称である。

相模野台地における先土器時代遺跡の多くは、その実態が明らかとはいえないが、相模野北部における岡本・松沢両氏の研究によれば「谷の流域に沿ったほぼ線状の分布」が指摘されている（岡本・松沢 1965）。また、相模野研究グループの分布調査によれば、同じ相模原面を流れる引地川流域には約40個所、目黒川流域には約30個所の遺跡を確認している。とくに、月見野においては、約2kmの流域に17遺跡以上という高い分布密度を示している。

これらの遺跡の多くは、段丘崖に分布する小さな張り出し部に占地するという共通の特徴をもっている。月見野のように工事による露頭の多いところでは、一、二の例外を除いて、この張り出し部にはほとんど遺跡の存在を確認することができた。

このような分布のあり方を考えるとき、小張り出し部をある単位として、目黒川の谷にひとつの遺跡群としての性格を暗示させるものがあるが、簡単に論じられる問題ではなく、今後の研究の一課題としたい。

3. 発掘した各遺跡の立地

月見野第Ⅰ遺跡（図3）　目黒川左岸、幅約200mの張り出し部の先端の台地の縁に占地する。発掘区は崖より約25m奥にあるが、これは鉄塔との間に道路があるためであり、鉄塔の真下で礫群が発見されていることを考えれば、遺跡の中心は、現在の道路によって断ち切られてしまったものと考えられる。目黒川の河床面とは約14mの比高がある。

月見野第Ⅱ遺跡（図4）　第Ⅰ遺跡の対岸にあたり、非対称谷をなす。北側に小さな谷が入っており、緩斜面の張り出しを形成している。この張り出しが河床面に近づく先端部に、比高2〜3mの小さな平坦面があって、そこに遺跡が占地する。この平坦面の大きさは約50×20mである。月見野遺跡群のうちではもっとも豊富な石器と、多数の礫群が発見された。

月見野第Ⅲ遺跡（図5）　第Ⅱ遺跡の上流700mの右岸にあり、川の曲流により形成された幅約250mの張り出しの北隅に占地する。この部分は細かくみれば、独立した小さな張り出し部ともみられる。発掘の便宜上A・B両遺跡にわけたが、地形の上からはまとめて扱うことができよう。

I 概報・月見野遺跡群

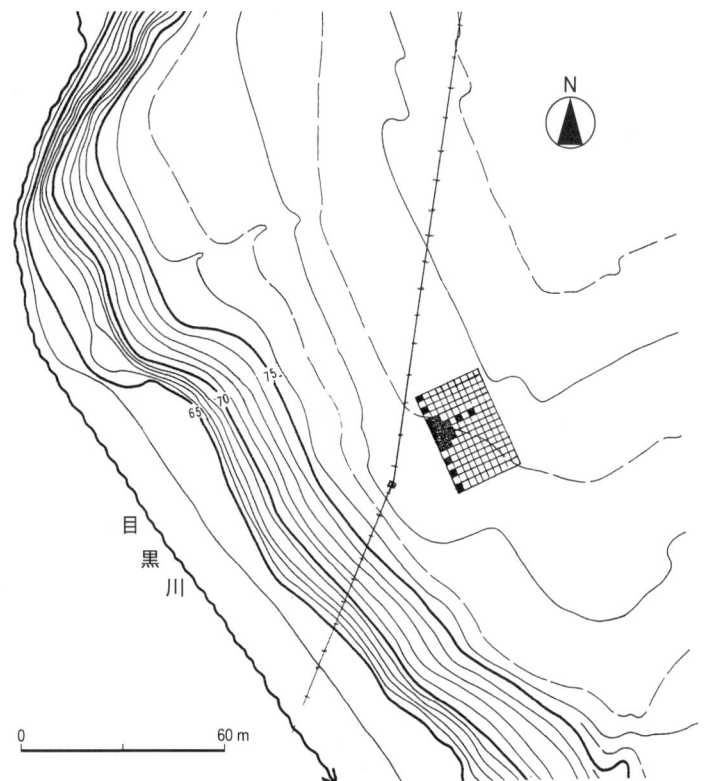

図3 第Ⅰ遺跡の地形と発掘区

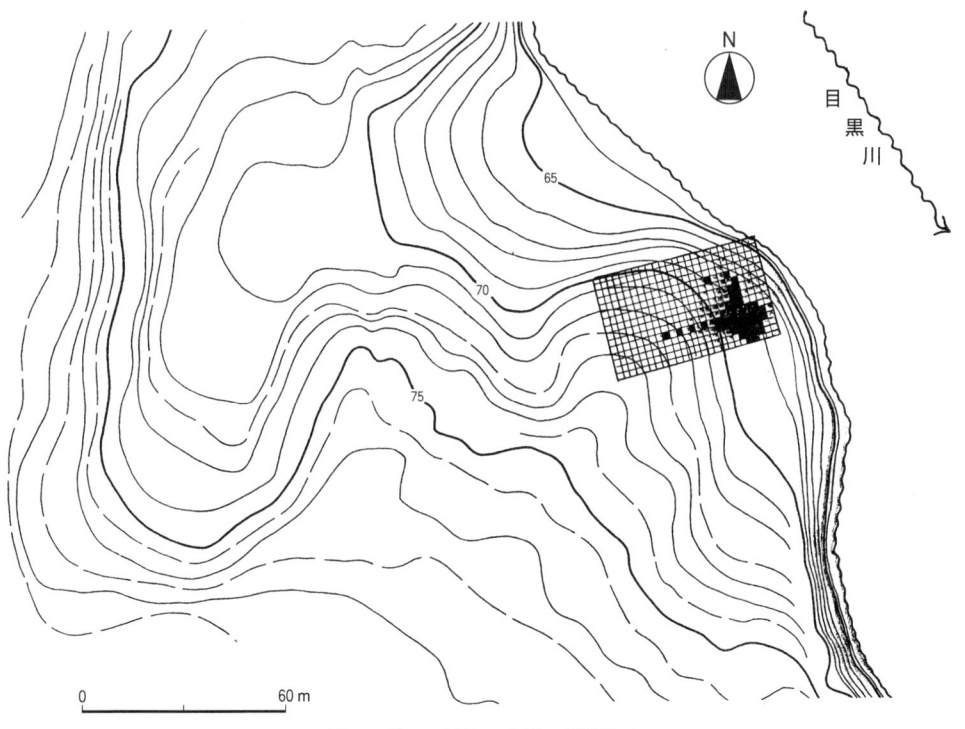

図4 第Ⅱ遺跡の地形と発掘区

第Ⅰ部　月見野遺跡群発掘の記録

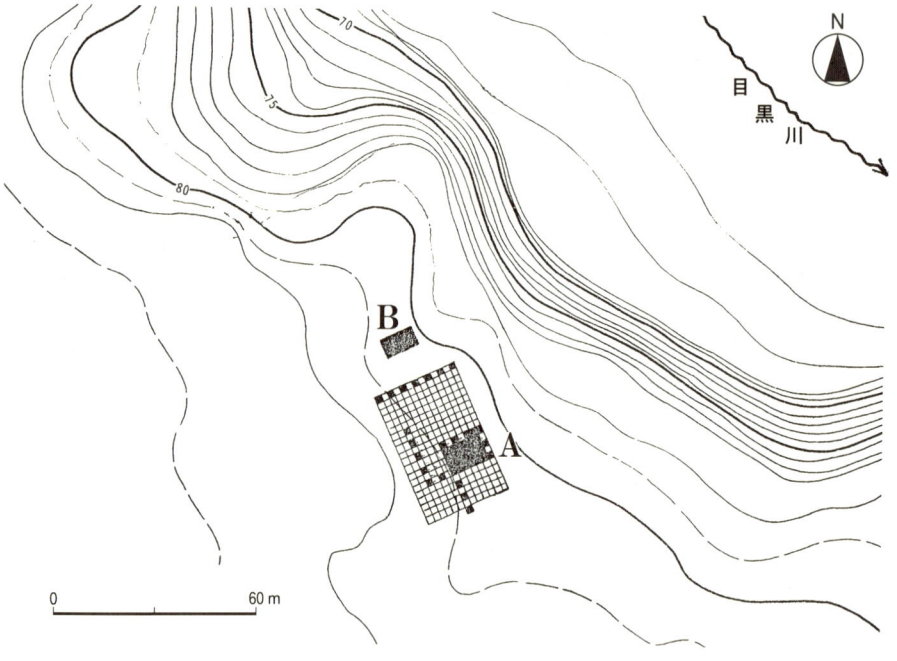

図5　第Ⅲ遺跡の地形と発掘区

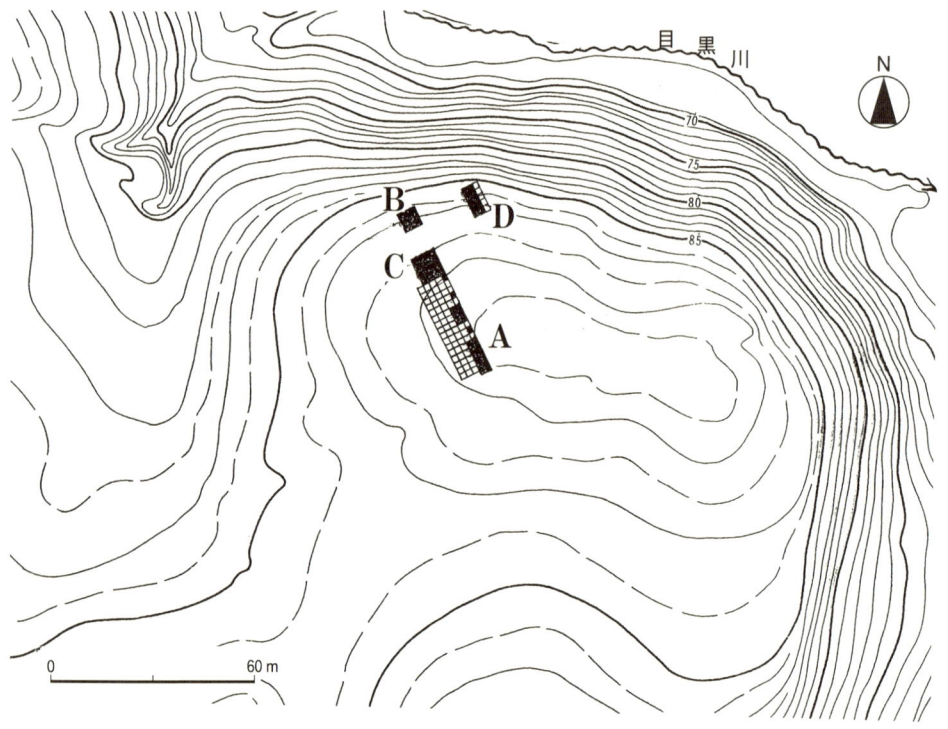

図6　第Ⅳ遺跡の地形と発掘区

さらに、B遺跡の北西方向に新たにC・D両遺跡が最近発見されたので、第Ⅲ遺跡全体はかなり大規模なものになる。

　月見野第Ⅳ遺跡（図6）　第Ⅲ遺跡の上流400mの右岸である。この地点は、相模原面を東西に走る帯状の微高地の上である。この部分で目黒川が大きくカーブするのは、微高地を横断することによるものと考えられる。

　すぐ西側に小さな谷が入っているため、遺跡のある台地全体が岬のように突出した感を受ける。川との比高は約18m、周辺の平坦部との比高は約6mである。

　この地形的な特殊性は、第Ⅳ遺跡が他とは比べものにならぬほど、重複した多くの文化層をもっていることと関連をもつのであろうか。

　遺跡はおそらく月見野遺跡群中最大とみられるが、谷寄りの全体の3分の2は、ローム層上部層が区画整理ですでに破壊されてしまっていた。

Ⅲ　各遺跡の層序と石器出土層位

1. 層　序

　表土：約1mの層厚をもち、上半はスコリア質であり、下半はより粘土質である。漸移層の褐色土をへて、立川ローム層に続く。

　第1ローム（L1）：赤褐色、粘性の強いローム層であり、層厚は約60cmである。L1はさらにL1SとL1Hとに二分される。L1Sはいわゆるソフトロームと呼ばれる部分で、最上部の特に赤く柔らかい約30cmをさす。L1Hへの境界はクラックがあり、時には暗色帯として明瞭な場合もあるが、何よりも著しく異なる硬さにより簡単に区別できる。

　第1暗色帯（BB1）：相模野の立川ロームの3枚の明瞭な暗色帯の最上位のもので、約40～50cmである。BB1は地点により不明瞭であり、月見野第Ⅰ遺跡では確認できなかった。

　第2ローム（L2）：大粒のスコリアを含むローム層。以下の部分に比べて粘土質である。

　第2暗色帯（BB2）：層厚は約1mで比較的明るく、柔かい上半部（BB2U）とやや暗色で硬い下半部（BB2L）に区分される。

　第3ローム（L3）：黄褐色の硬いローム層で、約40cmである。中央に相模野上位スコリア（SS）をはさむ。SSとは粒径4mm前後のスコリア質火山礫であり、崖面では断続して続く。相模野中部以北にひろく分布するため、よい鍵層となる。

　第3暗色帯（BB3）：約30cmであり、L3にくらべ柔かい。この下底部が「波状」であり、以下の岩相が著しく異なる。所によってはクラック帯をなす場合もあり、立川ローム、

武蔵野ロームの境界と考えられる（貝塚・森山 1969）。

　第4ローム＝武蔵野ローム最上部層（L4＝ML）：白斑を多量に含む粘土質ローム層。武蔵野ローム最上部と考えられる。

　以上の各部層を武蔵野地域と対比してみると、L1Sは青柳段丘にのる第一部層に、BB1は立川ローム層の上部暗色帯（17000±400 BPC[14]）に、BB2は同下部暗色帯（24900±900 BPC[14]）に比定されると考えられている。

　なお、各部の層厚は図7に示したように、地点により異なるが、立川ローム層全体の厚さは、ほぼ等しいことを註記しておく。

2. 礫群の層準と石器出土層位（図7）

　月見野第I遺跡　　石器の出土層位は、L1Hの下部からBB2の30 cm上位までである。前述のように、この地点ではBB1が確認できないが、立川ロームの厚さがほぼ一定であること、月見野第II遺跡の層厚に近似することなどを考え合わすと、BB1の層準は、石器出土層の下半部にあたると考えられる。正確な対比は土壌分析の結果に待ちたい。石器出土層下部に礫群が遺存した。

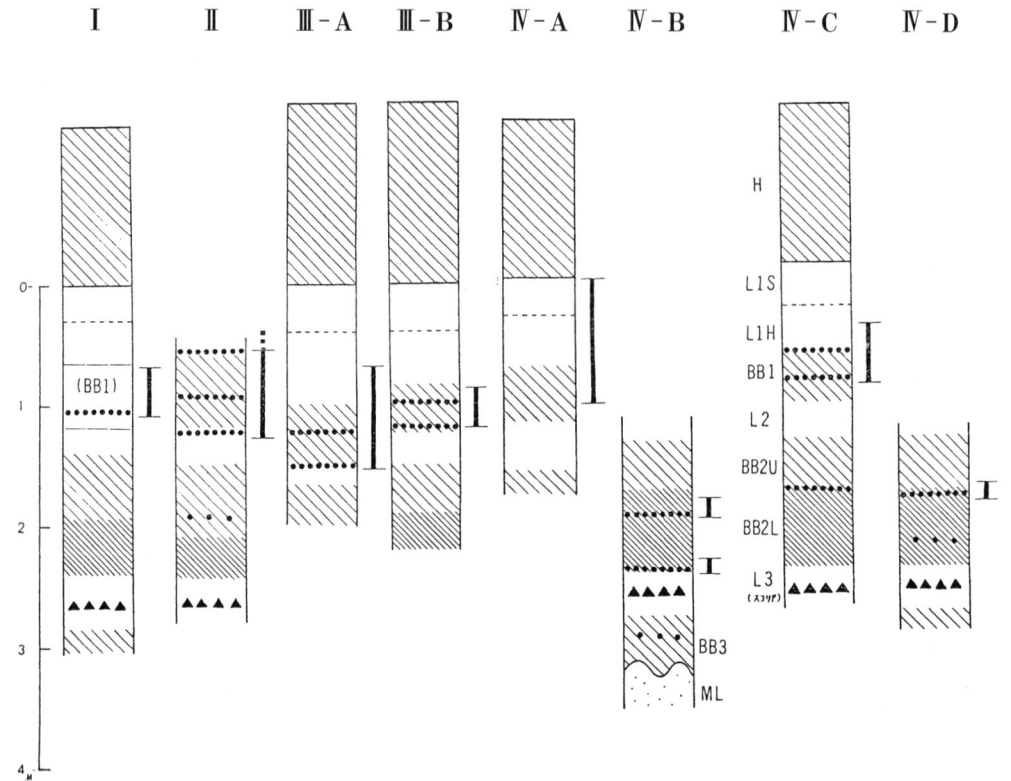

図7　月見野各遺跡の層位柱状図
（ローム層上面を基準とする、●●●は礫群の位置、■■■は包含層の範囲を示す）

月見野第Ⅱ遺跡　L1Hの上半以上は、すでに削平されてなくなっており確認できない。石器出土層位はL1Hの下部からBB1、L2中部におよぶ。礫群はBB1上面、L2中部にあり、BB1中には異なるレベルの礫群が存在するが、分析中であり詳細を避ける。

月見野第Ⅲ-A遺跡　石器の出土層位はL1Hの下半よりBB1、L2上部におよんでいる。礫群はL1H下部、BB1上部、同下部、L2上部に存在した。

第Ⅲ-A遺跡においては、平面的な石器のブロックごとにその層位が集中し、他のブロックと異なることに注意したい。この現象は月見野第Ⅳ遺跡においてより顕著である。

月見野第Ⅲ-B遺跡　石器の出土層位は、BB1上部からBB1下底までである。BB1中に2面の礫群が存在した。

月見野第Ⅳ-A遺跡　石器の出土層位は、L1S最上部よりL1H、BB1下部までである。まとまった礫群はなかったが、BB1中には散発的に礫が存在した。

月見野第Ⅳ-B遺跡　BB2以上の層準は削平により欠除する。石器の出土層位はBB2U下半からL3上面までである。礫群はBB2L上面とBB2下底に存在した。なお、石器は確認できなかったが、BB3の上部に礫が1個発見された。なお、この地点のBB2Lから出土した石器群は、現在までのところ、月見野遺跡群で確認したもっとも下位の層準の石器文化である。

月見野第Ⅳ-C遺跡　石器の出土層はL1H中部からBB1下半までである。BB1上面、同中部に礫群が存在し、石器は確認できなかったが、BB2L上面にも礫群が存在した。

月見野第Ⅳ-D遺跡　削平のためBB2上部以上を欠失し、調査できなかった。石器の出土層位はBB2U中部よりBB2L上面までであり、この面に礫群が存在した。

Ⅳ　月見野遺跡群の石器文化とその石器

月見野遺跡群の発掘調査は8遺跡にわたっておこなった。その成果は13石器文化の検出となってあらわれた。

立川ローム層最上層であるL1SからBB2Lの間に遺存するこれらの石器文化は、ナイフ形石器、尖頭器、細石器の共伴関係とその推移を解明するうえに、限りない貢献を果たしうるものと考える。

以下に、各石器文化の石器群の組成と概略を示しておきたい。なお、詳細については分析が進行中である。

石器文化別の石器群の組成比を図8に示した。

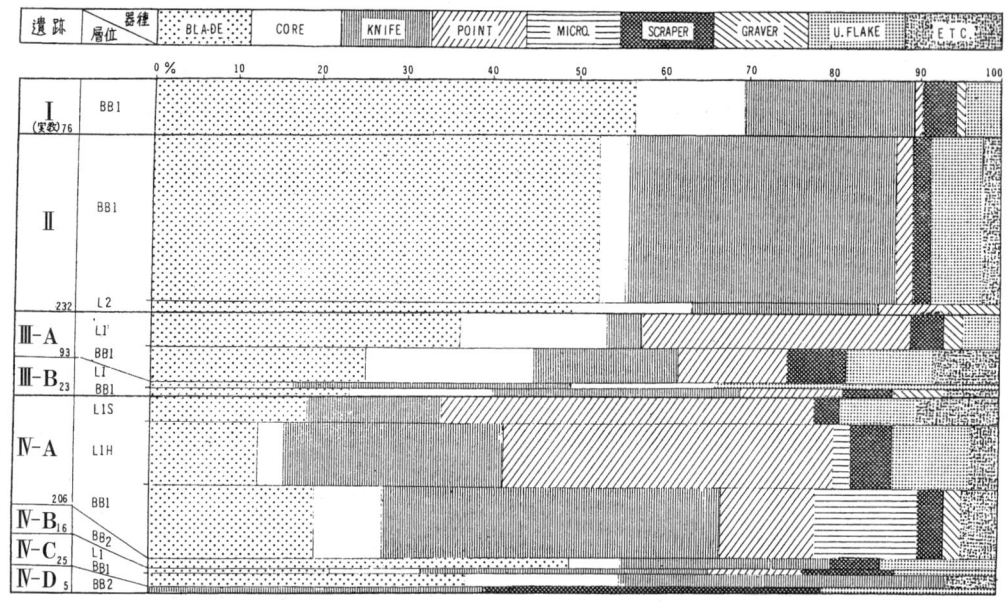

図8　月見野各遺跡群の石器組成表

月見野第Ⅰ遺跡（図9）

①石器群の組成は、ナイフ形石器15点、尖頭器1点、搔器3点、彫器1点、刃器43点、石核10点である。

②ナイフ形石器は、刃器状の良好な剝片を素材とするものが多い。石器の整形は「切断手法」を用いている場合が多い小形の石器群である。切出形ナイフ形石器の存在は顕著ではないらしい。

尖頭器は1点検出されている。両面調整でその横断面形は主剝離面側が湾曲度が弱く、いわゆるレンズ状ではない。

③第Ⅰ遺跡の石器文化はBB1に対比される。

月見野第Ⅱ遺跡（図10）

①石器群の組成は、ナイフ形石器76点、尖頭器5点、搔器4点、彫器1点、刃器128点、石核9点である。

②ナイフ形石器は、素材およびその用い方においては、月見野第Ⅰ遺跡のナイフ形石器と性格を同じくしているようであるが、形状の多様性は、この第Ⅱ遺跡のナイフ形石器の方がはるかに豊富なものといえる。切出形石器の存在は、月見野第Ⅰ遺跡同様に多くは認められないが、いわゆる台形石器に類似した性格の石器が、特徴的なものとして注意されている。

Ⅰ　概報・月見野遺跡群

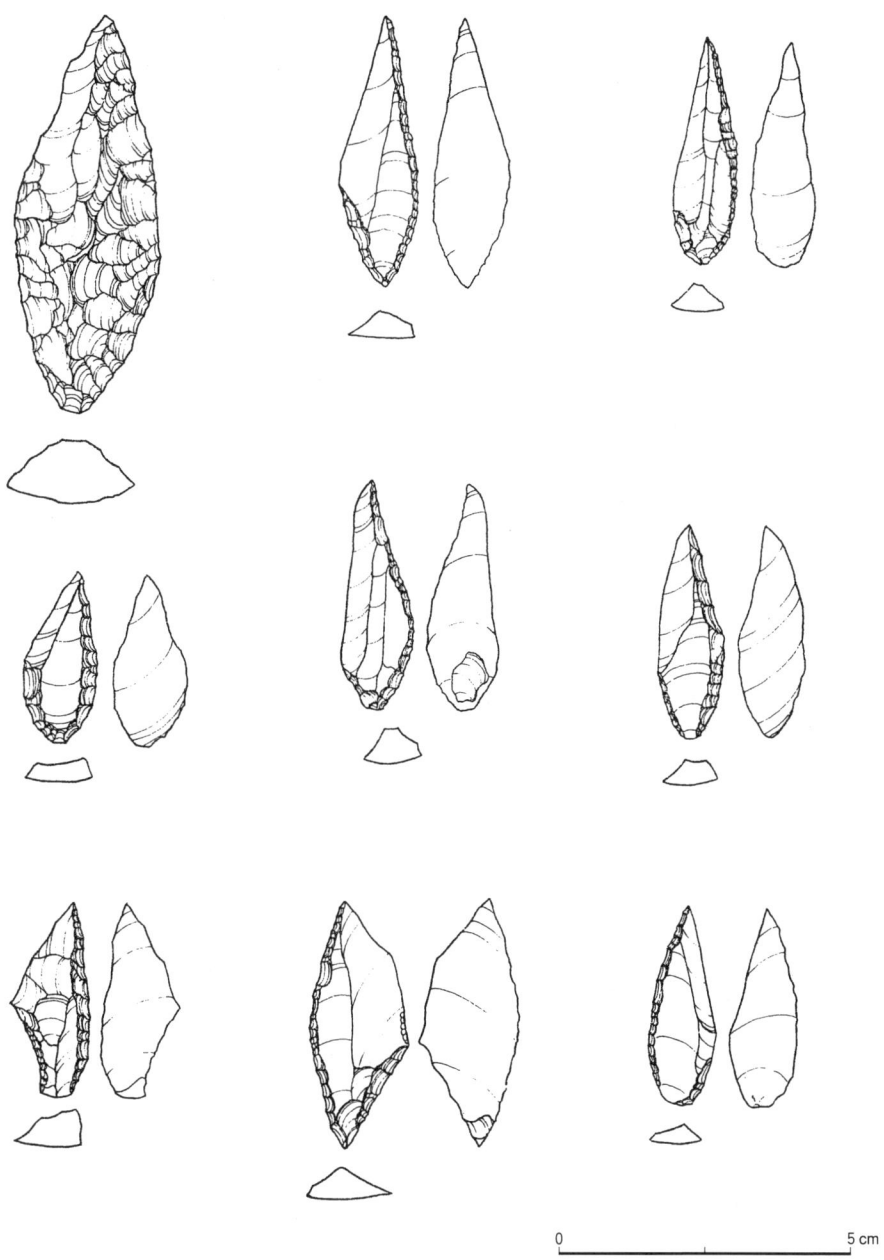

図9　第Ⅰ遺跡の石器（BB1）

29

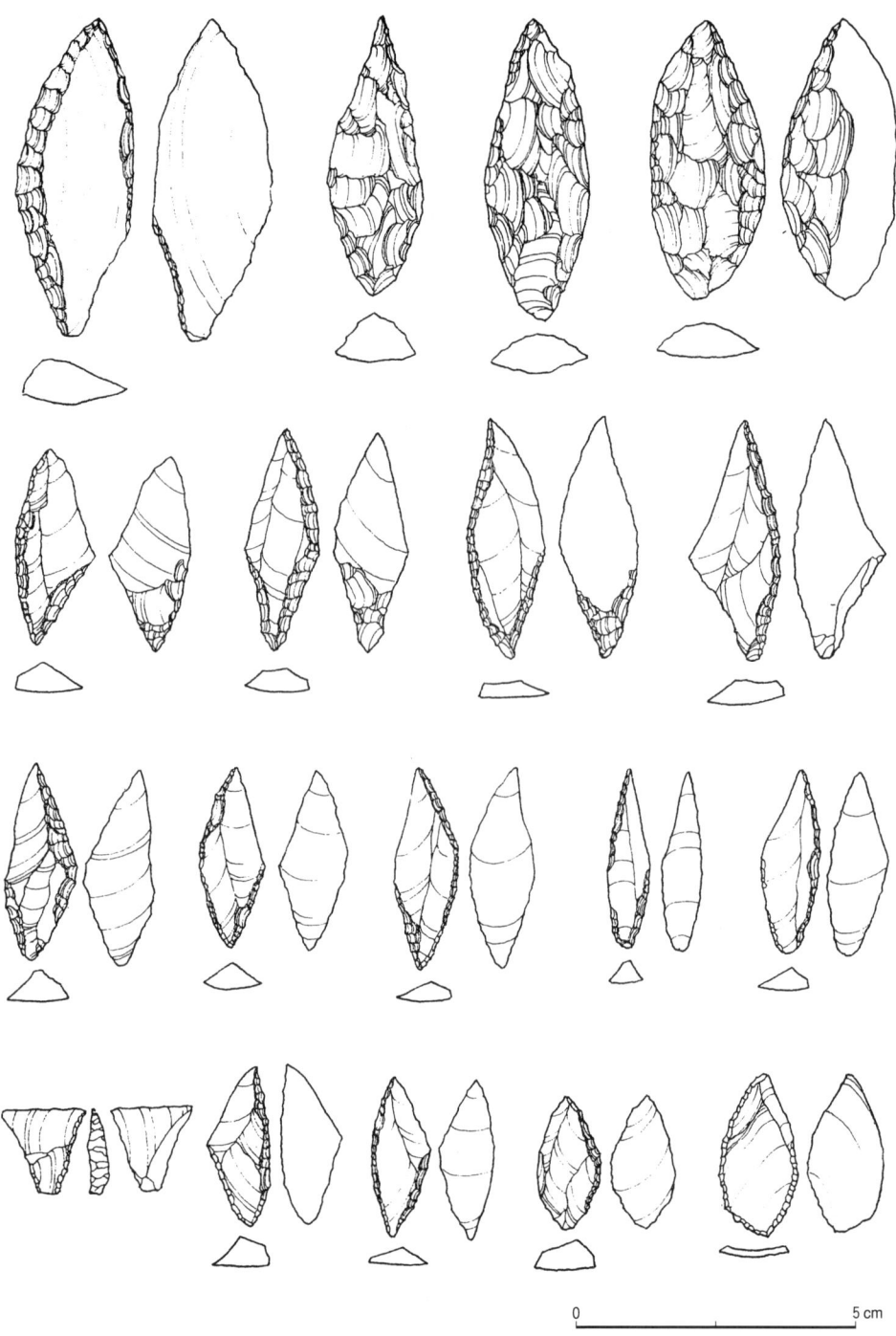

図10　第Ⅱ遺跡の石器（BB1）

尖頭器は両面調整、半両面調整、周辺調整の差があるが、中形尖頭器として理解される石器群がそのほとんどであるらしい。横断面形はレンズ状にちかいものも認められる。しかし、概して典型的なレンズ状の横断面形をもつ石器は、他の石器文化を通して極めてまれであるようだ。

　③第Ⅱ遺跡は、これが単一の石器文化であるか、あるいは重複するものであるかの検討は、礫群のあり方とともに分析中であるが、全体としてはBB1に対比される。

月見野第Ⅲ-A遺跡（図11）

　①上層石器文化の石器群の組成は、ナイフ形石器2点、尖頭器15点、掻器2点、彫器1点、刃器17点、石核8点である。

　下層石器文化の組成は、ナイフ形石器8点、尖頭器6点、掻器3点、刃器12点、石核9点である。

　②上層石器文化のナイフ形石器は、月見野第Ⅰ遺跡および第Ⅱ遺跡のナイフ形石器にくらべ部厚な剥片を素材とする点に差が認められる。一方、尖頭器は両面調整、半両面調整、周辺調整がある。形状は多様性に富んでいることが指摘されそうである。

　下層石器文化のナイフ形石器は、上層石器文化のナイフ形石器とほぼ等しい性格をもつようであるが、素材が必ずしも良好な縦長剥片をもちいているものではないらしい。尖頭器は両面調整と周辺調整がある。しかしながら、上層ほどの形状の差を有してはいないといえよう。

　③上層石器文化はL1Hに、下層石器文化はBB1に対比される。

月見野第Ⅲ-B遺跡（図11）

　①石器群の組成は、ナイフ形石器5点、尖頭器2点、掻器1点、彫器1点、刃器4点、石核3点である。

　②ナイフ形石器は完形品が検出されていないので、その性格は未だ明瞭ではない。現在分析中であるが、いわゆる切出状の石器が多いものと思われる。尖頭器は周辺調整のものと、ナイフ状調整のものがある。後者の尖頭器は、武井Ⅱ石器文化におけるナイフ形石器と尖頭器との中間的な形態として注意されたものにちかい。

　③この第Ⅲ-B遺跡の石器文化はBB1に対比される。なお、本遺跡では、この石器文化の上層L1Hにも遺物の遺存が認められており、整理中である。

月見野第Ⅳ-A遺跡（図12）

　①上層石器文化の石器群の組成は、尖頭器14点、ナイフ形石器5点、掻器1点、刃器

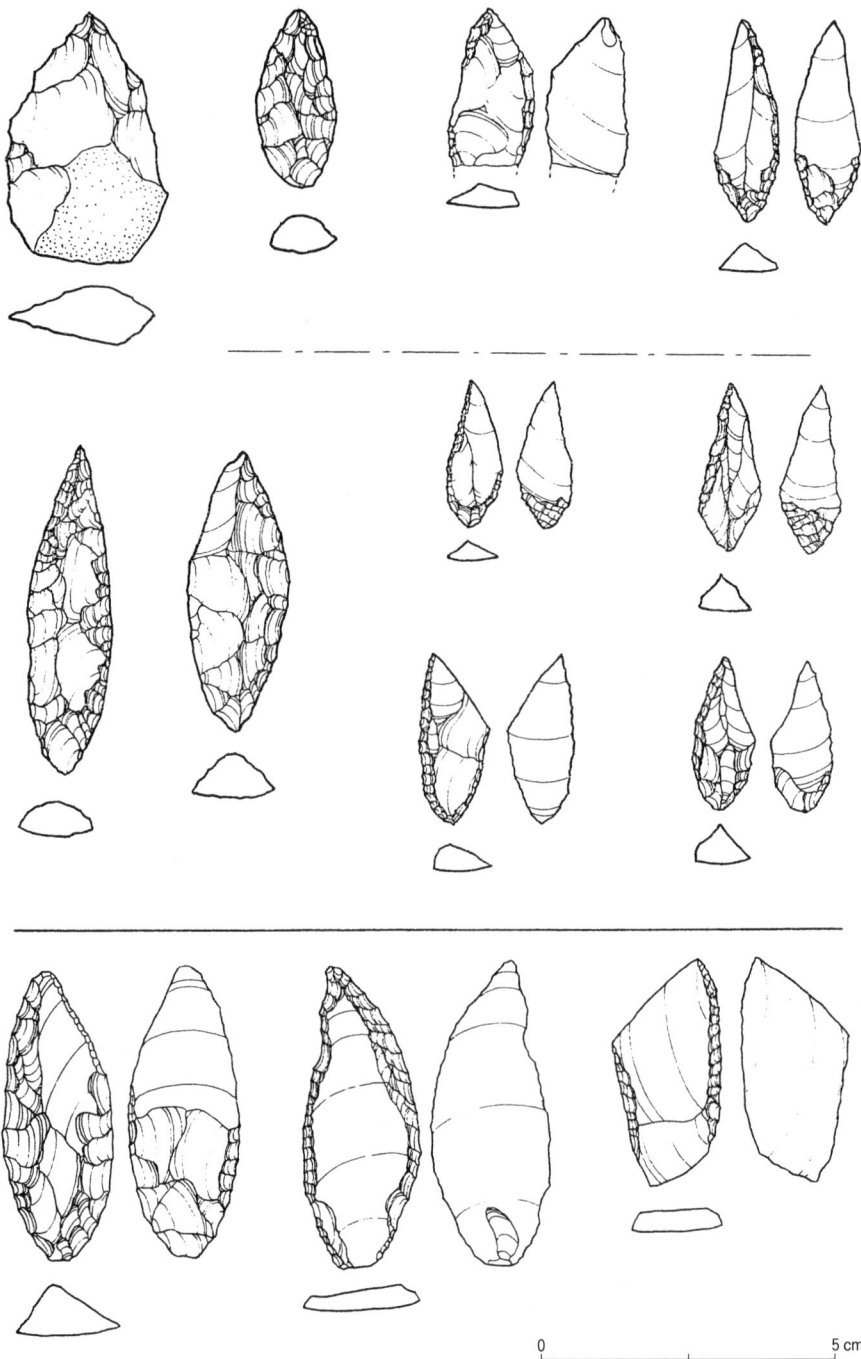

図11　第III-A遺跡の石器（上：L1H、下：BB1）と第III-B遺跡の石器（下：BB1）

6点である。中層石器文化の組成は、尖頭器31点、ナイフ形石器21点、搔器4点、刃器10点、石核2点に若干の細石器が伴う。下層石器文化の組成は、ナイフ形石器39点、尖頭器10点、搔器3点、刃器19点、石核7点に細石器が伴出する。

　②上層石器文化：ナイフ形石器は、台形石器にちかい性格の石器をふくむ切出状の石器として考えられそうである。素材およびその用い方は多様性に富んでいる。尖頭器は両面調整および半両面調整のものである。いずれも、細身の尖頭器として分類されるものと思われる。

　中層石器文化：ナイフ形石器は上層のナイフ形石器に類似した性格をもっている。尖頭器は両面調整、半両面調整、周辺調整、ナイフ状調整がある。これらの尖頭器の様相は、月見野第III-A遺跡の上層石器文化の尖頭器にちかい内容のものと考えられそうである。

　下層石器文化：ナイフ形石器は上層および中層石器文化のナイフ形石器の特徴をもつ石器群と、月見野第I・第II遺跡のナイフ形石器にちかい性格をもつ石器群とから構成されているようにみえる。尖頭器は両面調整、半両面調整があるが、むしろ特徴的なのは周辺調整の石器であるようだ。

　③上層石器文化は、立川ローム層の最上層L1Sに対比され、月見野遺跡群ではもっとも新しい石器文化である。中層石器文化はL1Hに、下層石器文化はBB1にそれぞれ対比される。

月見野第IV-B遺跡

　①石器群の組成は、ナイフ形石器4点、搔器1点、刃器8点、石核1点である。

　②ナイフ形石器は、月見野第I、第II遺跡の小形の石器群とは、明らかに異なった性格を備えている石器である。そうした特徴をもつ第IV-B遺跡のナイフ形石器は、いわゆるナイフ形石器として考えてよさそうであるが、検討分析中である。

　③この第IV-B遺跡の石器文化は、月見野遺跡群ではもっとも古い石器文化でBB2Lに対比される。

月見野第IV-C遺跡・第IV-D遺跡（図13）

　①第IV-C遺跡上層石器文化は、ナイフ形石器、尖頭器、刃器、石核。第IV-D遺跡の石器文化は、ナイフ形石器、搔器という組成の内容をもつものである。

　②第IV-C遺跡の上層石器文化はL1H、下層石器文化はBB1、第IV-D遺跡の石器文化はBB2に対比される。これらの3石器文化は採集資料に制約が多く、その性格については整理中である。

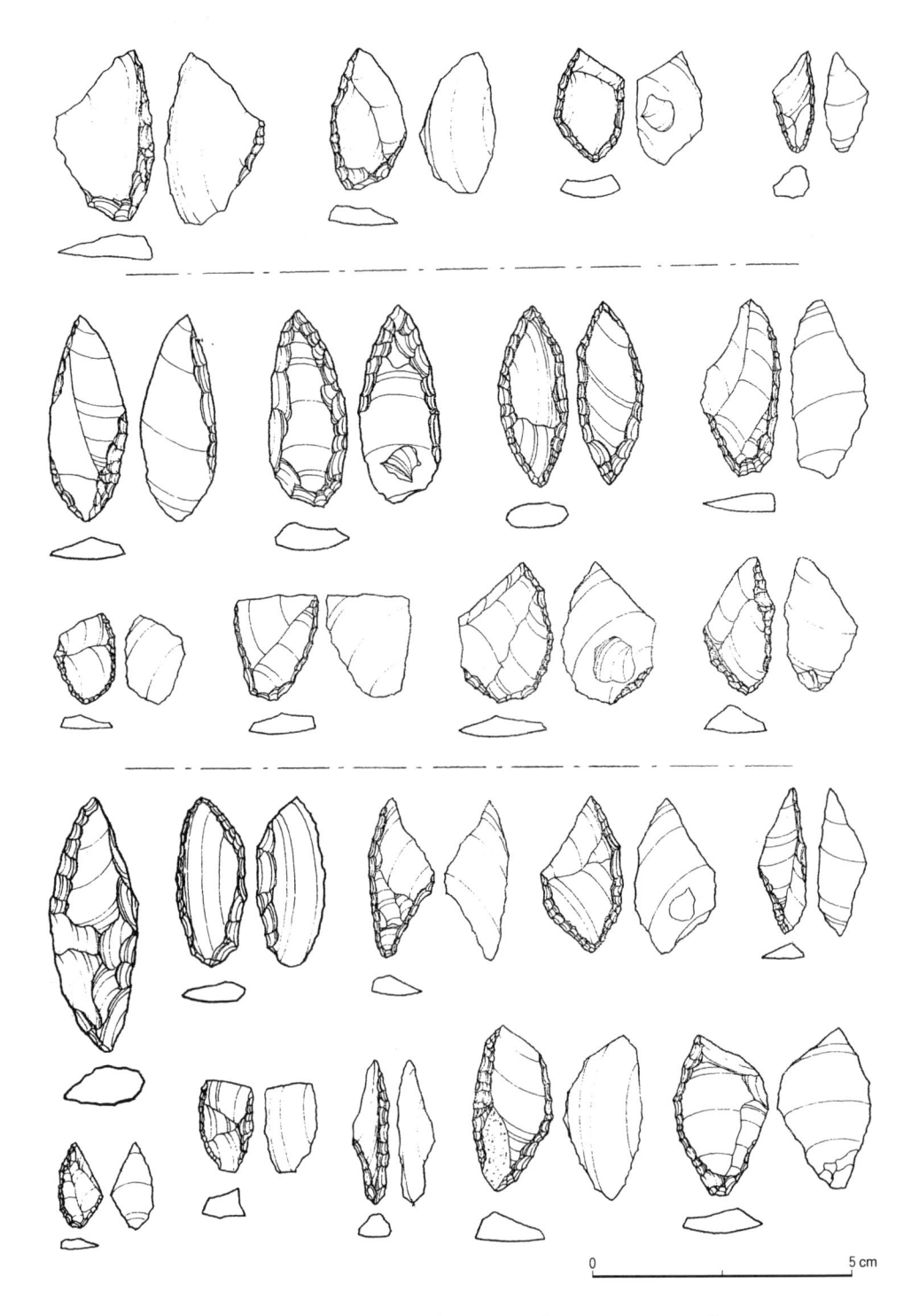

図12　第IV-A遺跡の石器（上：L1S、中：L1H、下：BB1）

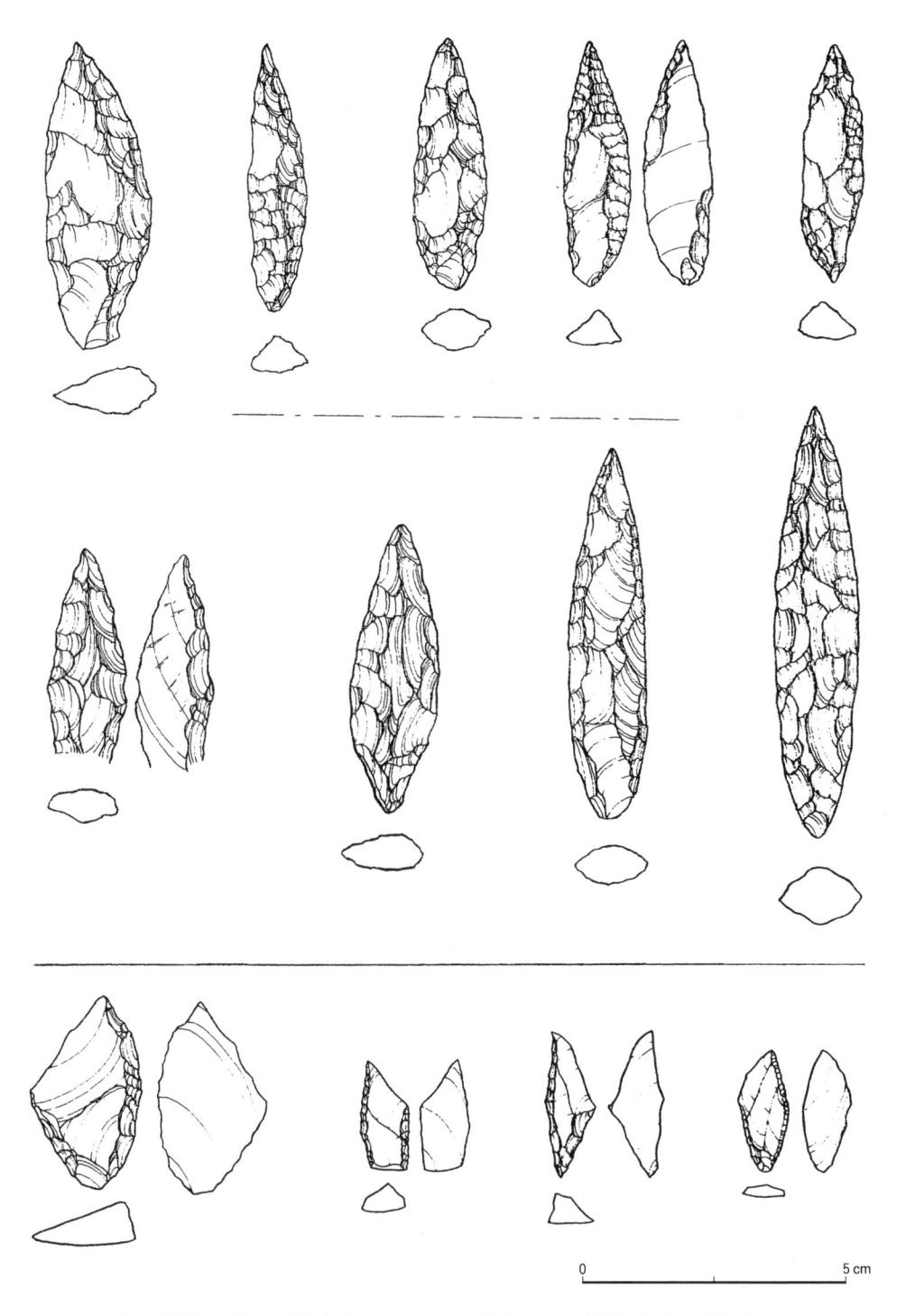

図13　第 IV-A 遺跡の石器（上：L1S、中：L1H）と、第 IV-C 遺跡の石器（下）

以上に略述した13の石器文化は、われわれの前に重要な問題を与えている。ナイフ形石器、尖頭器、細石器の複雑な相互関係のなかに、さまざまの問題点を包括しながら、各石器文化の石器群の組成が提示されているのである。一方、同一の組成をもつ石器文化においては、それが等しい層位を背景とするものにおいても、ナイフ形石器、尖頭器の特徴の相違が認められそうである。時間的、空間的に限りなく、われわれの学問的要求に答えるべき資料であろう。

V　遺物の平面的遺存状態──ブロックについて

1．いわゆる「ブロック」とはなにか

包含層の破壊、攪乱がほとんどなく、遺物が in Situ の状態で遺存する先土器時代の遺跡では、一群の遺物が、せいぜい数mの径を越えない狭い地点に集中し、広範囲にわたる大遺跡の場合でも、そうした遺物群のいくつかの集合体としてとらえられるのが普通である。このような遺物の集中して分布する状態を、われわれは発掘調査の過程で、仮に「ブロック（群）」と呼んだ。

単一のブロックは、それが径数mの範囲であるということや、別項で扱う礫群の関係などからみて、あるいは、先土器時代における最小単位の一生活面──例えば一住居の残映であるかもしれず、同一層準におけるその集合体（ブロック群）は、したがって、一集落を示す可能性が強いということから、いまだに意識的な追究のなされていない先土器時代の遺跡の構造を把握するという目標のもとに、月見野遺跡群の調査では、その実体の資料化につとめた。一生活面のものとしてとらえられる資料の出土地点には、石器には赤い箸を、剝片、石片には黄色の箸を確実に立て、また、層位的に異なるブロックは、発掘区域内で階段状に発掘面をひろげて上下を対照して観察するなどの方法を講じた。

月見野遺跡群では、いずれの遺跡とも厚い表土におおわれた、ローム層中深くに包含層をもち、いままでにわれわれが経験したどの遺跡よりもよい in Situ の状態で、少なくとも20個所以上のブロックの存在を確認することができた。ここでは、それらのうち第III-A遺跡の例について図示（図14）して説明したいと思う。

2．第III-A遺跡のブロック

第III-A遺跡では20×20cmの調査区域内に、3個所のブロックが存在した。そのおのおのは、次のような特徴をもつ。

ブロックa：L1H層中に存在し礫群を伴わない。その石器組成はナイフ形石器1、槍

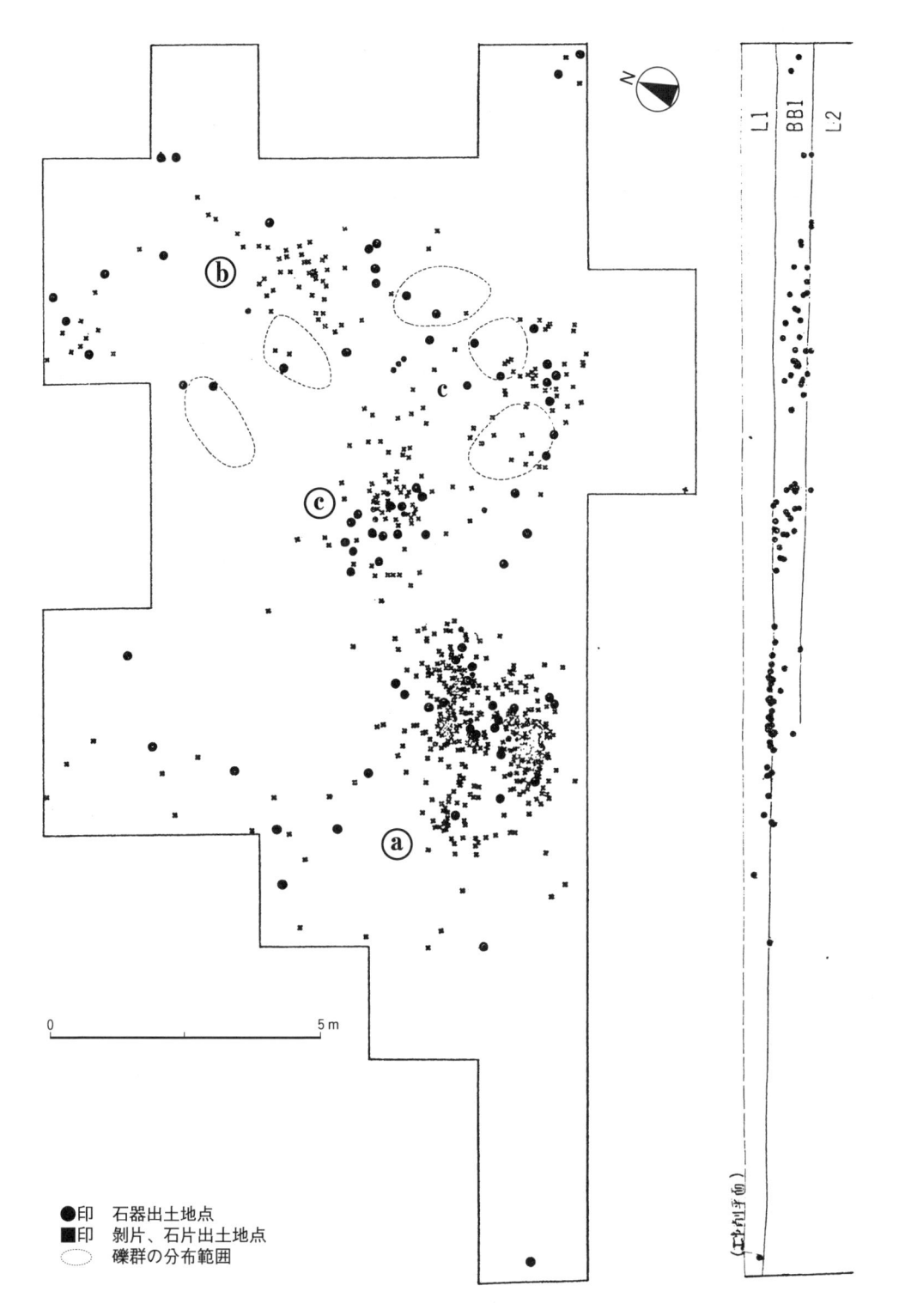

●印　石器出土地点
■印　剝片、石片出土地点
⤴　礫群の分布範囲

図14　第Ⅲ-A遺跡における遺物の分布

先形尖頭器11、刃器11、掻器1、彫器1、石核6と、約500点の大小の剥片、砕片からなっている。その集中度はきわめてたかく、剥片がもっとも密集していた部分では、1m²に約200本の箸が乱立した。なお、ブロック全体の大きさは、約7×9mの楕円形の範囲である。また、包含層の層厚は約15cmであったが、そのうち−10cmほどのレベルにもっとも出土数が多かった。

　ブロックb：L1HからBB1層上部にかけて存在し、ほぼその層準にあった礫群の周辺に、比較的まばらに分布する。図14の断面図からもわかるように層位的にも幅があり、ブロックaとcの中間に位置することからみても、他のブロックよりはやや不安定である。しかし、石器は比較的多く、ナイフ形石器7の存在がめだち、逆に槍先形尖頭器は2点であった。他に石核2、刃器7などがある。

　ブロックc：BB1中にあり、比較的保存のよい3個所の礫群をともない、他とは明確に区別できる状態で存在する。ブロックaにくらべて分布密度は散漫であるが、ナイフ形石器2、槍先形尖頭器5、掻器3、刃器9などと、8個という多数の定形的な石核の存在で特徴づけられるブロックである。

3. ブロック摘出の意義と今後の課題

　以上のように、ここに例としてあげた月見野第III-A遺跡では、3個所のブロックが、それぞれ層位的に一部分重複する状態で発見された。このことは第IV各遺跡においてさらに顕著であり、包含層の一部が層位的に重複するといった、いままでのいくつかの遺跡の例とはちがって、完全なひとつの石器群の単位、場合によっては、一石器文化全体の完全な層位的関係を明らかにすることができるという点で、従来の編年的な研究を質的に高めうる結果を導き出す可能性がきわめて大きい。

　また、同一層準にいくつかのブロックが存在する例も少なくない。例えば、第II遺跡ではL2層上面に、きわめて保存のよい7個所の礫群と数個所のブロック（データがほとんど未整理であるので詳しい数はここでは記述を避ける）が存在した。

　こうした例の中には、剥片がきわめて多いブロックと、石器の多いブロックの対照的な性格を示すものがあり、それぞれのブロック間でも石器の組成に若干の差をもつものなどがある。逆に、まったく同質のブロックのあり方は、各ブロックを機能のちがいに帰すべきものと、同質の生活体（例えば家族）の共存と考えるべきものなど、遺跡の構造に関するさまざまな示唆を与えるものである。

　以上のような問題を明らかにすることは、すべて今後の資料の分析にかかっているが、各ブロックのより厳密な摘出（発掘時における諸データの整理）、各ブロックの石器群の完全な分析にもとづくその性格の把握（形態の組成・型式の複合など）、各ブロックの関係の

理解（接合資料の検討、層準、層位による時間的関係の確認など）、月見野遺跡群全体のなかにおける各ブロックの吟味などを通じて、目標にちかづくことができると思われる。

VI 礫群について

1. 礫群とはなにか

　南関東地方の先土器時代遺跡には、包含層中に礫群の存在することが普遍的な事実である。月見野遺跡群でも例外ではなかった。すなわち、月見野第I遺跡から第IV-D遺跡まで、確実に摘出できた礫群だけでも31個所にのぼる。その層位はBB1上面からBB2下面におよび、単独に礫が発見されている例を加えると、月見野遺跡群で明らかにしたすべての文化層ないしは生活面には、例外なく礫群が遺存するといってよい。

　われわれの調査では、数個ないし数十個以上の礫がほぼ水平に配置され、それがグループとしてとらえられるものを礫群としてNo.をつけて処理したが、それ以外にもかなりの量の礫が出土していることは、前の記述でも明らかなとおりである。

　礫群を構成する礫の大きさは、だいたい拳大のものを選んでいる傾向が看取されるが、そのなかに非常に小さい礫が混じるもの、また台石となるほどの枕大の礫を1～2個含むものなどがある。

　石はいずれも相模川の河原に現在ある（当時はおそらく相模原礫層中などから採取したものだろう）、砂岩、安山岩などの円礫からなり、石器に使用されているような石は皆無である。

　礫群の平面形には円形・楕円形など、明らかに意識的に配置されたとみられるもの（保存がよいものともいえよう）と、まばらに散在しているもの（第二次的な移動を受けた保存の悪いものもなかにはあると考えられる）がある。

　一般に、礫は酸化あるいは風化の度合が強く、中にはぼろぼろに割れているものもある。しかし、それらが直接火熱にさらされたというほどではない（地質学者の証言）。また礫群によって、酸化、風化の度合のちがうものがあり、同じ礫群中にも、礫によってそのちがいがある。

　礫群中および礫群の周辺からは、とくに多量の炭化物は検出されなかったし、灰、焼土の類も検出されなかった。礫群のおかれているローム面上にもなんの変化もみとめられなかった。また、細心の発掘調査にもかかわらず、ローム層中に掘りこんで礫を置いたというような、礫にともなういわば遺構も認められなかった。

　石器や剥片が礫群のまわりに集中する場合もあるし、それとはちがって、礫群の付近に

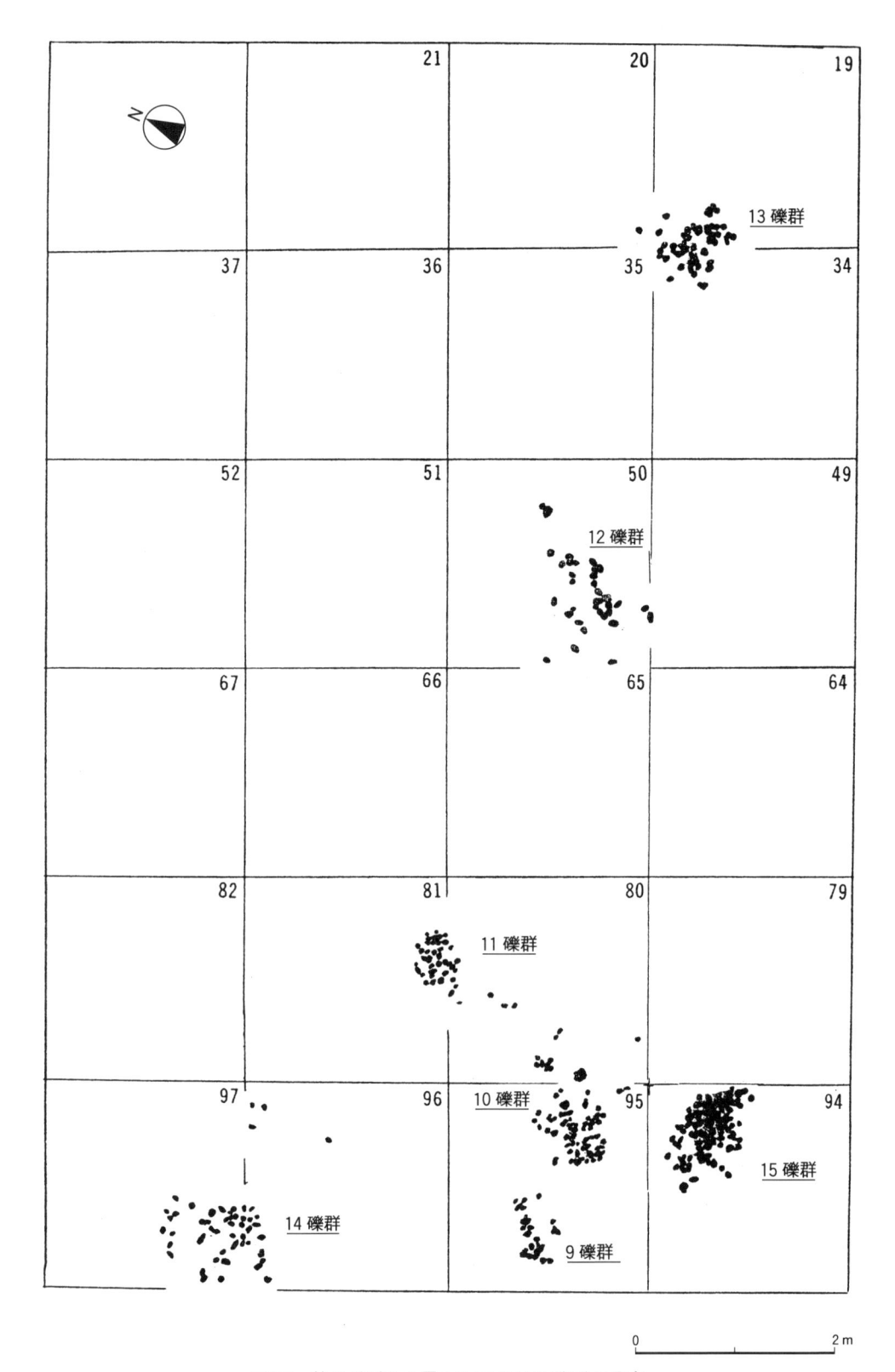

図 15　第 II 遺跡 L2 層上面における礫群の分布

はほとんど遺物がない場合もある。

月見野遺跡群から発見された礫群は、概略以上のような特徴をもっている。

2. 礫群は生活面を示すか

今回の調査を通じて問題となったことのひとつに、礫群の遺存する面が、ひとつの生活面を限定し、ひとつの文化層の摘出を可能にするかどうかという点があった。第Ⅱ遺跡では厚さ40cmほどのBB1層中に、多量のナイフ形石器を中心とする石器群が発見され、それらは、包含層全体を通じてとくに指摘できるような型式変化も、形態組成の変化もなかった。しかし、その層中にはレベルを異にする（部分的に重複する場合も多い）3〜4層の礫群が存在した。

結果としてレベルの異なる礫群は、それぞれの生活面を決定する最重要な標識として評価できると考えられる。すなわち、層位的に重複するいくつかの礫群がある場合、ひとつの礫群の下面以下とその下の礫群の上面までの間に出土する石器群は、一括資料として扱いうる蓋然性がきわめて高いことを、われわれは調査中の経験にもとづいて確かめることができた。

例えば、層位的に20cmの上下関係を示す2つの礫群A・Bがあるとする。この間に発見された石器の出土数がもっとも多いレベルは、下位の礫群Bの下面から5〜10cmくらいの位置（層位）で極大値を示し、礫群Aの下位にちかづくにつれて、急激に0にちかづくという、われわれがたわむれに「月見野ヴィーナス曲線」と呼んだような、グラフの曲線の極大が縦軸（層厚）の上から3分の2ほどの位置にあるカーブが、どの礫群間の包含層についても描くことができた。

このことは、礫群を境にして包含層が層位的に断絶することを明確に示し、同時に土壌より重い石器は土中にもぐりこむという常識が誤まっていることを教え、逆に保存状態のよい遺跡では、生活面の上10cmほどの所に、霜による凍土、融解などの現象のくりかえしによる移動によって、石器の遺存がもっとも多いことを示していた。

以上のような、法則的ともいえる現象の把握は、月見野遺跡群の礫群とそれを伴う生活面の安定性をものがたり、それが石器群の層位的な分析にきわめて有力な根拠を与えることになるのである。

3. 礫群の性格

礫群がいったいなんであったか、どんな機能をもったものかについては、過去にも、先土器時代遺跡の発掘報告書の中でしばしばふれられているところである。

月見野遺跡群31個所の礫群については、個々のより詳細な検討、各遺跡における位置

などのあり方等々の分析を通じて、類型化の試みをしたうえで論じられるべきと思われる。ここでは、調査期間中の夜の勉強会で提出された問題や推測などをまとめておきたい。

①多かれ少なかれ、遺跡のいたるところで礫は出土した。この事実は礫は石器とおなじように、何らかの生活必需品であったのではないだろうか（ただし、利器としての、例えばchopper-chopping tool といったものはない）。

②土器をもたない未開民族にみられるように、熱した礫を食物の煮沸調理などに使った。この場合には、礫群そのものは、そうしてもちいられた礫の単なる集合体にすぎない。また、礫に対する加熱の状態を科学的に検討する必要がある。

③枕大の大きな礫を混じえるもの、付近に剥片などの多い場合は、その礫群が石器工作址の一部であったこともありうる。

④第Ⅱ遺跡礫群 No.13（図16）のように、周囲にだけ礫を囲み、焼土は認定できないが、礫そのものの酸化度の強いものは、炉址であった可能性がある。

⑤第Ⅱ遺跡 L2層上面には、同一平面上に7個所の礫群が遺存した（図15）。この場合、それら礫群が同一時期に営まれたものであるならば、個々の礫群の有機的関連のもとに、全体として、ひとつの機能を果たしていたということも考えられる。

以上のように、一口に礫群といっても、個々の場合によって性格のちがうものもあるだろう。また⑤で説明されたように、礫群全体として理解すべき問題もあるだろう。前項にのべた礫群と生活面・文化層の問題もふくめて、礫群の提起する問題は大きく、今後礫群の研究をおしすすめることによって、先土器時代人の生活の様態をよりいっそう豊かなものにすることができるものと信ずる。月見野遺跡群の資料は、そのための絶好の資料である。

Ⅶ　月見野遺跡群調査の意義

月見野遺跡群の調査が、建設に伴う遺跡の破壊に緊急に対応するという、日本の文化財保護問題が、現在では日常的に当面する不幸なケースのなかでおこなわれたことは、今後すべての関係者が国民全体とともに、反省すべき点である。

とはいっても、文化庁、神奈川県教育委員会と、工事主体者の東京急行電鉄株式会社、そして調査を担当した明治大学考古学研究室が、相互に理解と協力のもとに、スムーズに調査を計画し実施し、予期以上の成果をあげることができたということは、それなりに評価すべき点がある。

第一に、考古学的に（とくに先土器時代文化の舞台として）ほとんど未開拓であった相模

第13礫群

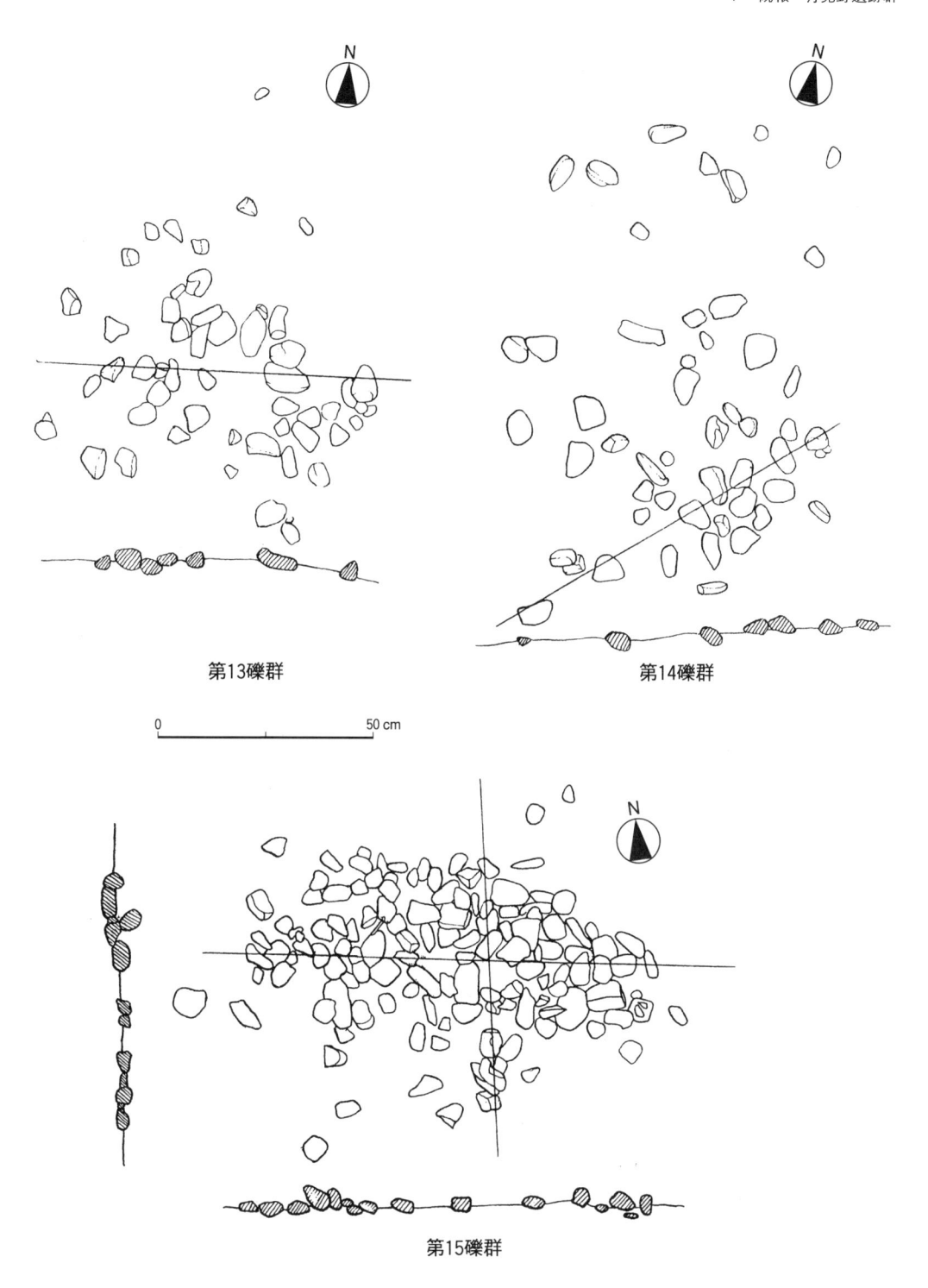

第14礫群

0 50 cm

第15礫群

図16　第Ⅱ遺跡第 13・14・15 礫群実測図

野台地は、今後最大の関心をもって、遺跡の完全な調査と、十分な保護を必要とすべき地域であるという認識をあらたにすることができた。岡本・松沢両氏および明大相模野研究グループが、わずかの間に明らかにした100個所をこす遺跡は、いずれも破壊から守られなければならないし、その他予想もできずに埋もれている遺跡は、早急に分布調査を完成させねばならない。

　第二に、「予期せぬ成果」と表現された成果は、なにも、ものめずらしい新しい石器を発見したわけではないし、格段に古い石器文化を検出したということでもない。月見野遺跡群の調査を通じて得た多くのデータは、ここにまだ未分析のそのごく一部を概報したにすぎない。しかし、先土器時代文化を構造的に理解しようとするわれわれの試みに、新しい確かな視点とその根拠になる資料を提示してくれたという点で、研究のひとつの転換点をもたらせるに足るものであろうと予測している。

　その具体的な点について、いまここでふれることはできないが、今後の資料の分析を通じて、われわれは十分にその目標を果たしたいと念じている。それが正式の報告書として発表できるまでには、おそらく数年の歳月を要するであろう。われわれがいま調査員全員の協力で、概報としてはやや詳細な報告書を作成したのも、以上の期間の責をふさぐためである。

　新年度からはじめる予定の資料の整理、分析の過程を通じて、多くの研究者がわれわれの研究室を訪れ、整理の作業に意見を述べ、討議に参加されることを希望する。

引用文献
岡本勇・松沢亜生　1965：相模野台地におけるローム層中遺跡群の研究（物質文化6）
貝塚爽平・森山昭雄　1969：相模川沖積底地の地形と沖積層（地理学評論42-2）
　＊そのほか、地形・地質などの問題については、都立大学貝塚爽平、町田洋氏の現地調査をふくむ御教示によるところが多い。

（『概報・月見野遺跡群』明治大学考古学研究室、1969年3月刊）

写真構成
月見野の発掘

構　成：島田和高 *Shimada Kazutaka*
写真提供：明治大学考古学研究室・明治大学博物館

月見野第Ⅰ遺跡

月見野遺跡群は、大規模な宅地造成工事がかなり進んでいた段階で、重要な遺跡として確認された。左側の目黒川も改変され、遺跡のある丘も道路などで削られ、発掘ができる場所はもはや限られていた。40年前のこの景観も、現在はまったく住宅に埋もれて、見る影もない。

発掘が進むと、石器や焼けた礫がローム層から出土する。

月見野Iの石器出土状況。石器が出土した位置に箸をさす。石器分布のひとまとまりは、ブロックと呼ばれ、イエ址や石器作り工房の場所を推定する手掛かりになる。

月見野Iの礫群。礫群は、焼けた礫の集まりであることが多く、氷河時代の厨房施設だと考えられている。

月見野Iの立川ローム層。写真には石器が出土した層位が示されている。

月見野第Ⅱ遺跡

月見野Ⅱの遠景。背景に見えるのは丹沢山系。

月見野Ⅱの発掘風景。ブロックの輪郭がはっきりしてきた。同時に、出土層位も確認する。

発掘が進むと、ブロックと礫群の位置関係が見えてくる。石器を作り、狩りをし、礫群で食事を作る。ムラの営みがここにある。

狩りに使った石器（槍先形尖頭器）が出土。

厨房施設である礫群が出土。出土した高さが違うのは、ここに住んだ人々とムラの年代（時期）の違いをあらわしている。

月見野第Ⅲ遺跡A地点

月見野ⅢAの発掘風景。

立川ロームから出土した槍先形尖頭器。地元の石と遠隔地にある黒耀石で作られたものとがある。

月見野第III遺跡B地点

月見野IIIBの発掘風景と出土した礫群。

発掘の一コマ。休憩中も議論（？）。

月見野第Ⅲ遺跡Ｃ地点

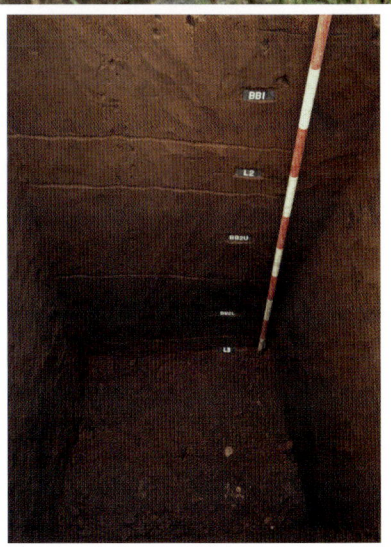

月見野ⅢCは、第Ⅰ遺跡～第Ⅳ遺跡の中で最も深い（古い）地層（写真のBB2U）から石器が出土した。槍先形尖頭器が出現する以前の石器群。写真にある切出形石器や角錐状石器が代表的な石器。礫群が最も発達した時期でもある。

月見野第IV遺跡A地点

月見野IVAの遠景。宅地造成により島状に残された一角を発掘。現在の月見野は、完全に宅地化されていて、写真の面影はない。

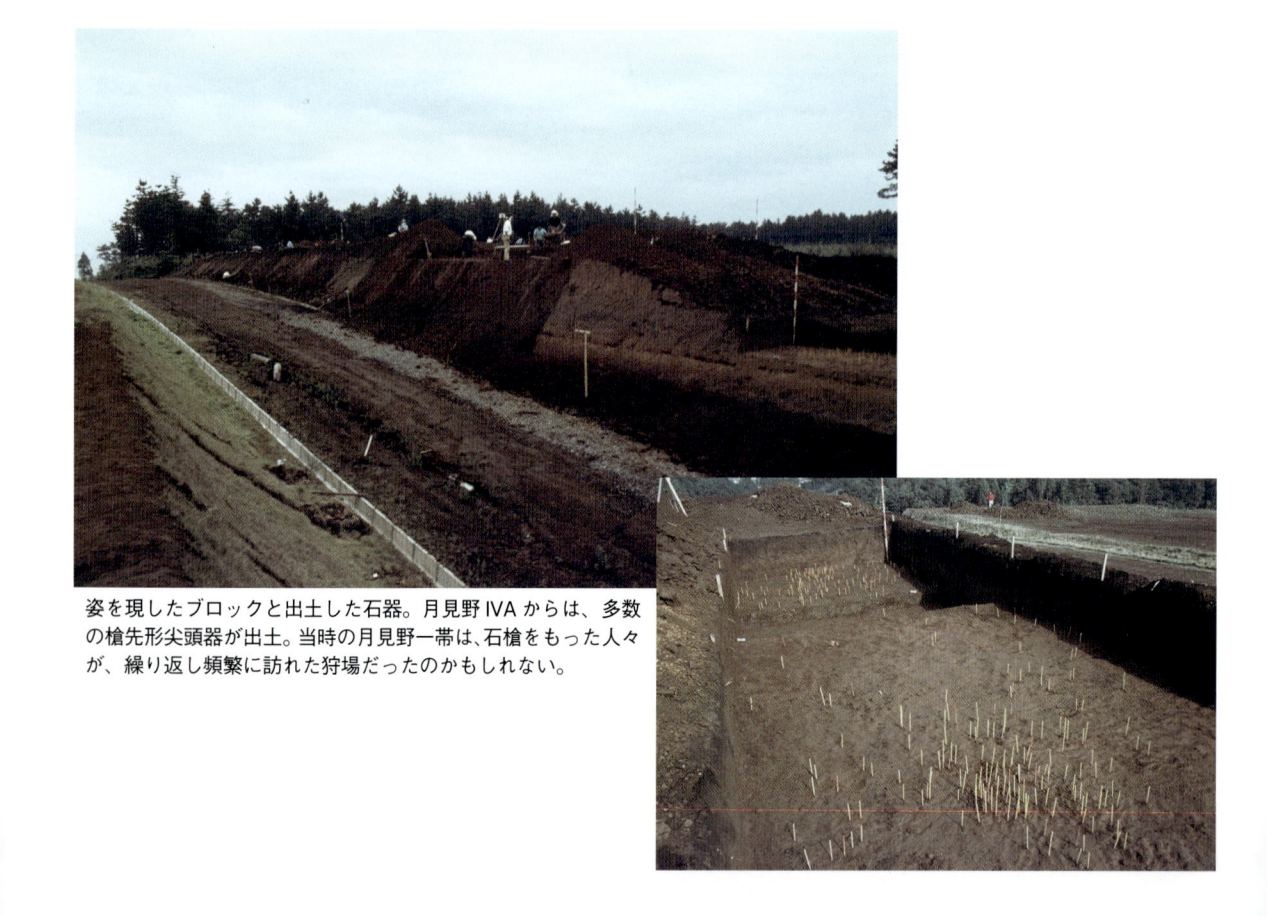

姿を現したブロックと出土した石器。月見野IVAからは、多数の槍先形尖頭器が出土。当時の月見野一帯は、石槍をもった人々が、繰り返し頻繁に訪れた狩場だったのかもしれない。

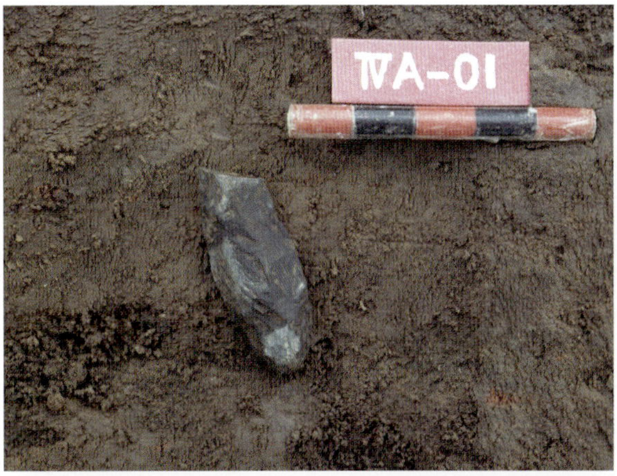
ⅣA-01

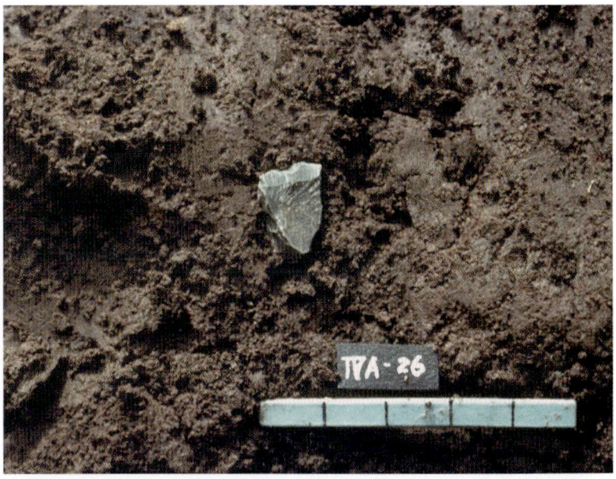
ⅣA-26

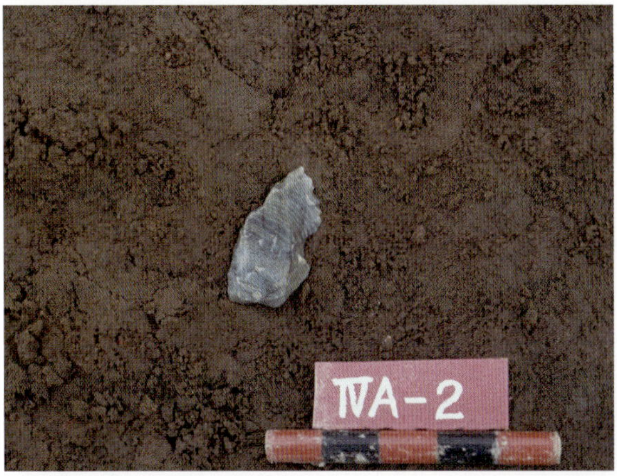
ⅣA-2

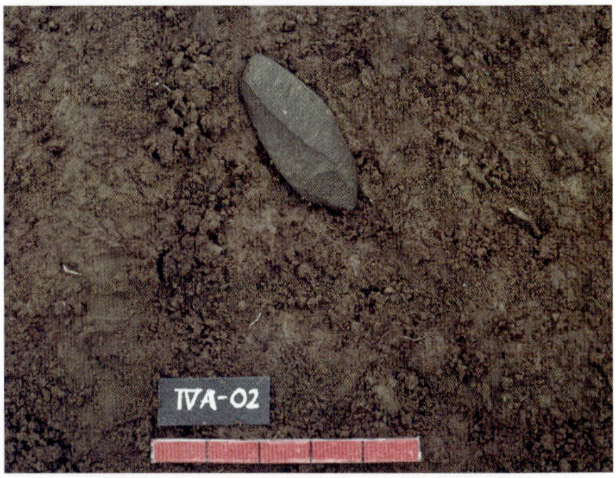
ⅣA-02

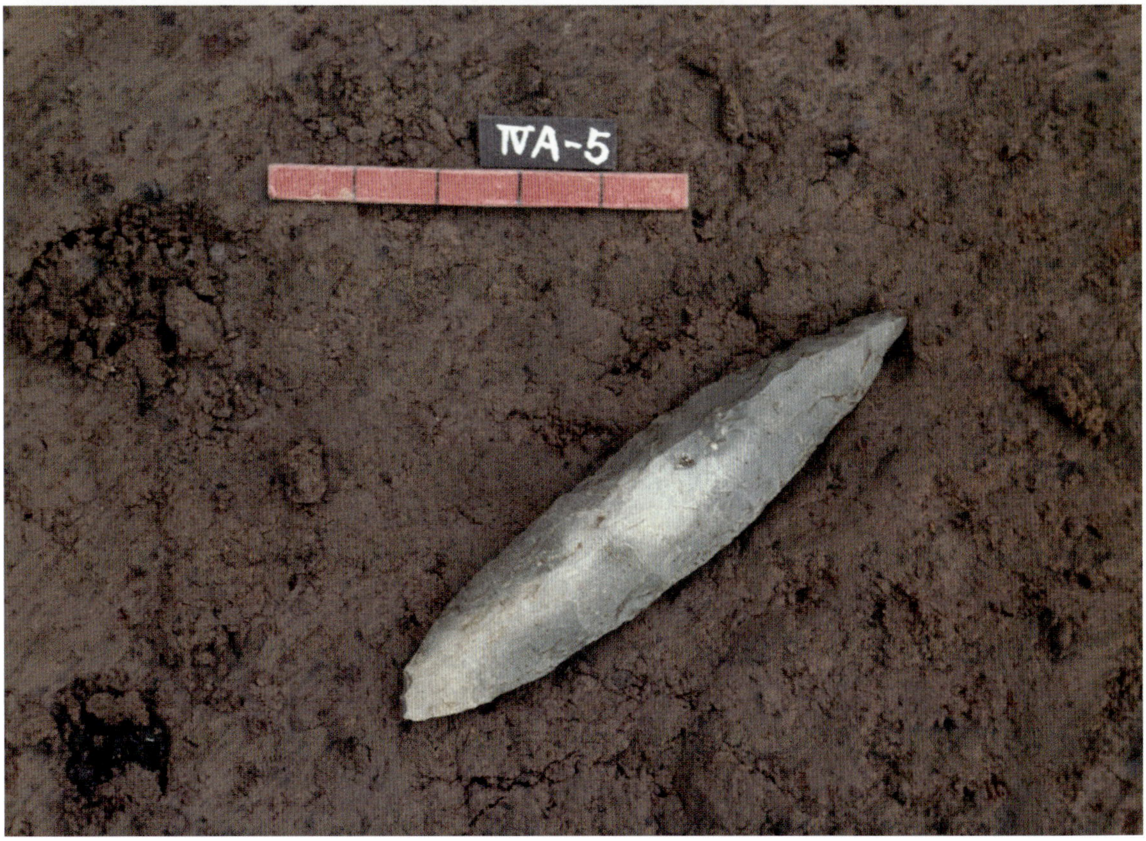
ⅣA-5

月見野第IV遺跡B地点

月見野第IV遺跡C地点

月見野第IV遺跡のA〜D地点は、互いに近接していると共に、同じ時期の石器が多数発掘されている。本来は大掛かりな遺跡の一部分を、それぞれ発掘した可能性が高い。

月見野第Ⅳ遺跡D地点

「遺跡は教室」。こうして多くの考古学者が育っていった。

宿舎前に立てられた表札（"掘ってる月見野"）。

発掘終了の記念写真（？）。

一日の調査が終わると、皆で現場ミーティング。

人力による発掘区の埋め戻し。最近は、滅多に見られなくなった風景。

第Ⅰ遺跡の石器（BB1）
（出土層位は『概報 月見野遺跡群』より）

第Ⅱ遺跡の石器（BB1）

第Ⅱ遺跡の石器（BB1）

第ⅢA遺跡の石器（L1H）

第ⅢA遺跡の石器（BB1）

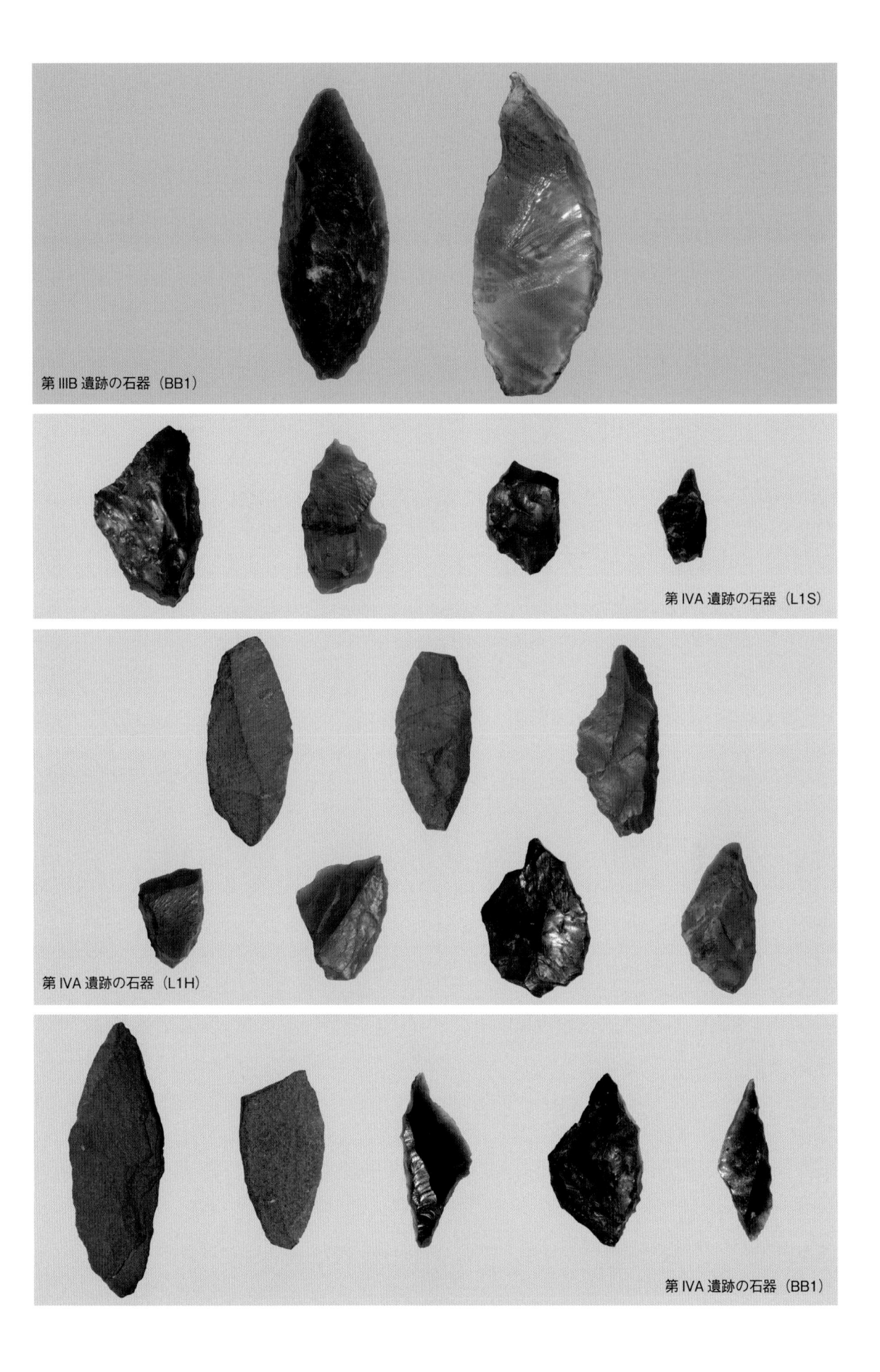

第 IIIB 遺跡の石器（BB1）

第 IVA 遺跡の石器（L1S）

第 IVA 遺跡の石器（L1H）

第 IVA 遺跡の石器（BB1）

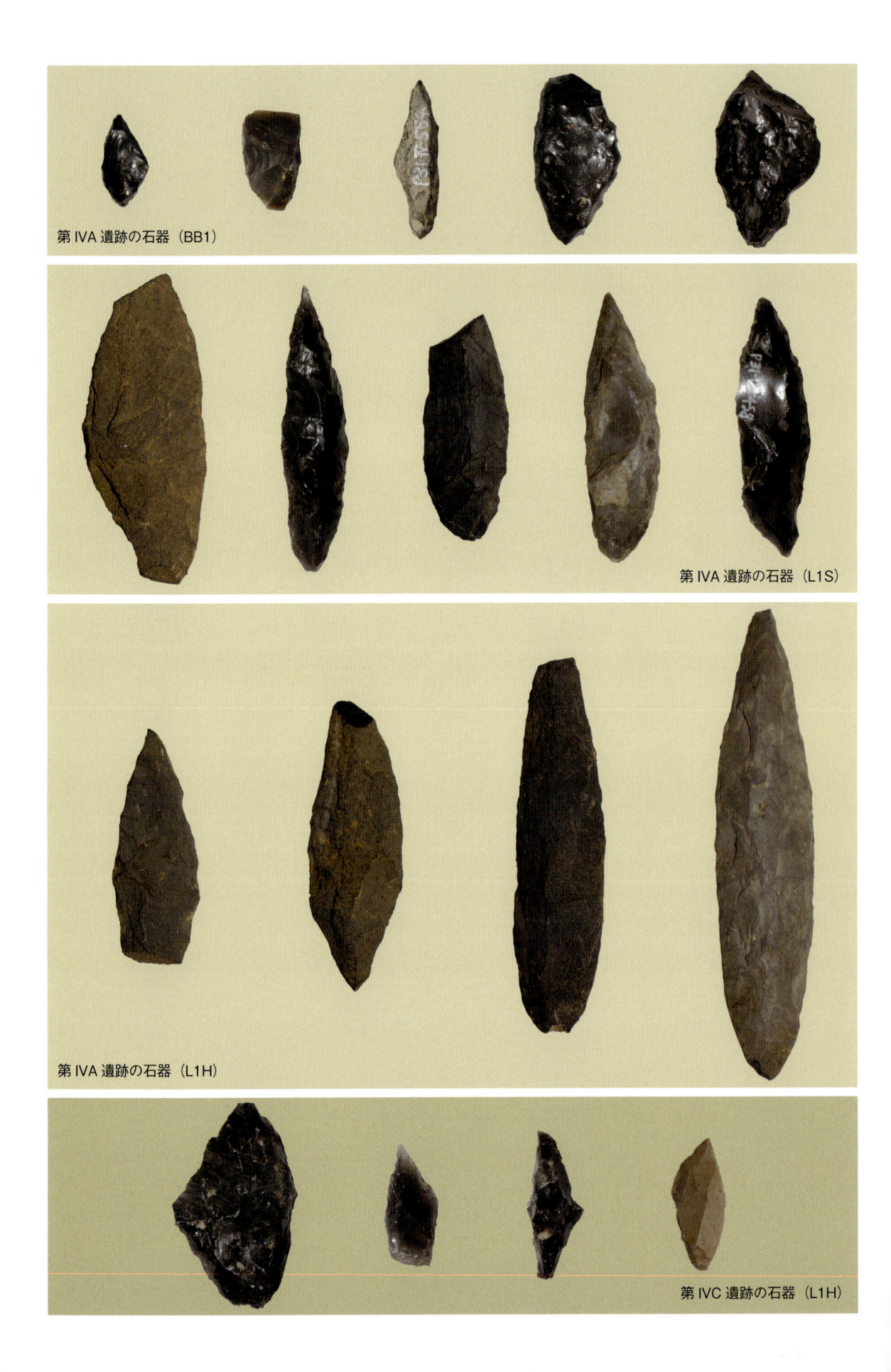

第IVA遺跡の石器（BB1）

第IVA遺跡の石器（L1S）

第IVA遺跡の石器（L1H）

第IVC遺跡の石器（L1H）

II

先土器時代の文化と社会を追う

戸沢充則　*Tozawa Mitsunori*

1
月見野・野川以前と以後

砂川遺跡の第1次調査から第2次調査まで

　砂川遺跡の第1次調査がおこなわれたのは1966年11月のことであった。先土器時代研究史の上からみれば、前年の1965年に『日本の考古学Ⅰ　先土器時代』（杉原荘介編、河出書房）が出版され、それ以前の15年間の先土器時代文化研究の成果が、その時点での一応のまとめを終わった段階であった。

　しかしその時点で、あるいはそれ以前から一部の研究者の間には「標準化石的な石器」の羅列による先土器時代文化の編年も、それを基準にした研究も、すでに限界に達していることが、ある程度認識されていた。遺跡もまたそこから発掘されたすべての石器群も全体的にとらえて、それがもつ歴史的な存在としてのメカニズムを、どのようにしたら明らかにすることができるかというのが、新しい方法論を模索する研究者に共通の志向であったと考えられる。

　砂川遺跡はそうした研究史的な状況のもとで発見され、第1次調査がおこなわれたのである。そしてそこで試みられたことは、上述のような研究史的要請にすべて応えたものとはいえなかったが、われわれなりに新しいいくつかの研究の視点を提示したつもりである。

　すなわち第一に、発見された全資料を原位置でとらえ、そこにある一定の空間的範囲と、一群の石器・残核・剝片等の資料群を、ある有意なブロックとして理解し、それを通じて遺跡の構造を究明することの可能性を展望した。

　第二に、豊富な接合資料の検出に成功し、一遺跡での剝片剝離技術の実態を、みかけの上での観察だけではなく、石器製作工程全体の有機的な関連性の中で、体系的にとらえる試みを積極的におこなった。

　第三に、第一・第二の成果をふまえ、また個体別資料の分布状態などの観察も合せて、ブロックのもつ性格を、当時の生活の様態と関連させて理解する可能性を示唆した。

第四に、以上のような遺跡の構造と遺物全体の関連性を把握するという視点から、石器の組成等についても、型式の細別は形態の区分のもとで厳密におこなわれるべきであるという立場を示し、ナイフ形石器の分類や機能の観察を主として、その実践を試みた（戸沢「埼玉県砂川遺跡の石器文化」『考古学集刊』4-1、1968年）。

　概略以上のような結果をまとめて報告書を発表した直後、1968年夏、われわれは神奈川県月見野遺跡群の調査を体験することになった。ここでは厚さ4mに達する立川ローム層中に、多数の礫群の存在によって、また明瞭な黒色帯・パミス層・スコリア層などによって美事に層区分される、きわめて保存のよい先土器時代の生活面を、10以上の累層をなして検出することに成功した。このことは従来多くを型式論的類推に頼ってきた石器文化の編年を、層位的に確証することを可能としたばかりでなく、すでに予測されていたように、各器種・各形態の石器の多様な組成とその変化のうちに、先土器時代文化の動態がとらえられるという事実を立証した。

　しかし月見野遺跡群の発掘を通じて、われわれが最も強く印象づけられ、同時に反省した点は、先土器時代遺跡がそれまで考えられていたより、はるかに広い平面的なひろがりをもち、かつ複雑な構成をなしているということである。月見野遺跡群の中の第III遺跡では、少なくとも10,000㎡以上にわたって、同一層準の生活面のひろがりが確認されており、そこには多数の礫群と、それぞれ異なった石器組成をもつブロックなどが存在することがわかっている。

　砂川遺跡の第1次調査でおこなったような単一のブロックによる石器文化の理解は、もはや不完全であることが明らかとなったのである。とはいっても、砂川遺跡の第1次調査で示された研究の視点は、月見野遺跡群の調査でも批判的に継承され、発掘調査以来数年間におよぶ資料分析の作業がいまなお進行中である（明治大学考古学研究室月見野遺跡調査団『概報・月見野遺跡群』、1969年）。

　幸いなことに、月見野遺跡群でのわれわれの経験にひきつづいて、東京都野川遺跡をはじめとするいくつかの重要な遺跡の発掘が、小林達雄・小田静夫氏等を中心としておこなわれた（小林・小田他「野川先土器時代遺跡の研究」『第四紀研究』、1971年）。ほぼ共通した問題意識の上に立った研究の成果が続々と世に送り出され、関東地方を中心とした先土器時代の研究は「月見野・野川以前と以後」と画期されるほどの進展をみせつつある。

　とくに野川遺跡の研究の中で、セツルメント・アーケオロジイの方法が導入され、ユニット（われわれのいうブロック）の類型化がおこなわれ、そのユニットのあり方ないしは組合せによって、各文化層のセツルメント・パターンの把握をおこなうという試みが、はじめて具体的に示された。ユニットの性格やセツルメント・パターンの理解（またはその方法）に若干の問題はあるとしても、その積極的な問題提起は評価すべきものがあろう。

ただ月見野遺跡群をはじめとするわれわれの資料の分析では、ブロックは固定してとらえるべきものではなく、ブロック間の動き、それによって得られる相互関連性を重視しており、そのために接合資料の観察や個体別資料の分布の確認など、非常に労力を要する作業を継続中である。そこでさらに、そうした基礎的な作業を通じて、例えば遺跡を群としてとらえ、先土器時代社会の実態にまで迫り得る方法論の展開にも期待している。

　砂川遺跡の第2次調査は、以上のような研究の過程でおこなわれたものである。第1次調査時までの認識の浅さや、種々の事情があったとはいえ、第1次調査地点（A地点）からいくらもはなれていないF地点から、新たに3個所のブロックが発見された。当然のことながらわれわれの関心は両地点のブロックの関係をどのようにとらえうるかにまずおかれた。第2次調査で得た資料は必ずしも豊富ではなかったし、またそれ故にかなり細かな観察も可能だったわけであるが、幸いにしてA地点とF地点の間には、接合資料、原石のちがいで区別できる個体別資料ともに、相互に関係のある資料を検出することができた。

　この報告書ではその観察・分析の事実過程と結果を記述することに重点をおき、それに対する解釈も評価も最小限におさえてある。砂川遺跡はまだ予想される全ブロックを発掘し終わっていないし、われわれの理解も各ブロックの性格を個別に解釈できるほど深まってはいないからである。しかし第1次調査で剝片剝離技術についての視点を示し、具体的な観察の記述をおこない、ブロックについての関心を提示したことが、少なくともその後のわれわれの研究の一つの展望をひらいたように、第2次調査でおこなった観察の結果も、同じ意義をもちうるものと思うのである。

（『砂川先土器時代遺跡』所沢市教育委員会、1974年所収）

鈴木次郎・矢島國雄　Suzuki Jiro and Yajima Kunio

2 先土器時代の石器群とその編年

1　先土器時代の石器群

石器群のとらえ方

　岩宿遺跡の発見により開始された先土器時代の研究は、1965年に刊行された『日本の考古学Ⅰ　先土器時代』においてそれまでの成果についての集大成がなされた。そこでは、全国の先土器時代石器群が網羅的に記述・体系化されたが、皮肉にもこの豊富な資料は、従来の標準石器による編年、すなわち敲打器文化→刃器文化→尖頭器文化→細石器文化という単純羅列的な編年の限界・矛盾を露呈してしまったといえる。

　一方では、この全国的集成と相前後して、従来の編年研究を乗り越えようとする研究の芽は着実に育ちつつあった。1965年、戸沢充則の発表した石器群研究の方法は、それ以前の研究を総括し、石器群研究の方法的な見通しを理路整然と呈示した労作である（「先土器時代における石器群研究の方法」『信濃』17-4）。戸沢は、一遺跡・一文化層の石器群を先土器時代文化研究の最小単位として、インダストリー（Industry）として概念化し、このインダストリーの空間的・時間的な様相を、それぞれ、フェイズ（Phase）とステイジ（Stage）の概念で整理した。さらに、空間的な一定の広がりと時間的なある一連のつながりをもった一群のインダストリーによって規定される、より高次の概念としてのカルチュア（Culture）を設け、この四つの概念によって先土器時代文化を解明しようとした。この理論は、きわめて整然としたものであるが、そこでは石器群の具体的な分析の方法は呈示されなかった。

　戸沢のこのインダストリー・カルチュア論の具体的な展開は、北海道置戸安住遺跡の研究を経て、埼玉県砂川遺跡の研究を結実させる。砂川遺跡の研究（「埼玉県砂川遺跡の石器文化」『考古学集刊』4-1、1968年）において戸沢は、出土した全資料を原石個体別に分類し、接合資料の分析を通じて剝片剝離技術を復原的に解明した。この分析によって、遺跡

から出土した全資料は、石器群全体の中での具体的な位置づけを初めてうることができたといえるのである。剝片・砕片のすべてを含んで、石器群が生きた資料としてインダストリーの内容を語ることになったといい換えてもよかろう。この方法は、その後、神奈川県月見野遺跡群をはじめとして多くの遺跡の石器群の分析に適用され、方法的により整ったものとなりつつある。

　1968年にはもう一つ特筆すべき研究がある。稲田孝司は従来の研究を批判して、石器群は構造的なものであり、その構造の理解を通じて、先土器時代文化を合法則的な発展過程として捉えようという視点と方法を提示した（「尖頭器文化の出現と旧石器的石器製作の解体」『考古学研究』15-3）。これは大井晴男の評価したように「少なくとも従来の〝標準石器（Type Tool）〟〝主体的な石器〟を基準とする、あるいは羅列的な〝組成（Assemblage）〟を軸とする、石器群の分類・整理の方法を止揚したもの」ということができる（「先土器時代石器群における型式論的処理について」『北海道考古学』9、1973年）。しかしながら、稲田論文は、その依拠した石器群が必ずしもその視点と方法とに十分こたえ得ないものであったこと、そして、そうした石器群の編年的な位置づけに誤りのあったことなどで、提示された結果には全面的に同意するというわけにはいかない点がある。

　翌1969年には、加藤晋平が〝常呂パターン〟仮説を提唱する。常呂川流域の遺跡群をセツルメント・パターン（Settlement Pattern）によって理解しようとする仮説で、その骨子は、（1）遺跡の性格・機能によって、その遺跡の石器群の内容が異なる可能性が大きく、一遺跡一文化層の石器群は、必ずしも完全なインダストリーを示すとは限らない。（2）完全なインダストリーは、セツルメント・パターンを異にする複数のコンポネント（Component）を総合して初めてえられるというものである。少なくとも、遺跡の部分的な発掘によってえられた石器群などをそのまま完全なものとして立論の出発点とすることには、重大な疑問が提出されたのである。

　こうした研究の動向の中で、1968～70年にかけて、神奈川県月見野遺跡群、東京都野川遺跡が相次いで調査され、ともに10層におよぶほどの文化層が重複して、良好な層位的出土例として提示された。また、遺跡の広がりも、当時の認識をはるかに越えた大きなもののあることが判明したのである。

　重複する文化層の検討の結果は、従来の編年が実際の石器群の変遷とは異なることを明らかにし、石器群編年の見直しと、編年の基本的な方法の再検討を促した。また、遺跡の広がりは、小規模な調査によってえられた石器群が、必ずしもその遺跡の全容を反映しているとは限らず、インダストリーとして不完全である可能性が高いことを示唆するものであった。さらに、この両遺跡の調査は、遺跡の構造、セツルメント・パターンといった方向での研究を前面に押し出す契機となったのである。

月見野・野川以後、先土器時代研究は新たな段階にはいったという評価があるが、大規模開発によって増大した緊急調査の個々の資料を体系化する努力は、その資料の圧倒的な量の前にやや空転しはじめている観がある。この時点で再度、石器群とはなにかというもっとも基本的なところから研究の視点・方法・概念の洗い直しをすることから出発しなければ、増加する資料にいたずらに振り回されかねないところではなかろうか。

石器群の構造とその分析
　石器は先土器時代のもっとも重要な利器として、先土器時代人の生活を支えた生産・生活用具である。採集経済段階にある先土器時代にあっては、このような基本的な道具の製作と使用の技術は、集団の全構成員が共通に保持していたとみられる。こうした石器の製作と使用の技術は、各人間集団の環境と伝統によって規制されながらも、その時点での文化的な到達度の許容する範囲内で、もっとも高度に合理的、かつ合目的的に整えられていたと考えられるのである。つまり、生産と不可分に結びついた石器群は、単なる寄せ集め的な存在ではありえないものであると考えられるのである。

　石器群を構成する各器種の石器、それを製作する技術基盤は、お互いに強固に有機的な関係をもっていたとみなくてはならないだろう。そうした構造に支えられていてこそ、石器時代人の生産が要求する機能に合致し、必要な働きの全領域をカバーしうる、完全な装備＝生産・生活用具としての石器群が成立したと考えられるのである。

　このような石器群の構造は、そのために容易に改変されにくい傾向にあることが肯けよう。しかし、一方では生産に直結している石器群は、生産の拡大、あるいは自然環境の変動などを契機とした労働対象の変化に従って、絶えず改良を加えられる存在でもある。このような石器の改良の積み重ねは、結果的に構造の改変を促す引金となりうる。また、他の地域の石器群との接触によって、それを部分的ないし全面的に受け入れることもありうることで、これも構造の改変につながる。

　石器群の構造は、稲田が規定したように、（１）器種（形態）単位と型式単位との関係、（２）技術基盤としての剝片剝離技術と技術基盤内での素材と調整加工技術の関係、（３）器種（形態）・型式のあり方と技術基盤との関係の三者によって提示されるものであろう。

　具体的な分析の方法としては、①一遺跡一文化層の全資料を原石個体別に分離し、各個体ごとの剝片剝離技術の実態を明らかにすること、②これを総合して、その石器群の剝片剝離技術の構造的特質を把握すること、③そこにおける素材の特質と石器群との関係を明らかにし、④石器の形態・型式の分析と併せて、調整加工技術の内容とその特質を把握すること、⑤器種・形態・型式の三者の関係を把握し、①〜⑤の相互の関係を構造化して捉えることになるかと思う。この分析は石器群の構造的な内容を明らかにするばかりでなく、

ある一つの石器群と完全なインダストリーとしての石器群との差異を具体的に示すことへのステップでもある。実際の分析例によれば、遺跡に遺存して発掘される各個体別資料は、遺跡への製品、あるいは半製品としての搬入であったり、ある部分は別の遺跡へ搬出されていたりするのが通例で、原石の状態に完全に復原されるものは例外的である。このことに示されるように、その遺跡の石器群の真の姿は、こうした石器類の搬入と搬出の質と量を不問にしてはとらえられないものである。さらに重要なことは、このように復原的に捉えたその遺跡の石器群の真の姿と完全なインダストリーが必ずしも同一であるとは限らないことである。

この遺存した石器群と真の姿の石器群、そして完全なインダストリーとの差異は、遺跡の性格・機能を検討するうえで重要な意味があるといってよいだろう。加藤の提起したセツルメント・パターンによる遺跡群の理解の具体的な方法の一環としても前述の分析は有効なのである。

編年の方法

前項で明らかにしたように石器群の構造は文化的な存在である。そうした構造をもった石器群は、同じ内容のものを時間的・空間的にまとめることができる。

すなわち、同質の構造をもつ石器群が存在する時間的な長さは、そうした構造的特質を保持させた文化の時間的な長さを、また、空間的な広がりは文化の広がりを、それぞれ示すといえよう。さらに、石器群の構造の変化の様相を時間と空間の両軸にそって整理することによって、文化の変化の内容と方向を、それぞれ把握することができよう。

全国的な編年の確立には、各地域での石器群の構造の変化の様相を明らかにし、その相互の構造的な内容の比較検討をすることからはじめるべきであって、研究史的にすでに克服されたような、特定の石器の変化をとらえることではない。

その場合、層位的な関係などの諸情報を無視したものであってはならないことはもちろんであるし、近年急速に整備されつつある隣接諸科学の成果を等閑に付すべきではない。年代測定法としての^{14}C法、フィッション・トラック法、黒曜石水和層法、環境復原に有効な花粉分析、包含土壌の理解に欠くことのできない地質学、土壌学、火山灰層位学など枚挙にいとまがないほどの分野で重要な成果がある。しかしながら、そうした成果を無批判に受容することは慎しまねばならない。考古学の側での主体的なデータのチェックと、データの質を高め、よりよい方法を開発するための共同体制の確立への歩みを進める段階にあるといってよいであろう。

2 関東ローム層の区分と石器群の編年

先土器時代の関東地方

　関東地方は先土器時代の研究史上重要な場所である。研究の端緒となった群馬県岩宿遺跡をはじめ、研究史の各段階でその研究をリードしたような調査研究が相次いで行なわれている。これは一つには、先土器時代遺跡が厚い関東ローム層中に包含されており、良好な層位的な指標が豊かであることと無関係ではない。

　ここでは、近年研究の進展のいちじるしい南関東地方の成果をもととして、前節に述べた方法による編年を試みてみよう。神奈川県月見野、東京都野川・鈴木・高井戸東・西之台遺跡等々、豊富な層位的出土例に恵まれている南関東は、その実践のための好フィールドであるからである。

　南関東の先土器時代遺跡は赤土と呼ばれる関東ローム層を遺物包含層としている。関東ローム層とは洪積世の降下火山灰を主体とする堆積物の総称で、南関東では、その主たる給源は富士・箱根の火山群である。40万年以上にわたる火山活動のたまものである関東ローム層は、東京近郊の段丘地形（この段丘群も氷河の消長にともなう海水準の変動のたまものである）との関係から大きく4部層に区分され、古い方から多摩ローム層、下末吉ローム層、武蔵野ローム層、立川ローム層と呼ばれている。ほとんどすべての先土器時代遺跡は、この最上部層である立川ローム層、あるいはその相当層を包含層としているのである。

立川ローム層の細分と鍵層

　立川ローム層は、細かく観察すると黄褐色の部分と暗褐色の部分とが識別できる。後者は黒色帯または黒バンドと呼ばれるもので、黄褐色ロームの部分より有機質が多い。その成因は必ずしも単純ではないようで、かつての地表面に生えていた植物などの腐植による有機質の集積、火山活動（火山灰降下量）の相対的な劣弱化など、いくつかの要因が関与するといわれている。

　この黒色帯は、給源に近い相模野では6枚、多摩丘陵を越えた武蔵野では2枚、東京湾を越えた下総では1枚が識別できる（図1）。また、相模野では降下堆積した火山灰の一次相であるスコリア層（火山砕屑物）として認められる部分もある。

　この黒色帯とスコリア層は連続の良いもので、層位の認定や、異なった地域相互のローム層の対比に有効な指標となる。こうした層を一般に鍵層と呼んでいる。

　また、立川ローム層の中位には火山ガラスが豊富に含まれる部分がある。この火山ガラ

ス層は姶良Tn火山灰（丹沢パミス）と呼ばれる非常に特徴的なもので、肉眼で観察不可能な場合でも、鉱物分析によって検出することができるという利点があり、鍵層として有効なものである。姶良Tn火山灰は、鹿児島湾の姶良火山を起源とするといわれ、広く西南日本から宮城県南部まで追跡されるものである。さらに、その降灰年代がちょうどヴュルム氷期極相期（約2万年前）に近いということもあって、考古学的にも重要な意味がある。すなわち分布範囲が非常に広く全国編年のための有効な地層の鍵であるとともに、環境変化と文化の変遷の相関関係を探るうえでも重要な意味をもつ指標の一つであるとみることができるであろう。

相模野では立川ローム層を細分して黄褐色ローム層はL（Loam）、黒色帯はB（Black band）と呼び、図1のように上からL1S・B0・L1H……B5・L6とそれぞれ記号をつけて表示している。このうち、L1は、いわゆるソフトロームの部分をL1S、黒色帯をはさんで下のハードロームの部分をL1Hとし、B2は色の薄い上半部B2Uと黒色の強い下半部B2Lとに区分している。なお、B3中には波状帯と呼んでいる土壌攪乱部があるが、これは周氷河現象の一つとしてのインボリューション（Involution）の化石化したものといわれ、おそらくヴュルム氷期極相期の寒冷気候下の所産であろう。

武蔵野では立川ローム層をIII～X層に区分しているが（図1）、相模野との対比

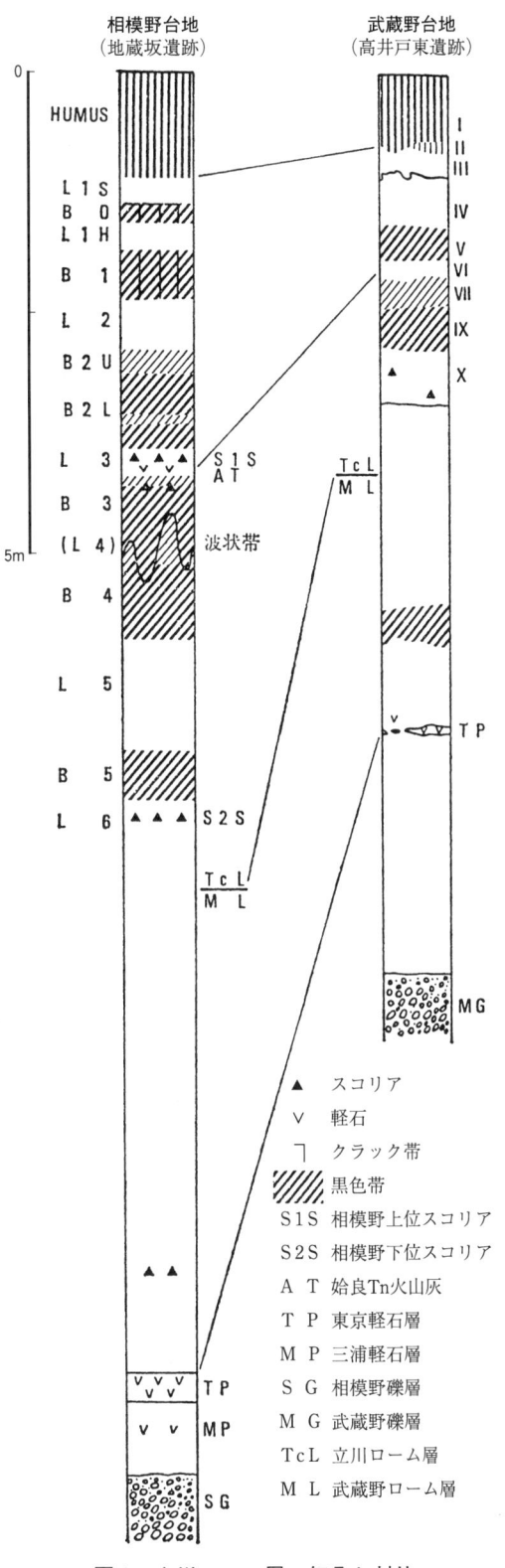

図1 立川ローム層の細分と対比

関係は武蔵野上位の黒色帯がほぼ相模野 B2 に、下位の黒色帯が B3〜B4 にそれぞれ対応するものであるとされている。

相模野・武蔵野ともにローム層中の炭化物の ^{14}C 年代、各遺跡出土の資料のフィッション・トラック、水和層などによる測定年代が数多くある。これらを総合すれば、立川ローム層頂部が約1万年前、姶良 Tn 火山灰の入る立川ローム層中位が約2万年前、立川ローム層下底部が約3万年前といえよう。

3　南関東の先土器時代石器群の編年

石器群の構造的な分析に立脚して、その結果を層位に従って整理すると、南関東の先土器時代は、大きく5つの時期にまとめることができる。このおのおのを古い方から第Ⅰ期〜第Ⅴ期と呼ぼう。

第Ⅰ期

南関東で現在最古と思われる石器群は、武蔵野の中山谷遺跡、西之台遺跡の X 層であろう（図2）。これらは、珪岩を主要石材とする小形の剝片石器と、砂岩、粘板岩、安山岩などの礫器類より構成されており、後者の占める比率が比較的大きい。小形の剝片石器は、剝片の一部に粗雑な加工を行なった搔錐器（図2の2〜5）・削器（図2の6・9）・ナイフ状の石器（図2の1）などがある。剝片剝離技術は、石刃技法がみられず、自然面や

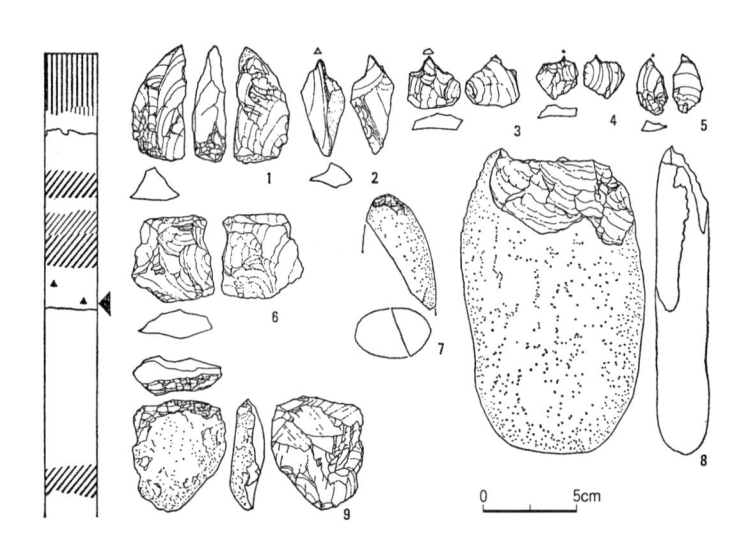

図2　第Ⅰ期の石器群
（1　ナイフ状石器、2〜5　搔錐器、6・9　削器、7・8　礫器）

節理面を打面として、パンチを用い、打撃部を集中させることなく、不定形剝片をえている。

　ところで、同じ武蔵野の鈴木遺跡や高井戸東遺跡では、Ⅸ・Ⅹ層より、石刃技法をもつ異なった石器群が発見されている。これについて、以前、両石器群はそれぞれ不完全な石器組成であって、本来共存する石器群であると捉えていた（矢島・鈴木「相模野台地における先土器時代研究の現状」『神奈川考古』1、1976年）。しかし、最近の調査例の増加にもかかわらず、両石器群の共存例は全く認められない。これより、現段階では、中山谷遺跡Ⅹ層や西之台遺跡Ⅹ層の石器群を第Ⅰ期として他の石器群と分離し、鈴木遺跡Ⅸ・Ⅹ層や高井戸東遺跡Ⅸ・Ⅹ層の石器群に先行するものと理解したい。

第Ⅱ期

　相模野ではB2L下部～B4・L5上部に、武蔵野ではⅤ層～Ⅹ層上部に生活面をもつ石器群である。この時期の石器群の特徴は、剝片剝離技術に石刃技法がみられること、石器組成の中にナイフ形石器が定着することである。また、この時期は、前半と後半とで若干石器群の内容が異なっている。

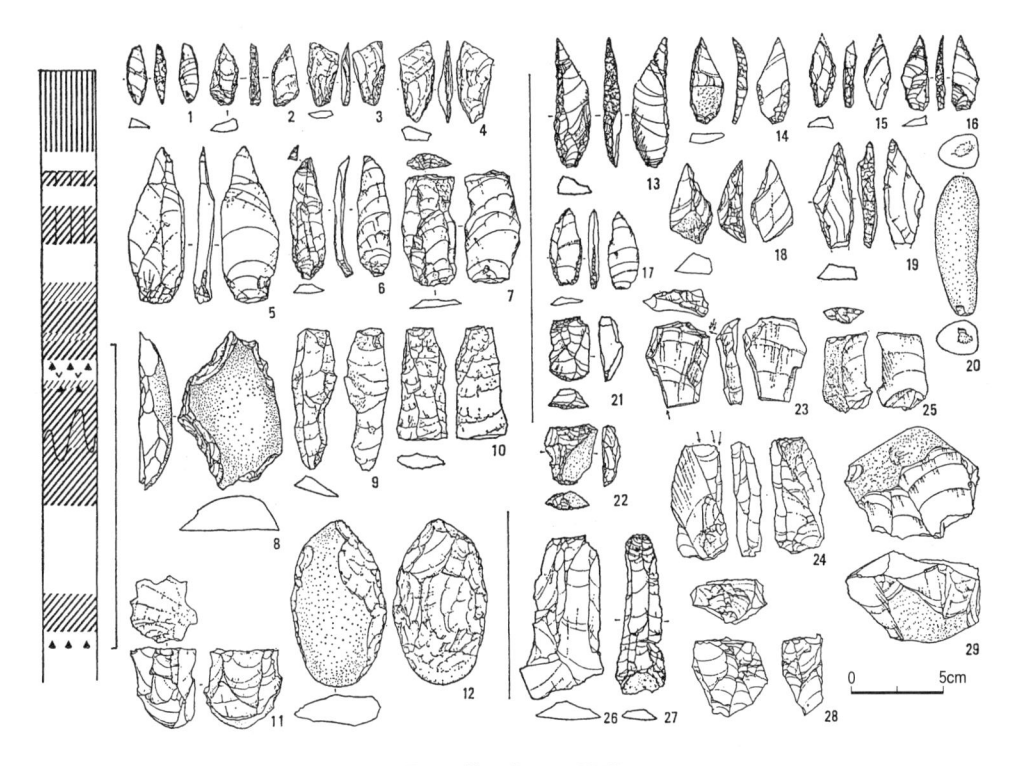

図3　第Ⅱ期の石器群
（1～7、13～19・25 ナイフ形石器、8 削器、21・22 搔器、23・24 彫器、
9・10・26・27 石刃、11・28・29 石核、12 局部磨製石斧、20 敲石）

前半期の石器群（図3の左）は、相模野ではいまだ発掘資料がなく、武蔵野の高井戸東遺跡Ⅸ・Ⅹ層、鈴木遺跡Ⅸ・Ⅹ層などがあげられる。これらの石器群には、局部磨製品を含む楕円形石斧（図3の12）が特徴的にみられる。また、ナイフ形石器は、後半期に比し、まだ量的には貧弱で、調整加工も粗雑である。しかし、ナイフ形石器の形態は、A（図3の1。鋭い先端と、それに続く身の2分の1前後の長さの鋭い刃部をもち、他の縁辺は、ほとんど急斜な調整剝離を施されたもの）、B（図3の5・6。鋭い先端をもち、基部に集中的な調整剝離の施されたもの）、C（図3の2。鋭い先端をもち、一側縁のみに調整剝離を施したもの）、D（図3の7。一部に調整剝離を施したもので、背と刃部の角度が比較的大きいもの）、E（図3の3・4。いわゆる「切出形ナイフ形石器」で、形態Aに比し刃部が短く、しかも先端の角度が鈍いもの）の各形態がほとんど出揃っている。

　後半期の石器群（図3の右）は、相模野では地蔵坂遺跡B2L下底・B3上面・同中位、月見野ⅣB遺跡B2下底、相模野第154遺跡B3上面・寺尾遺跡L3下底（第Ⅵ文化層）などがあり、武蔵野では、鈴木遺跡、高井戸東遺跡などのⅤ〜Ⅶ層がある。石器組成は、前半期に特徴的にみられた楕円形石斧がみられず、ナイフ形石器をはじめとする小形の石器が豊富にみられる。ナイフ形石器（図3の13〜19・25）は、前半期に比べて増加し、しかも各形態とも精緻に調整剝離が施されている。ナイフ形石器の他には、掻器（図3の21・22）・削器・彫器（図3の23・24）・揉錐器・礫器・磨石・敲石（図3の20）等がみられる。

　剝片剝離技術は、前半・後半ともほぼ同じであり、石刃を目的的剝片とする剝片剝離技術ⅡAと、楕円形の大形剝片を目的的剝片とする剝片剝離技術ⅡBの二者がみられる。

　前者は、単設打面石核（図3の11）や両設打面石核（図3の28）より、パンチを用いた間接打撃で目的的剝片である石刃（図3の9・10・26・27）を剝離している。これらの石刃は、ほとんどのナイフ形石器の素材として用いられるほか、そのまま刃器としても使用されている。また、石核にはそれほど顕著ではないものの、打面調整や頭部調整が認められ、打面の再生も行なわれている。後者は、石核への打面調整や頭部調整をほとんど行なわず、パンチを用いて石核の稜を交互に剝離することによって、楕円形の大形剝片を剝離している。この結果、残された石核（残核）は、チョッパーやチョッピングトゥールに近い形状を示す（図3の29）。

第Ⅲ期

　相模野ではB2U〜B2L上部に、武蔵野ではⅣ層下部に生活面をもつ石器群である。この時期は、相模野・武蔵野を通じて、遺跡が爆発的に増加しており、したがって、発掘された石器群も非常に多い。主な石器群は、相模野では上土棚遺跡B2L上面、小園前畑

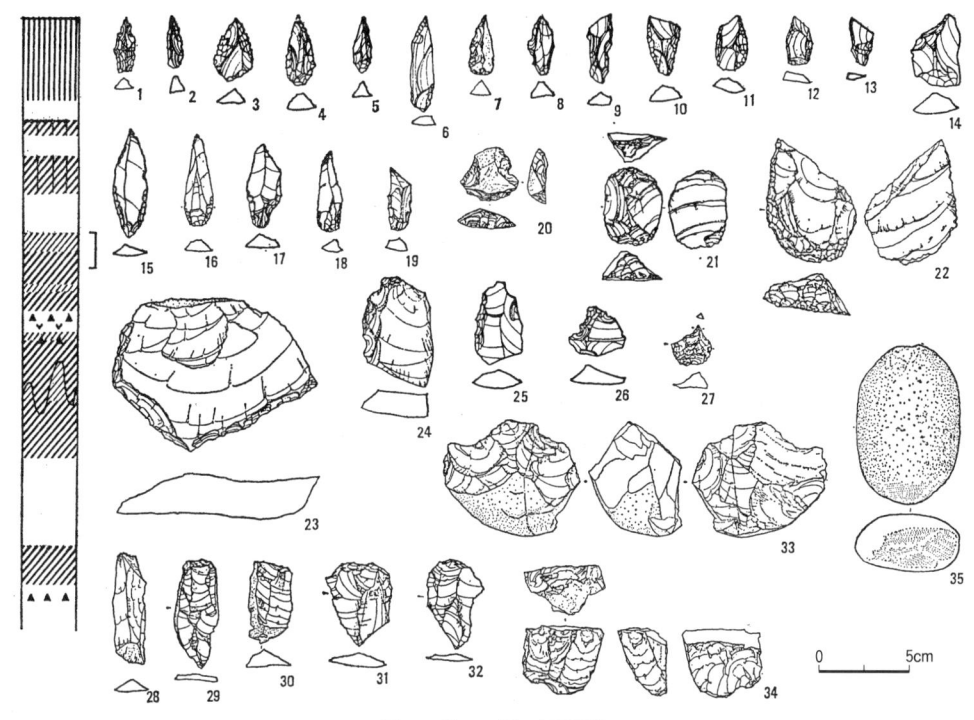

図4 第Ⅲ期の石器群
（1〜3 尖頭器様石器、4〜19 ナイフ形石器、20〜22 掻器、23〜26 彫器、
27 揉錐器、28〜30 石刃、31・32 剝片、33・34 石核、35 磨石）

遺跡 B2L 上面、地蔵坂遺跡 B2U 中・同上、月見野ⅢC 遺跡 B2U 中などがあり、武蔵野では野川遺跡、ICU 第15地点遺跡、前原遺跡、鈴木遺跡、高井戸東遺跡など（いずれもⅣ層下部）がある。

　石器の組成は、ナイフ形石器・尖頭器様石器・掻器・削器・揉錐器などである。ナイフ形石器は、A〜E の各形態がみられるが、その中でも形態 B（図4の6・15〜19）と形態 E（図4の9〜13）が多量にみられ、この時期の石器群を特徴づけている。ゴロゴロ石器あるいは角錐状石器などとも呼ばれている尖頭器様石器（図4の1〜3）は、第Ⅲ期にのみみられる石器で、片面に鋸歯状の調整剝離を施した断面三角形の尖頭器である。掻器は、小形の拇指状のものが多く、削器は、鋸歯状の調整剝離を行なったものが多い。

　剝片剝離技術は、第Ⅲ期と同様、2種類みられる。剝片剝離技術ⅢAは、先細りの逆三角形の石刃（図4の28〜30）を目的的剝片としている。石核は単設打面石核が多く、同一打面より同一方向へ連続的に剝離している。この間、打面の調整・再生・転移はほとんど行なわれない。この結果、最後に残った石核（残核）は、一面に自然面を残し、半円錐形の形状をなすものが多い（図4の34）。目的的剝片の多くは、その先細りの形状を生かし、形態 B のナイフ形石器の素材としている場合が多い。剝片剝離技術ⅢBは、一定の形状をもたない不定形な剝片（図4の31・32）を目的的剝片とする。石核の打面は、礫

75

面、節理面、既設の剝離面などとくに限定せず、直接打撃によって、いろいろな形状の剝片を剝離している。この結果、残核もまたさまざまな形状をなす（図4の33）。目的的剝片は、その形状と大きさに応じて、形態C・D・Eのナイフ形石器や尖頭器様石器、搔器、削器など各種の石器の素材とされている。

第Ⅳ期

相模野ではB1〜L2に、武蔵野ではⅣ層中・上部に生活面をもつ石器群である。主なものをあげれば、相模野では月見野Ⅰ遺跡B1下、月見野ⅢA遺跡B1中、月見野Ⅱ遺跡B1上、本蓼川遺跡L2があり、武蔵野では茂呂遺跡、野川遺跡Ⅳ層上・中、前原遺跡Ⅳ層上、砂川遺跡などがある。

第Ⅳ期の石器群は、発達した石刃技法と、その目的的剝片である石刃を素材とした多量のナイフ形石器によって代表される。

石器組成は、ナイフ形石器・搔器・削器・彫器・揉錐器・石刃などがあり、さらに新たに槍先形尖頭器が加わる。ナイフ形石器（図5の4〜21）は、いずれも石刃を素材とする。A〜Dの各形態があるが、形態Aがもっとも多い。搔器（図5の22〜25）、削器（図5の

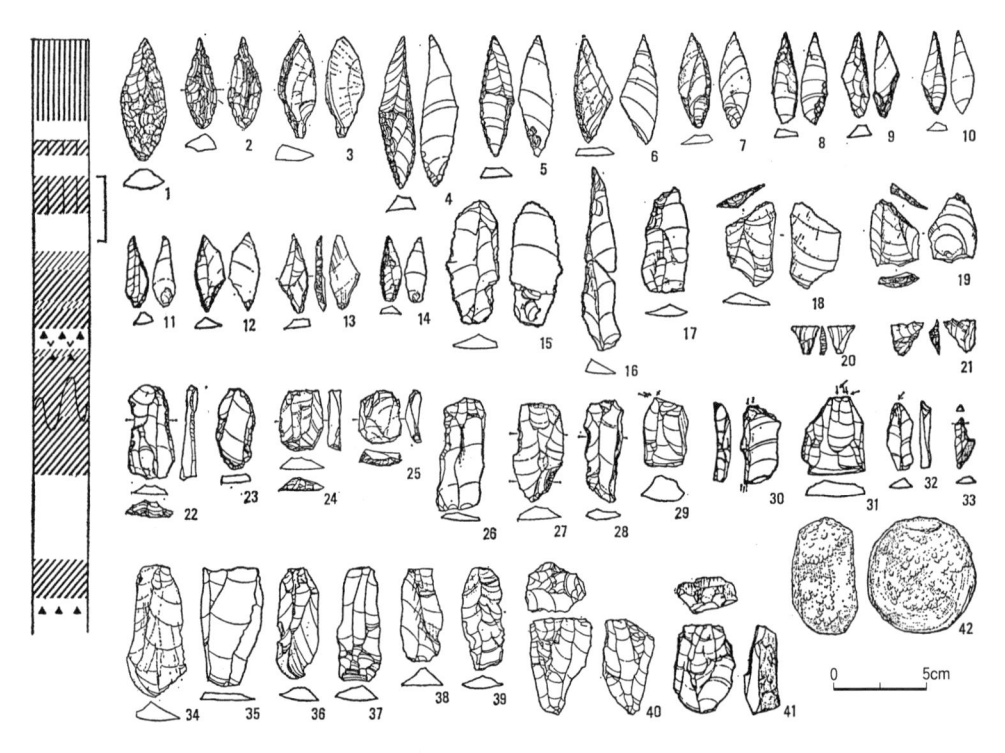

図5　第Ⅳ期の石器群
（1〜3 槍先形尖頭器、4〜21 ナイフ形石器、22〜25 搔器、26〜28 削器、29〜32 彫器、33 揉錐器、34〜39 石刃、40・41 石核、42 磨石）

26〜28) も石刃を素材とするが、数量的にはさほど多くはない。槍先形尖頭器（図5の1〜3）は、数量的には多くないが、中形木葉形をなすものが主体である。ここで注目されるのは、槍先形尖頭器が他の器種と異なり、独自の製作技術をもっていることである。調整加工は、両面に整った平坦剝離が多用され、槍先形尖頭器の製作技術はすでに完成されたものといえる。これに対し、第III期にみられる尖頭器様石器は、調整加工に鋸歯状剝離を多用し、しかも、片面調整で、かつ基部に第一次剝離によってできた鋭い縁辺を残す場合が多いことなど、第IV期の槍先形尖頭器とは製作技術的に大きな差がある。現在の資料からは、尖頭器様石器を槍先形尖頭器の祖型として、この間に直接的な発展過程を考えることには無理があるだろう。

　剝片剝離技術は二種類みられるが、いずれも石刃技法である。剝片剝離技術IVA1は、砂川遺跡の石器群によって復原された「砂川型刃器技法」である（前出の戸沢論文）。これは、楕円形の河原礫を原石として、入念に打面調整を行なった両設打面石核より石刃を連続的に剝離するもので、打面の再生や転移がいちじるしい。剝片剝離技術IVA2は、本蓼川遺跡の石器群の分析によって明らかにされた（宮塚義人ほか「神奈川県本蓼川遺跡の石器群について」『史館』3、1974年）。黒曜石の拳大の角礫の素材の長軸にそって45度回転させて、角礫の稜を石核の正面にしている。打面は上下の礫面を取り去って作出し、打面調整は顕著であるが、打面の再生はほとんど行なわれない。

　第IV期の石器群の概要は以上の通りであるが、このIV期の中での相模野の各石器群の出土層位より、ナイフ形石器の推移がとらえられる。それによれば、ナイフ形石器は、各石器群とも量的には形態Aが圧倒的に多く、これに形態B・C・Dがともなっていることには変わりないものの、形態Aは、下層から上層になるに従って、大形からより小形へと、また、じょじょに幾何形の形状を示すようになっていく。そして、第IV期の終末を示す月見野IVA遺跡L1H下底（B1上面）の石器群（図6）では、台形や五角形な

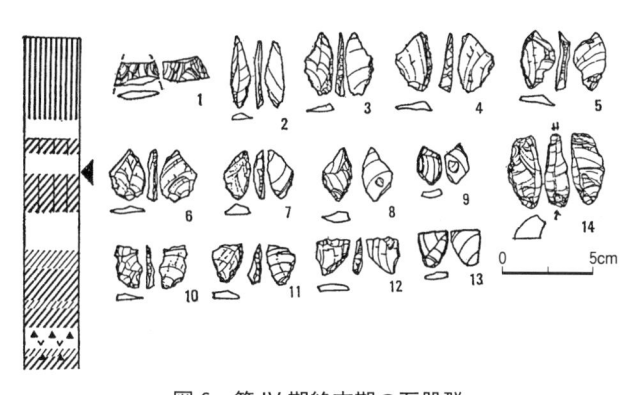

図6　第IV期終末期の石器群
（1　槍先形尖頭器、2〜13　ナイフ形石器、14　彫器）

どの幾何形を示し、全長1〜3センチの小形ナイフ形石器が多量にみられる。従来、この石器群は、石刃技法をもたないことや、第V期の槍先形尖頭器を主体とする石器群との層位差が非常に小さいことなどより、第V期に位置づけし、さらに、槍先形尖頭器を主体とする石器群との共存の可能性をも示唆してきた（前出の矢島・鈴木論文）。しかし、月見野IVA遺跡L1H下底の石器群をさらに検討した結果、ナイフ形石器そのものは石刃を素材としてはいないものの、石器群の中に石刃技法の片鱗がみられることや、最近相模野台地で発掘調査された寺尾遺跡でも、同様の石器群がB1上面あるいは上部相当層（第III文化層）より出土し、槍先形尖頭器を主体とする石器群よりも下層から出土した事実などから、これらの石器群も第IV期に位置づけることがより妥当であろうと思われる。

第V期

相模野ではL1S〜L1Hに、武蔵野ではIII層中に生活面をもつ石器群である。

この時期には、槍先形尖頭器を主体とする石器群と細石刃を主体とする石器群の2種類がみられる。この中で、後者は前者に比べてより後出の石器群ではあるが、該期の後半においては両者の時間的共存も考えられる。

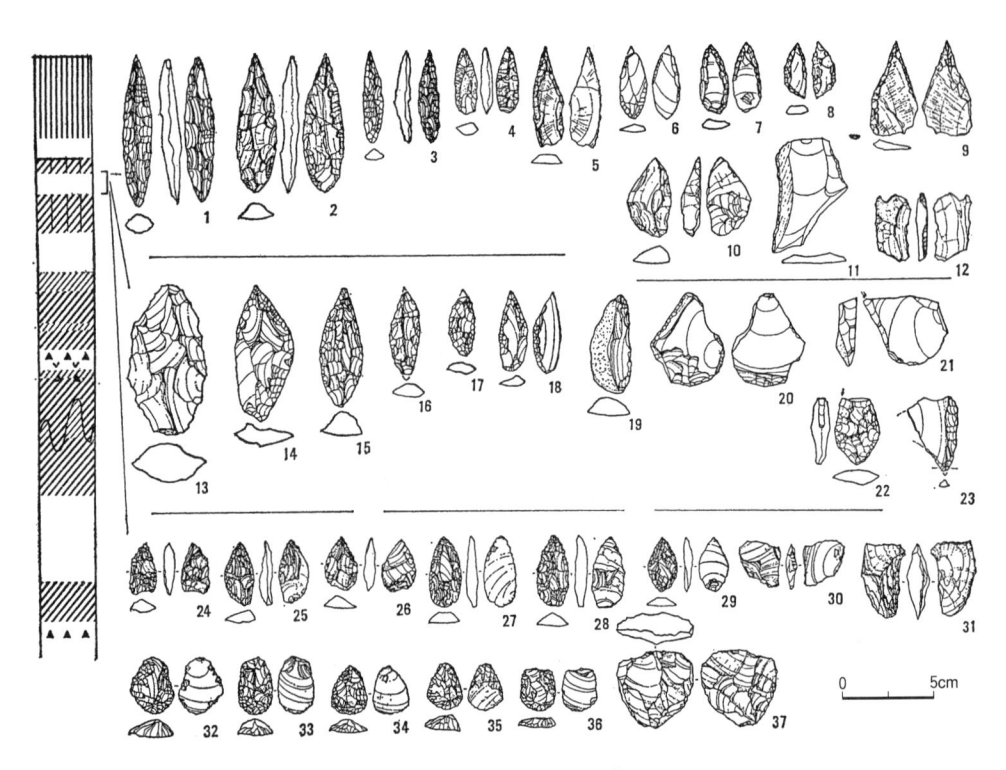

図7　第V期の石器群①
（1〜8、13〜18、24〜29 槍先形尖頭器、10・30・31 ナイフ形石器、11・12・19・20 削器、32〜36 掻器、21・22 彫器、9・23 揉錐器、37 石核）

槍先形尖頭器を主体とする石器群は、相模野では月見野ⅢA・ⅢD遺跡L1H中、月見野ⅣA遺跡L1H上があり、武蔵野では仙川遺跡がある。これらの石器群は、いずれも圧倒的な量を占める槍先形尖頭器によって特徴づけられ、これにナイフ形石器・掻器・削器・彫器などがともなう。仙川遺跡Ⅲ層（図7の24～37）では、槍先形尖頭器は片面調整で小形木葉形のものがほとんどを占め、これに比較的多量の拇指形の掻器や不定形のナイフ形石器がともなっており、比較的古い様相を示す。これにつぐと思われる月見野ⅢA・ⅢD遺跡L1H中（図7の13～23）では、槍先形尖頭器は、中形と小形、木葉形と柳葉形、両面調整と片面調整・周辺調整などもっとも多様性に富んでいる。そして、もっとも新しい月見野ⅣA遺跡L1H上（図7の1～12）では、槍先形尖頭器の形態の組成は、再度やや単純になっている。依然として中形木葉形のものは存在するが、両面調整のものは柳葉形が多く、これに周辺調整の小形木葉形のものが加わっている。

　これらの槍先形尖頭器を主体とする石器群の剥片剥離技術は、いまだ十分に明らかにされていない。しかし、槍先形尖頭器は、ほとんどが剥片を素材としており、独自の石器製作技術をもっている。そして、ナイフ形石器・掻器・削器などのように量的に少ない石器は、槍先形尖頭器と同じ素材や、あるいは槍先形尖頭器の製作途上に生ずる剥片を利用して製作されている。

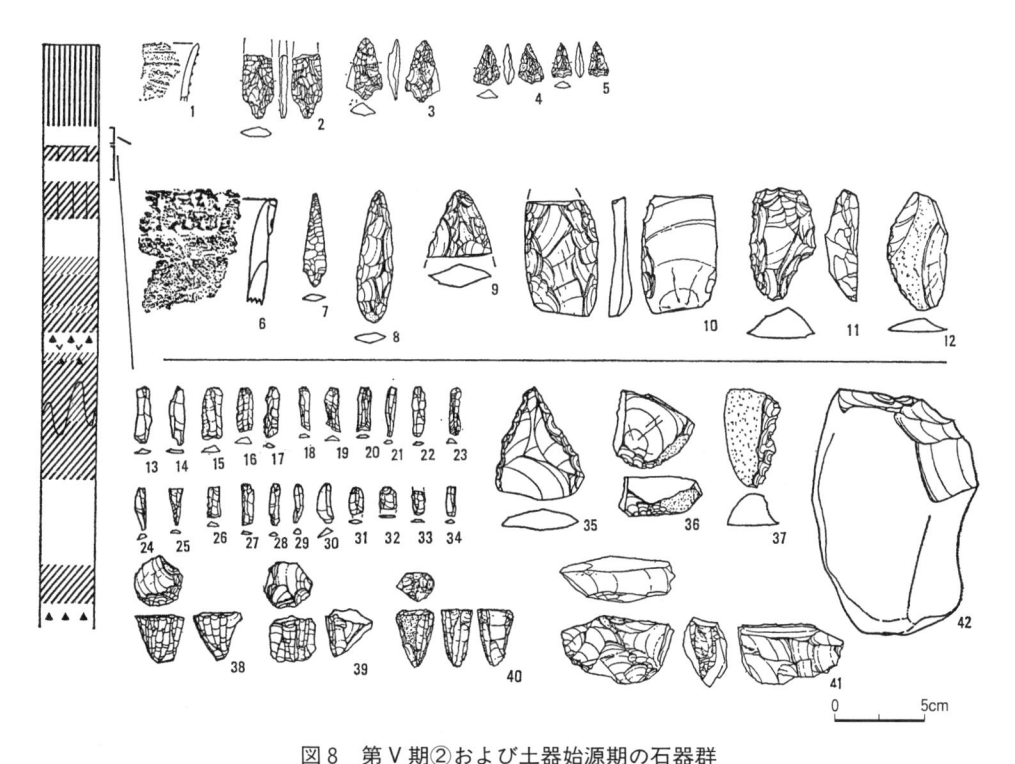

図8　第Ⅴ期②および土器始源期の石器群
（1・6 土器、2～5・7 有茎尖頭器、8・9 槍先形尖頭器、13～34 組石刃、
10～12、35～37 削器、38～41 細石刃石核、42 石核）

細石刃を主体とする石器群（図8の下）は、相模野では塩田遺跡B0上面、報恩寺遺跡B0上、相模野第149遺跡L1S下などがあり、武蔵野では、狭山B遺跡、下耕地遺跡などがある。

　石器の組成は、比較的単純で、多量の細石刃に、鋸歯状の調整剝離を行なった削器とおそらく刃器と思われる大形剝片がともなっている。細石刃石核は、部厚い剝片を素材とし、1〜3面の調整打面より連続的に細石刃を剝離している。このため、細石刃石核は円錐形や半円錐形をなす。また、狭山B遺跡からは舟型の細石刃石核が出土していることが注目される。東北日本の細石器文化との関連を考えるうえで貴重な資料である。

土器文化の開始

　土器の出現は、先土器時代文化の終焉と新たな文化の胎動を示す。相模野や武蔵野でも始源期の土器が断片的な姿ではあるが、発見されている。東京都前原遺跡・同なすな原遺跡・神奈川県花見山遺跡などでは隆起線文系土器が、相模野第149遺跡L1S上ではおそらく爪形文系土器〜押圧縄文系土器に位置づけられる連続刺突文土器が、寺尾遺跡では押圧縄文系土器がそれぞれ出土している（図8の上）。これらは、土器の存在という点では、それ以前の文化と格段の差があるものの、石器群としてみた場合、先土器時代第Ⅴ期の槍先形尖頭器を主体とする石器群の延長上にとらえることができる。槍先形尖頭器は、大きさ、形状にいくつかのバラエティがあるが、ほとんどが両面調整である。また、この時期には、ナイフ形石器は完全に姿を消しており、新たに有茎尖頭器や丸ノミを含む石斧がともなう場合が多い。南関東ではこの時期の資料がようやく各地で発見されはじめている。それらがすべて開地遺跡であることは一つの特徴としてあげられよう。

4　全国的な編年に向けて

石器群の変遷と問題

　前節に述べた南関東先土器時代の編年をまとめてみよう。第Ⅰ期は現状では資料的な不足の観を否めない。だが、いわゆる「前期旧石器」諸例の評価と関係して、先土器時代の開始期の石器群の実態に迫る鍵となりうる可能性を秘めている。全国編年の確立には、この「前期旧石器」問題は大きな課題である。第Ⅰ期の石器群の技術的・構造的な検討を行なうことが急がれる。これによって、先土器時代の開始期の石器群の様相についての見通しがえられ、ひいては、「前期旧石器」問題の解明の一つの手掛りが明らかになるであろう。

一方、この第Ⅰ期の石器群は第Ⅱ期のそれとの間を区分する根拠が層位的にはえられていない。あるいは、第Ⅱ期の石器群の内容の評価のしかたによっては、その一部として、すなわち、第Ⅱ期の構造の部分的な姿として解消してしまう可能性もある。

第Ⅱ期の石器群は、石刃技法の存在、ほとんどすべての形態のナイフ形石器がすでに存在すること、器種の分化がほぼ完全であり、石器群として技術的にすでに高い完成度を示している。しかしながら、こうした石器群がどうして成立したかという点を十分に説明することができないのが現状である。第Ⅰ期の石器群の問題とあわせて先土器時代最初期の文化の実態に迫るには、この第Ⅱ期の石器群とその構造の成立の諸事情をより明確にすることが急務である。

第Ⅲ期は第Ⅱ期とは構造的にかなりの不整合がある。横長の剝片を素材とする尖頭器様石器、切り出し形ナイフ形石器が主体的な生産用具となるとみられるこの石器群では、石刃技法は技術基盤としては、相対的に貧弱な位置しか占めていない。こうした構造をもった石器群は九州地方から東北地方まで広く見出すことができる。さらに、近年明らかになりつつある北海道の細石刃石器群に先行する諸石器群も、全く無関係ではない可能性が高いという示唆もある。この第Ⅲ期の石器群がヴュルム氷期極相期直後の環境変動の大きな時期に位置づけられる点でも重要な意味があろう。この第Ⅲ期をはさんで、第Ⅱ期から第Ⅳ期への石器群の構造変化の内容の分析とその評価は、先土器時代文化の本質に迫るうえで避けて通りえない課題であろう。

第Ⅳ期は、その内容がもっともよく解明されているといえよう。この第Ⅳ期は、石刃技法に立脚した斉一性の高いナイフ形石器石器群と槍先形尖頭器によって構成されている。この第Ⅳ期の石器群での争点は槍先形尖頭器の出現の理解に集約されよう。第Ⅲ期の石器群との構造的なギャップを埋めるのも、この槍先形尖頭器の出現の契機と意味をどう評価するかにかかっているとしても過言ではなかろう。

第Ⅴ期の石器群は構造的な特質を異にする二つの石器群——槍先形尖頭器石器群と細石刃石器群をともに含ませている。この両者を時間的に分離独立させて理解すべきであるとの主張が当然予想されるが、現状では、層位的にはかなりの期間共存するとみなくてはならないため同一期内に含めた。この時間的な共存という事実を最大限に評価すれば、両石器群を同一集団の残したもの——つまり、両石器群は、遺跡の性格・機能、あるいは生活のサイクルと関係した現われ方の差として理解することも可能であるかもしれない。この第Ⅴ期の中での変化の様相をより細かいオーダーで追跡する努力が今後必要である。なによりも、土器始源期との関係を明確にするためにも尖頭器石器群の有効な分析方法を開発しなければならないであろう。

南関東での前記のような編年は、全体の概要をとらえることを第一とした。このため、

表1 関東地方の先土器時代石器群編年表

時期	相模野		武蔵野		房総		北関東	
第V期	寺尾 No.149 花見山	L1S L1S上 	なすな原 前原	 II	南大溜袋		石山 後野A	
第V期	No.149 報恩寺 月見野IVA 月見野IIIA 月見野IIID	L1S下 B0 L1H上 L1H中 L1H中	狭山B 下耕地 仙川	 III	向原 木苅峠 木苅峠 木苅峠	II III$_1$ III$_2$ III$_3$	後野B 武井	 II
第IV期	月見野IVA 月見野II 月見野IIIA 月見野I 本蓼川	L1H下底 B1 上 B1 中 B1 下 L2	前原 茂呂 砂川 前原	IV上 IV中1	今鳥田 木苅峠 木苅峠	 IV$_1$ IV$_2$		
第III期	月見野IIIC 地蔵坂 小園前畑 天神森 上土棚	B2U中 B2U中 B2L上面 B2L上面 B2L上面	I.C.U. Loc.15 前原 野川 野川 前原 野川 鈴木	IV IV中2 IV3a IV3b IV下 IV$_4$ V上	丸山		岩宿 磯山 武井 鳥羽新田	II I
第II期	地蔵坂 月見野IVB 寺尾 No.154 地蔵坂 地蔵坂 古山	B2L下底 B2L下底 L3 下底 B3 上面 B3 上面 B3 中 L5 上	野川 I.C.U. Loc.15 鈴木 高井戸東 高井戸東 高井戸東 鈴木 高井戸東 鈴木	V VI VII上 IX上 IX中 IX下 IX下 X X	三里塚No.55		岩宿 星野	I IV
第I期	長久保	S2S	西之台 中山谷	X X				

各期に内容は非常に包括的なものである。石器群の構造的な分析が必ずしも十分なされていないことや、石器群の細かな変遷についてほとんど触れていないことなど、不備な点が多々ある。とくに、現状ではほとんど具体的に機能していない石器のミクロな型式学的研究によって、各期の中での具体的な変化の様相とその特質を把握することが急務である。これによって、狭い南関東の中でも地域的な差異があることが、具体的に浮彫りにされえよう。これは実質的な地域の形成とその変化、あるいは人間集団の実態にまで迫る手掛り

を与えてくれると予想される。

全国編年の確立のために

　全国的な編年は前にも述べたように各地で石器群の構造の変化を追究することから着手すべきである。たしかに、南関東の編年は良好な層位的出土例に裏打ちされたもので、現状では他の地域より細部にわたって解明されているが、これを目盛りにして、各地の編年を行なうことは危険である。地域的にも北海道や九州、瀬戸内など南関東と同じ構造的な特質でくくるわけにはいかない石器群は枚挙にいとまがない。各地域は、それぞれの文化的・自然的な背景をもっている。これは、当然石器群の構造に影響を与えないはずはないのである。

　それぞれの地域での石器群構造による編年の作業を行なう中で、隣接地域との相互の検討を行なうことができる。ここではじめて全国編年が具体的な課題となるだろう。時間と空間を問わず編年の各項は文化的な意味で同じ質の指標によって整理されたものでなくてはならない。このためには、単なる層位的な出土例の寄せ集め、測定年代による配列、示準石器による単純化した理解などが、必要十分な編年とならないことは自明であろう。と同時に一地域の編年がそのまま他の地域の編年の指標として機能しえないこともまたいうまでもない。

　一方、南関東の編年も全国編年を進める作業の中で、もう一度見直さなくてはならない。とくに先土器時代文化の成立期と第Ⅰ期・第Ⅱ期の石器群の問題、第Ⅲ期の石器群の広がりの中での位置づけ、第Ⅳ期〜第Ⅴ期の石器群の地域性と普遍性の内容、第Ⅴ期の石器群と土器始源期の石器群との関係など、南関東だけでは解決されない問題であり、先土器時代文化の本質に迫るうえで欠かせない論点であろう。

本書への再録にあたっての補注

　本稿は、月見野遺跡群の調査成果を踏まえた編年として1978年に『日本考古学を学ぶ1』（初版）に提示したものである。その後、1988年には新版が刊行され、その時点での新出資料を加えて内容を補強し、第Ⅳ期を前半期・後半期に細分するなど最小限の変更を行った。しかし、30年経過した現在、石器群の捉え方・編年観などの大枠は変更ないものの、年代観や時期区分などの細部については変更を必要とするものも生じている。

　まず、年代については、^{14}C測定年代をもとに立川ローム層の下底部・中位（AT）・頂部の年代をそれぞれ約3万年前・約2万年前・約1万年前としていたが、現在の加速器処理法（ASM法）による^{14}C年代測定値とその暦年較正による年代では、それぞれ約4万年前・約2.8万年前・約1.6万年前とされる。

また、時期区分では、第Ⅱ期の前半期と後半期の違いを大きく捉えてかつての第Ⅱ期前半を第Ⅰ期の中で再構成する試みも提示されている。これらの点については、矢島他「相模野第Ⅱ期をめぐる諸問題(1)(2)」『綾瀬市史研究』4、5、1997・1998年等を併せ参照されたい（2008年記）。

参考文献
杉原荘介『日本先土器時代の研究』講談社、1974年
同編『日本の考古学Ⅰ　先土器時代』河出書房、1965年
芹沢長介『考古学ノート1　無土器文化』日本評論社、1957年
同「旧石器時代の諸問題」（『岩波講座日本歴史1　原始および古代1』1962年）
同編「最古の狩人たち」（『古代史発掘1　旧石器時代』講談社、1974年）
加藤晋平「先土器時代の歴史性と地域性」（『郷土史研究講座1　郷土史研究と考古学』朝倉書店、1970年）
日本第四紀学会『第四紀研究　日本旧石器時代特集号』10-4、1971年
大井晴男「日本の先土器時代石器群の系統について」（『北方文化研究』3、1968年）
佐藤達夫「ナイフ形石器の編年的一考察」（『東京国立博物館紀要』5、1969年）
鈴木正男『過去をさぐる科学』講談社ブルーバックス、1976年

（『日本考古学を学ぶⅠ』有斐閣、1978年所収）

小野正敏　*Ono Masatoshi*

3
先土器時代の遺跡群と集団

1　相模野台地と先土器時代遺跡群

　近年、各地で先土器時代の遺跡が多数確認され、一定の台地や丘陵などを単位とする遺跡群の存在が注意されている。本稿では、こうした遺跡群のあり方や意味を、比較的調査資料のまとまっている相模野台地を例にとって検討してみよう。

相模野台地

　相模野とは、神奈川県の中央、相模川の東岸にひろがる南北30キロメートル、東西10キロメートルの洪積台地である。東と北は多摩丘陵によって画され、南は相模湾に及ぶ。相模川の西岸は、いくつかの段丘群を経て、丹沢山塊に至る。
　相模野台地は、高位より座間丘陵面、高座丘陵面、相模原面、中津原面、田名原面、陽原面、谷底沖積面に区分される。このうち、高位二面は海成で、開析が進み、樹枝状の谷が発達する丘陵である。相模原面以下は、相模川と支流による河成段丘で、平坦な広い台地面と急な段丘崖をもつ。この台地面や、崖下を大小の水系が刻み、南北の細長い新しい谷を形成している。沖積面を除く各段丘は、砂層や礫層の上に、いずれも箱根や富士火山から飛来した火山灰＝関東ローム層を堆積しており、各々の関係はもとより、詳細な第四紀編年ができている。また、相模川南部の沖積層下にも、関東ローム層をのせる三段の段丘が埋没している。相模野は第四紀の自然科学の成果も蓄積されており、先土器時代の研究の強力な武器となる。たとえば、厚く堆積した火山灰の何枚もに分かれる層序は、台地や近隣の地域を同じ時間面で刻むことを可能とし、当時の環境の情報を与えてくれるのである。

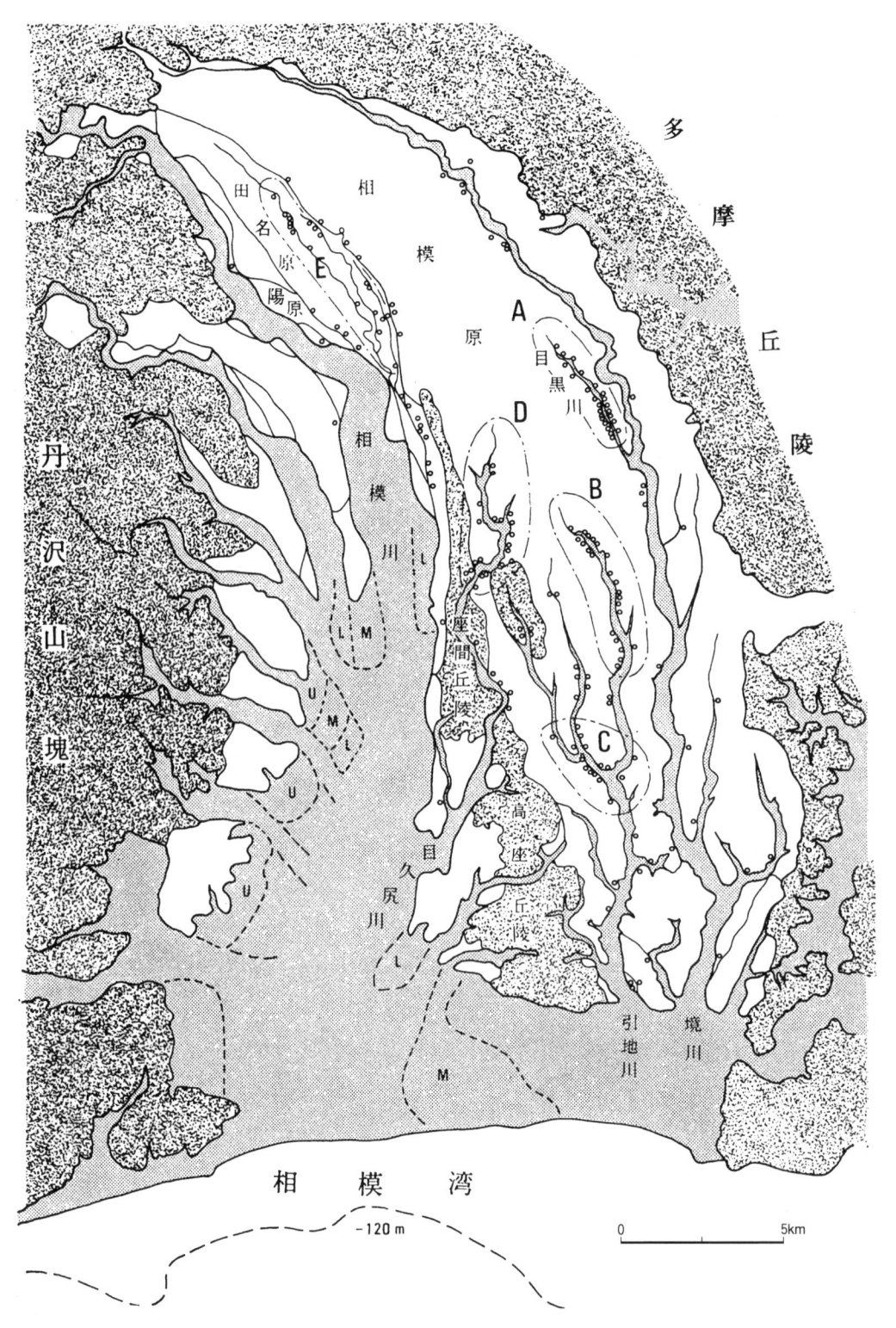

図1 相模野台地の先土器時代遺跡分布図

遺跡群の分布と立地

相模野とその周辺部の遺跡の分布を概観すると、確認された遺跡は178遺跡で、その内訳は、相模野166遺跡（259生活面）、戸塚付近下末吉段丘1遺跡、多摩丘陵6遺跡、三浦半島2遺跡、相模川西岸3遺跡である（相模考古学研究会、1969年末までの分布調査資料による）。調査の精粗や、その後の確認数を考慮しても、この大要はあまり変わらないと思われ、圧倒的に相模野に集中している。こうした台地などの一定の地形を単位として遺跡の集中する傾向は、相模野台地特有のことではなく、たとえば近隣の武蔵野台地、大宮台地、下総台地等に類例が見られるものである。

次に相模野台地内での遺跡の分布をみると、①およそ相模野全域に分布するが、各水系の谷沿いや段丘崖上に多く、広い台地の内部には確認されない、②分布に地区毎の疎密が認められる、などが指摘できる。

先土器時代の遺跡は、厚い関東ローム層中に包含されているため、その確認は崖などの露頭の有無に左右される。しかし、遺跡そのものは、多くの条件にかなう土地として「あるべくしてある」と言える。この視点から①②を考えると、「水系や段丘崖上の立地」は、生活に必要な水の確保によると思われる。相模野のような広い段丘地形では、その台地面は宙水地の特例を除いて水がない。台地面を刻む河川や段丘崖下の湧水は、人間や動物にとって貴重なものであり、彼らの集まる場所であった。さらに、この水辺には礫層の露出していることも多く、彼らの生活を示す主な遺構である礫群を作る礫や、石器の材料が採集される場所でもあった。

また、高い段丘崖上に立地する例を考えると、その条件に「崖の上であること」を加えることができる。段丘崖上の遺跡群の立地と崖の形成を検討してみると、そこが乾陸化した時期ではなく、それより遅れて次の浸食により下位段丘ができ、崖の形成がそこに停止した時期と一致する。このことはまた、前述の「広い台地内部には立地しない」ことを、ネガティブに示している。図2は、中津原―座間段丘の崖線上に立地する遺跡と、下位の陽原―四辻段丘の形成を模式化したもので、この関係を良く理解してもらえるだろう。

②に述べたように、水系や崖線の中でも、地区毎に疎密が認められる。図1に示されるように、集中するのはA・B・C・D群のような各河川の上流部

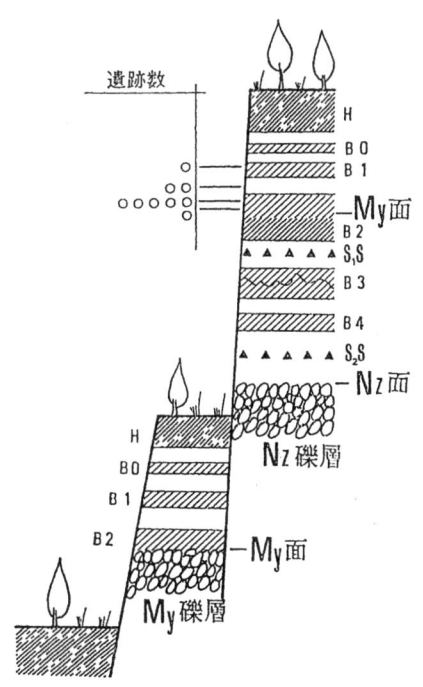

図2　段丘崖の形成と立地の模式図

や合流部、またE群のように、台地面を刻む新しい小河川のある区域である。相模野には、こうした集中区域が8ヵ所ほど認められる。逆に非常に少ないのは丘陵部で、開析の進んだ高座丘陵では一遺跡も確認されていない。

この遺跡の集中する地区を、さらに細かく観察してみると、谷の両岸にある幅100〜300メートルほどの張り出した地形の連続に気づく。上流部では谷頭付近の側方浸食によるもので、中流部ではそれに加えて、谷の合流にはさまれた地形があり、E群では小河川の大小の曲流によってできた小張り出し群である。この張り出し地形が、遺跡の立地の単位となるものである。A群に含まれる「月見野」を例にとると、南北2キロメートル、幅100メートルほどの目黒川の流域に、東岸8、西岸11の張り出し地形があり、各々9地点、10地点とすべての張り出しに遺跡が確認されている。

また、こうした地区は、遺跡数が多いだけではなく、ひとつの遺跡で重複する生活面の多いことも共通している。張り出し地形の形成と立地とをみると、古くから形成された張り出しほど、古い時期の生活面が見つかることが多く、重複する度合いも高い。たとえば、引地川とその支流の合流にはさまれている地蔵坂遺跡では、II期からIV期に及ぶ7枚の生活面が認められた。このことは、相模野における彼らの居住の長い間の類似性を示すと考えられる。つまり、長い間変化しなかった居住の条件と、その条件に合う土地の存在が、長い時間の結果として、今見る遺跡の平面関係を作ったと言える。

各時期の分布の特徴

相模野の先土器時代は、石器組成、その製作技術、遺跡分布、礫群などのあり方によって、I〜V期に区分されている（鈴木次郎・矢島國雄「先土器時代の石器群とその編年」1978年）。

図3は、立川ローム層の柱状図に各期の区分、各群内の生活面数の比率、礫群を対照したものである。A・C群のIII期の率が低いのを除けば、各群や、相模野全体

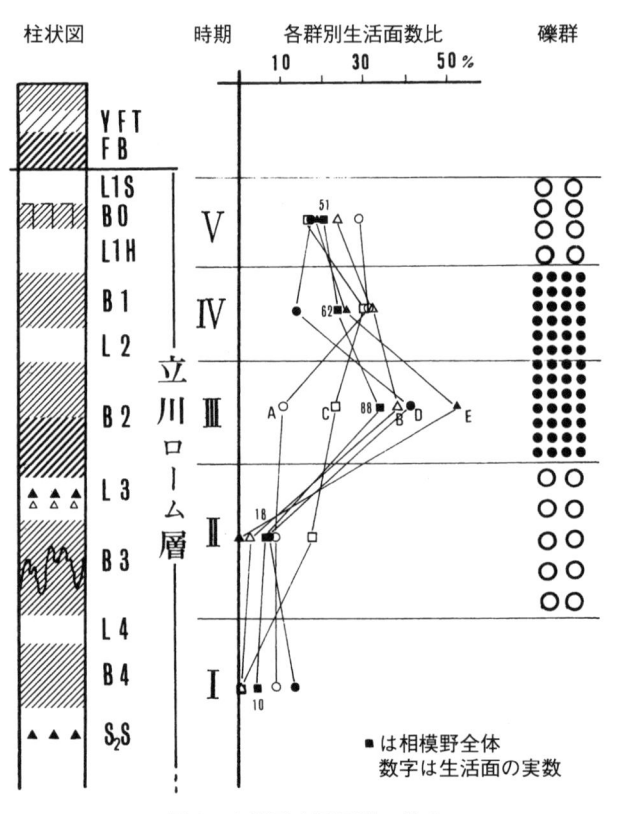

図3 各群別生活面数の比率

がよく似た変動をしていることがわかる。この図を参考に、各期の概要をみてみよう。

Ⅰ・Ⅱ期の遺跡は、すべて相模原面に立地し、開析の進んだ目久尻川上流部、最も比高の高い相模原の西縁の段丘崖上、目黒川では、東西に横切る古い時期からの微高地周辺など、地形的に古い所に多い。これらは遺跡数こそ少ないが、その後の分布の核になる所である。一方、下位の中津原、田名原は、まだ居住の場になっていない。この時期は、10％未満の群が多く、相模野全体では5％に満たない。特にⅡ期のL3層は火山活動が非常に激しかった時で、遺跡がほとんど確認されない。石器は、ナイフ形石器が主体で、Ⅱ期には、枕大の河原石数個による遺構が見られる。

Ⅲ期は、遺跡数、生活面数ともに最も多く、35％を占め、全域に広く分布する。特にB・C・D群や、これまで分布のなかった中津原座間段丘の崖線上、田名原の小河川（E群）に立地が認められ、居住の場が拡大するとともに、地区的な集中が顕著である。ナイフ形石器が主体で、礫群が普及し、ほとんどの遺跡で確認される。

Ⅳ期には、Ⅲ期に比べ生活面数が減少し、30％未満の群が多い。分布の傾向はⅢ期と同じで、数だけが少ない間引き状態と言え、集中性が薄れている。氷河性の海面変動により、L2層の頃には現在より120メートルも海面が低下しており、沖積層下に埋没している諸段丘にも、たくさんの遺跡が残されたことだろう。この時期には、ナイフ形石器を主体に槍先形尖頭器が初めて加わる。礫群も継続して作られている。

Ⅴ期はⅣ期からさらに減少して、20％弱になる。この時期に至り、新しく陽原や座間丘陵の一部に遺跡が確認される。このⅤ期を二分すると、前半には相模野の南部、後半には北部に多い傾向があり、これまでの相模野全体にわたって類似した変化とは異なる動きとして注意される。石器群については、生活面全体を発掘した例がないが、これまでの成果では、小形化したナイフ形石器、槍先形尖頭器、細石刃があり、その各々を主体とする3種類の石器群が併行してあったと予想されている（矢島國雄・鈴木次郎「相模野台地における先土器時代研究の現状」『神奈川考古』1、1976年）。また、礫群がなくなり、Ⅱ期とよく似た、大きい河原石数個を集めた施設が認められる。

Ⅵ期とも言うべき、有舌尖頭器と土器とに特徴づけられる次の時期は、相模野から遺跡が激減し、数遺跡をみるだけとなる。この場合、Ⅴ期の細石刃を主体とする石器群をもつ生活面と重複する例が多い。一方、周辺の多摩丘陵や戸塚付近の丘陵化した下末吉段丘に、より多くの遺跡が発見されている。こうした丘陵部と平坦な相模野台地との対照的なあり方は、撚糸文系土器群の時期にはさらに明確となり、前記の2地域に加え、三浦半島にも爆発的に遺跡が増加することが知られる。

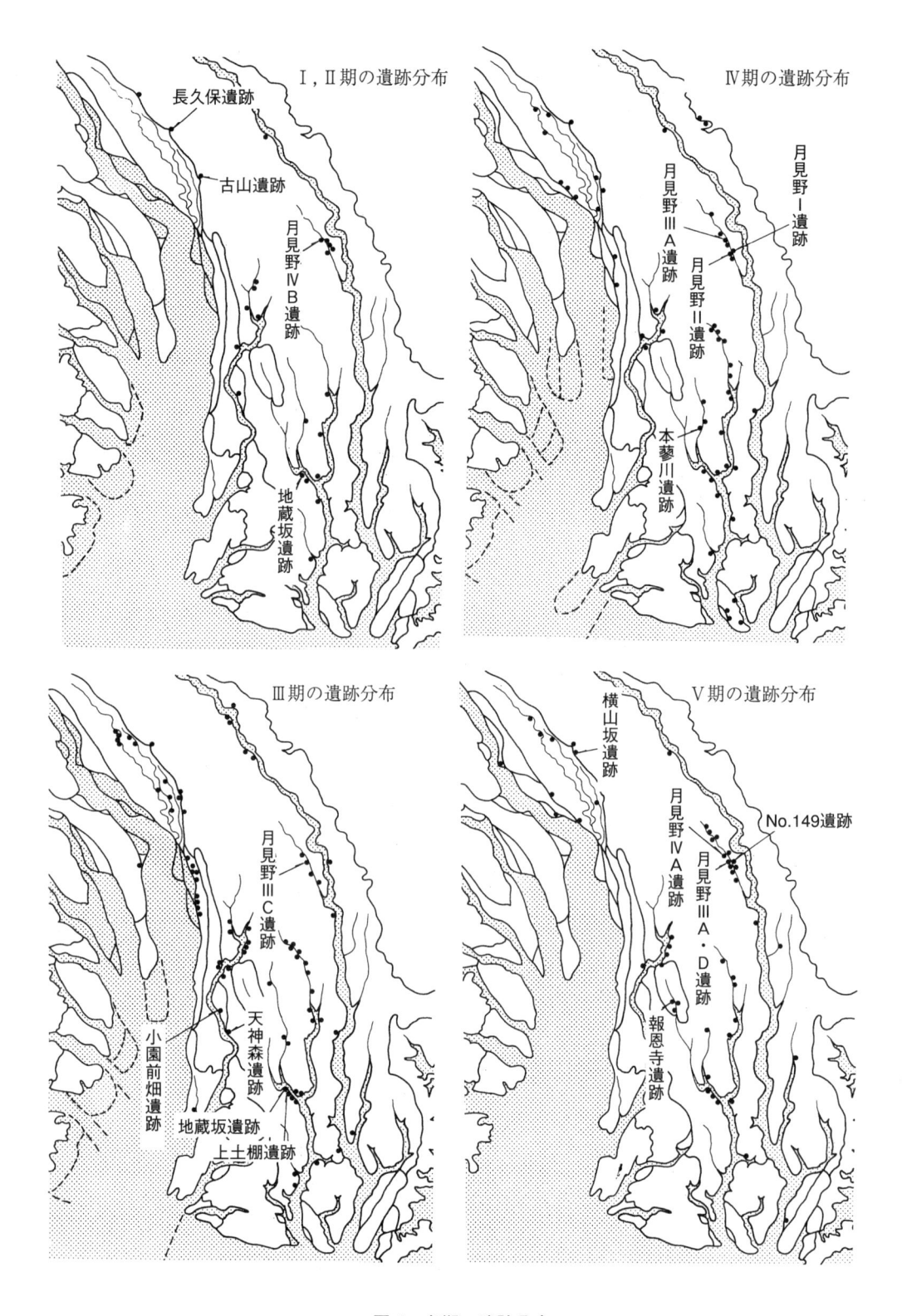

第Ⅱ部　先土器時代の文化と社会を追う

Ⅰ, Ⅱ期の遺跡分布

長久保遺跡
古山遺跡
月見野ⅣB遺跡
地蔵坂遺跡

Ⅳ期の遺跡分布

月見野Ⅰ遺跡
月見野ⅢA遺跡
月見野Ⅱ遺跡
本蓼川遺跡

Ⅲ期の遺跡分布

月見野ⅢC遺跡
天神森遺跡
小園前畑遺跡
地蔵坂遺跡
上土棚遺跡

Ⅴ期の遺跡分布

横山坂遺跡
月見野ⅣA遺跡
No.149遺跡
月見野ⅢA・D遺跡
報恩寺遺跡

図4　各期の遺跡分布

2　遺跡の構造と石器の動き

生活面の構造

　ひとつの生活面を発掘すると、遺物は全面にむらなく出土するわけではなく、径数メートルほどの範囲に平面的にまとまっているのが普通である。また、ところどころに拳大の円礫を数十個から100余個集積した遺構が見られる。前者を「ブロック」、後者を「礫群」と呼び、それらが単数または複数存在し、生活面を基本的に構成する。

　個々のブロックは、多くの剝片、砕片類と少しの石器、石核から構成されていることが多く、直接には、生活面における一回または数回の短時間の石器製作と、それに関連した工作の行なわれた場であり、さらにその過程の不要部分や、欠損、磨耗などによる不要品を遺棄した場であり、そのものである。したがって、ブロックや、その有意な集合であるブロック群の石器組成が、それを残した彼らの全装備を示さないのはもちろんである。

　礫群は、いずれも赤変したり、火ハネや、タール状の付着物をもつ礫より成り、火を使う、たとえば焼石料理などに用いられた遺構と推定される。使用後、遺棄され、その後の散乱や、次の居住者のとりまとめなどにより、使用時の状態はとどめていないと思われるが、かなりのものがよく似た規模、形状をもつことを考えると、残存していた場所の比較的近くで、一括して使用されていたと推定される。また使用の際の礫の機能からすれば、同じ使用者はよほど長期に及ばない限り、同じ礫をくり返し使用したであろう。逆にひんぱんに変えたとするには、あまりにも少なすぎるのである。

　ところで、ブロックごとに採集された石器、剝片類について、もとの母岩ごとに識別し、分類する作業＝個体別資料分析を行なうと、このブロックに反映された彼らの行動を知ることができる。埼玉県砂川遺跡では、発掘した範囲内に6個のブロックと、69の個体別資料が認められ、細かい分析が展開されている。このうち、石器製作とブロックとの係わり合いから、①一個の石核が必要に応じていくつかのブロックを動き、そこで素材や石器の製作が行なわれている、②石器や素材が作られたブロックから動いている、③石器が使用後、作られたブロックに廃棄されている例がある、などに注目してみよう。

　このことから、複数のブロックが同じ石器製作者、あるいは同一の石材、石核を共有する人間の作業に由来していることがわかる。そしてその場合、その人間とブロックとの関係が比較的固定化していたと推定される。このような直接に有機的な関係をもつブロックの集まりを「ブロック群」と呼ぶ。ここに、ブロック群を標識とする人間集団＝石器製作者に反映されている、生計の基礎単位である装備を共有または、それに依存する者の集団が予想できる。これはまた、先述した礫群に示される火、食の共同という生活の基礎的な

単位と一致する性格のものである。この考えが許されるならば、ブロック群と礫群のセットのあり方は、われわれが認識する同一層準を通じて、そこに居住した基礎的な集団の延べ数を示すと言える。砂川遺跡において、個体別資料の分有関係などから推定されるA_1、A_2、A_3より成るブロック群、F_1、F_2より成るブロック群に、各々そのすぐ近くに一個ずつの礫群が存在している。そこにこうした関係を認められないであろうか。

それでは、ひとつの生活面に同時にいくつのブロック群が存在したのであろうか。発掘例を見ると、同一層準とされる面に、2〜3のブロック群の存在することが多い。台地のほぼ半分についてB2層上面を調査した月見野第ⅢC遺跡では、13のブロックが検出され、4〜5のブロック群にまとめられそうである。しかし、ここで言う同一層準は、かなりの時間幅をもつと考えられ、実際に同時存在した数を知ることは困難である。これまでに述べてきた居住についての考えや、後述する居住期間の短さを考えると、それらがすべて同時に存在したとは考え難い。月見野第ⅢC遺跡のようなたくさんのブロック群の残された遺跡についても、小規模な集団による短時間の居住が、長い時間をかけて、かなり断続的にくり返された結果だろうと推測される。おそらく、同時に存在したのは1〜2のブロック群であっただろう。その意味で、一般によく用いられる「大遺跡」「小遺跡」という言葉を考え直してみる必要があるのではなかろうか。

石器製作と移動

ひとつの生活面の全資料を、個体別資料分析や、接合復原などの方法によって、居住地と石器製作の関係で分類すると、①その居住地で製作されて、その居住地内に遺棄されたもの、②その居住地で製作されて、居住地内に残らないもの（搬出されたもの）、③その居住地で製作された痕跡がなく、石器だけが残っているもの（他の居住地から搬入されたもの）に区分できる。①をZ、③をY、②を猟場や移動の途中で失われた部分Xと、次の居住地へ搬入された部分Yとに分けると、図5のように模式化される。つまり居住地nで製作された装備は$Z_n + Y_n + X_n$で示され、われわれが居住地nの発掘で得る全資料は$Z_n + Y_{n-1}$である。

ひとつのブロック群の資料について、ZとYを分類すると、Zの大部分は石器製作の際の不要の剝片・砕片類であり、石器も破損品や使い捨ての性格のものが多い。一方、前の居住地から搬入されたYには、当然石器が多いが、その材料の石核や剝片もある。ここでの石器製作は、いくつかの石核から必要に応じて、そのつど少しずつ行なわれており、そこには装備の補充という性格がうかがえる。したがって、磨石のような使い込みの必要な器種や、破損しにくい器種は廃棄される機会が少なく、いくつもの居住地を通じて使われ、発掘によって採集される機会も少ない。いくつかの遺跡を発掘して、ある遺跡のY

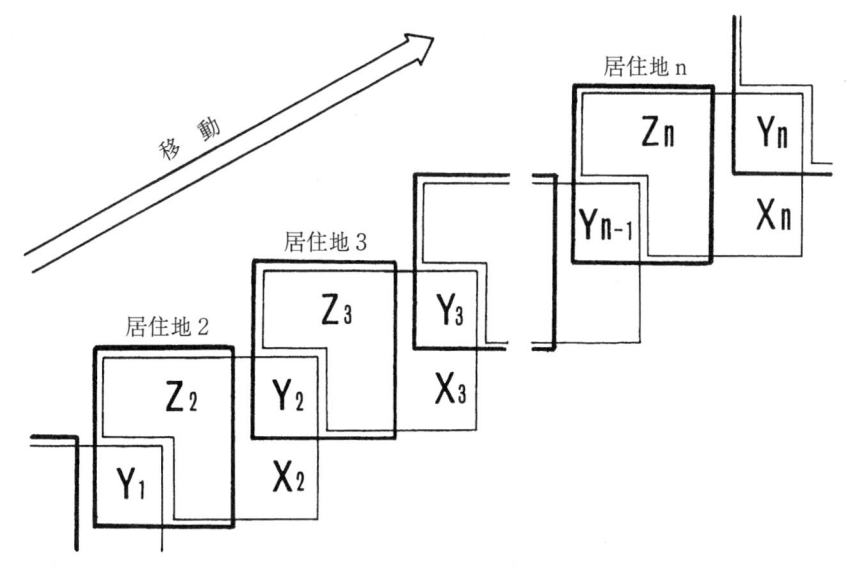

図 5　居住と石器製作

と他の遺跡のZとが、接合または確実に同一個体と確認できれば、われわれは彼らの歩いた本当の道程を知ることができる。しかし、これは夢である。われわれが発掘によって手にするのは、常にこうした彼らの生活のほんの一断片なのである。

ところで、道具としての石器類について、Yの占める割合をみると、砂川遺跡では33.3％、月見野遺跡等の相模野の7例では14～47％、大半は30％前後であり、比較的一定して約3分の1を占めることが注意される。これらのことから、ブロック群において、その居住地へ搬入した装備の数回の再生・補充が行なわれたと推測され、彼らの装備全体があまり大きくないこと、明確な住居跡を残さないことを考え合わすと、かなりひんぱんな移動生活をしていたと思われるのである。これは、低い技術下での狩猟・採集生活では当然のことで、おそらく、ひとつの居住地での彼らの在住期間は年をもって数えるほど長くはなかったであろう。

石器の材料

相模野における石器の材料は、黒曜石、硅岩、緑色凝灰岩、頁岩、玄武岩等が主である。このうち、黒曜石は箱根や信州の各産地から運ばれたものであり、その他は相模野やその周辺で採集できる、いわば地元の石材である。

遺跡でのあり方を見てみよう。月見野第ⅢC遺跡のⅢ期の生活面では、43の個体資料のうち、黒曜石は22個体で51.2％である。ひとつのブロック群の石器全体16個体（39点）では、5個体（18点）が黒曜石で31.3％を占める。上土棚遺跡のⅢ期のブロック群では、212個体のうち、51個体、24.1％、ナイフ形石器だけでは、29個体のうち、

16個体（33点）の55.2％が黒曜石である。この結果をみると、地元の石が材料としてその鋭利さで若干劣るが、道具としての機能は十分に満足させていたと言える。逆に言えば、機能的には最低限役に立つ地元の石材がありながら、数割の黒曜石が使われているのである。

次に上土棚遺跡の同じ資料について、黒曜石の産地をみると（原産地の同定は鈴木正男による）、搬入された資料Yを除いた黒曜石21個体の内訳は、箱根産9個体、信州霧ヶ峰産7個体、和田峠産3個体、不明2個体である。これまでに、時期によって箱根産と信州産の量的関係に一定の変化があると指摘されているが、ここでは、第Ⅱ期以降両者が混在していること、特に、同じ集団に由来するひとつのブロック群の中に両者が混在し、さらに信州産のなかでも異なる産地のものが共伴していることが重要である。

以上のような石材のあり方は、相模野の住人にとって、遠隔地の石である黒曜石が比較的入手し易かったこと、また、それが間接的な手段によってもたらされたことを暗示していよう。つまり、その単位や規模は不明だが、相模野と箱根、信州の各産地を結ぶ、黒曜石の交易ルートの存在が推定される。それはおそらく、相模野と産地の集団とが直接に接触することなく、互いに隣接する集団の連鎖を経由するかたちであったと考えられる。そして、各時期による産地別の石材の量的関係の変化は、そうした集団関係の変化に由来すると考えていいだろう。

3　先土器時代の集団と地域

単位集団

これまで述べたことをまとめながら、相模野における地域と集団を考えてみよう。

まず生活の最も基礎となる単位は、ブロック群と礫群のセットに反映されている、食・住などの生活の大部分を共にする集団である。規模は小さく、その装備も小さい。「家族」の語をあてて良いだろう。

この基礎的な集団が、単独または2、3集まって居住していたと推定される。狩猟のような分野では共同して行動する事実上の居住集団であり、この場合も、血縁関係を紐帯とする集団、たとえば、各家族の夫が兄弟である「拡大家族」的なものである可能性が高い。この集団が、狩猟、採集を生活の糧に、相模野を短い周期で移住生活をしていたと考えられる。

相模野に、このような集団が何組くらい同時に存在したか、遺跡の同時存在からは不明である。しかし、相模野のある時期のたくさんの生活面が、「すべて同時存在とも、逆に

一集団の行動の結果とも思えない」(近藤義郎「先土器時代の集団構成」『考古学研究』22-4、1976年)という消極的な理由から、おそらく数集団の存在が予想される。

地域社会

この数集団は、相模野における遺跡の立地、分布の時間的変動の類似性、物質文化の均質性、そして何よりも、この限られた同じ台地内を生活の場としていることから、互いにまったく無関係であったとは思えない。相模野をそのテリトリーとする「バンド」的な地域社会を形成していたと考えていいだろう。そしてこの地域社会は、婚姻関係や、黒曜石の交易などを通じて、相互に他の「バンド」と広い関係をもっていたことがわかる。また、石器文化の同一型式圏などは、さらにオーダーの大きい問題として語れるだろう。

ところで、相模野では、こうした地域社会が、少なくともⅡ期の頃より認められ、各時期ごとに姿を変えつつも、地域としての均質性を確認できた。しかし、Ⅴ期に見られたそれまでと異なる遺跡分布の変化や、石器文化の複雑なあり方を前兆として、次の段階には、この相模野から遺跡群が消滅し、周辺の丘陵部により多く見られるのである。これは有舌尖頭器とともに土器がもたらされた時であり、相模野というこれまでの枠をはるかに越える大きい変動であった。それは、先土器文化の中に存在していた「相模野」が崩壊したこと、そして、先土器時代そのものが終わり、新しい時代の始まりを意味しているのである。

参考文献
関東ローム研究グループ『関東ローム』築地書館、1965年
貝塚爽平・森山昭雄「相模川沖積低地の地形と沖積層」(『地理学評論』42-2、1969年)
月見野遺跡群調査団『概報・月見野遺跡群』1969年
相模考古学研究会『先土器時代遺跡分布調査報告書 相模野編』1971年
小野正敏他『小園前畑遺跡発掘調査報告書』1972年
砂川遺跡調査団『埼玉県所沢市砂川先土器時代遺跡』1974年
矢島国雄・鈴木次郎「相模野台地における先土器時代研究の現状」(『神奈川考古』1、1976年)
近藤義郎「先土器時代の集団構成」(『考古学研究』22-4、1976年)
小野昭「後期旧石器時代の集団関係」(『考古学研究』23-1、1976年)
エルマン・R・サーヴィス、蒲生正男訳『現代文化人類学2 狩猟民』鹿島出版会、1972年

(『日本考古学を学ぶ3』有斐閣、1979年所収)

第Ⅱ部　先土器時代の文化と社会を追う

戸沢充則　*Tozawa Mitsunori*

4
先土器時代論

1　先土器時代文化の発見と研究

岩宿発見の前史

いまちょうど100年を経過した近代日本考古学史の中で、先土器時代文化の発見は、最大かつ最重要な発見の一つである。その発見の行なわれた記念すべき場所が群馬県岩宿遺跡であり、その発掘成功の一瞬が1949年9月11日であったことは、すでによく知られている。

しかし岩宿遺跡の発見は一日にしてはならなかったし、その学史的栄誉をになう人も一人では、けっしてなかったのである。そこにいたるまでには永い学問の歴史と、最古の文化の追究に夢をはせた多くの人々がいた。そうした岩宿発見の前史に足跡を残した学者たちが、それぞれの時点で何を考え、何を問題として研究を進めてきたのだろうか。その動向を三つの流れとしてとらえたい。

まず、明らかに日本旧石器文化の存否という問題意識をもって、最も早くから業績を残してきたのは、仮に「典型学派」とよぶ人々である。1908年に『先史時代の日本』(英文)という本の中で、大陸と陸続きだった洪積世に、旧石器時代人が日本列島に渡来した可能性の強いことを論じ、神奈川県早川や酒匂川沿岸の礫層中から採集した資料(礫)を、石器の疑いがあるとして提示したマンロー(N.G. Munro)をはじめ、1917年に大阪府国府遺跡を発掘した浜田耕作、1931年に、「明石原人」の名で知られるようになった化石人骨と関連する遺物群を報告した直良信夫、そしておそらく戦前の日本人で、最も体系的にかつ実践的にヨーロッパの旧石器文化を研究し、それを積極的に学界に紹介した大山柏などが、この「典型学派」を代表する学者である。

これらの人々の研究には、西欧における旧石器文化研究の知識の「典型」を学び、それを日本に直接あてはめようという共通の特色があった。だから例えば、北海道から実際に

大山の研究所に持ちこまれた石器を、「黒曜石の旧石器など欧州にはあり得ない」として
かえりみないなど、典型にとらわれて現実を見失うという限界を常にもっていた。

さらにそれに加えて、浜田が国府の報告書に書いたように「わが国の史蹟・伝説からみ
て、日本の石器時代人類が西紀前一万年の古さにさかのぼるとは考えられない」という神
話的な古代史観が、研究の発展をさまたげたという側面もきわめて重大であった。

こうした「典型学派」にくらべると、八幡一郎を中心とする「中間学派」は、日本列島
に発見される縄文的らしからぬ石器に、もっと現実的な関心を寄せていた。縄文時代の、
とくに初期と目される時期には、細石器と称してもよいような石器がたくさん使われてい
ることに注目して、昭和10年代に多くの資料を提示した。しかしそのことに関する八幡
のいくつかの論文に明らかなように、細石器的な石器をもつ縄文文化は、同じ石器の母国
である東北アジアとの関連が強いという趣旨の、いわば文化伝播論あるいは日本と大陸の
文化についての関係論的色彩が強く（縄文文化北方起源説等）、ついに縄文文化をこえて、
それ以前の石器時代文化の追究にはいたらなかった。

とはいえ、戦後、岩宿遺跡発見の契機を作った相沢忠洋や、戦前から全国で、先土器時
代の石器の先駆的な採集を行なっていた多くの地域研究者に、"縄文ばなれ"した石器へ
の関心を深めさせた貢献は小さくない。

なんらかの形で、石器について積極的な関心をはらった「典型学派」と「中間学派」に
くらべて、「編年学派」はひたすらにといえるほど、縄文式土器の分類とその編年の確立
に拘泥した。そして昭和初年にその大筋の骨組みを完成して以来、日本先史考古学の主流
を形成して戦後にいたった。

しかし一見、土器がまだ出現する以前の石器文化の研究には縁遠くみえる「編年学派」
が、実は最も先土器時代文化の発見に近づいていた。「編年学派」の中心的指導者山内清
男の諸業績の主要な目標の一つは、最古の縄文式土器を追い求めることにあった。その山
内をつぐ世代の学者の一人であり、岩宿の発見に重要な役割を演じた芹沢長介は、戦中か
ら戦後にかけて、東京周辺の関東平野で、山内が追い続けてきた最古の縄文式土器の一つ
である撚糸文土器群の研究に情熱を注いでいた。1949年の岩宿発掘の成功は、同時に撚
糸文土器群研究の成果が実を結ぼうとしている時でもあったのである。

日本の考古学界に、西欧旧石器文化研究の多くの知識を蓄積した「典型学派」、現実に
日本にあるべき古い石器をのぞいて見せた「中間学派」、堅実な方法で最古の文化を追い
つめていった「編年学派」。この三つの学史的な動向が一つになった時、岩宿遺跡で先土
器時代文化の存在が確認されたのである。同時にその時点が、戦後、皇国史観の束縛から
日本考古学が自由をえた状況の中であったことを、日本考古学史全体の流れの中で、私た
ちはとくに強く認識する必要がある（戸沢「岩宿にいたるながい道」『どるめん』15、1977

年)。

原始世界の拡張

　岩宿遺跡発掘の指導者であり、またその後の先土器時代文化研究の積極的な推進者でもあった杉原荘介は、この時代の文化に関する最初の概説的論文ともいえる「縄文時代以前の石器文化」(『日本考古学講座3』河出書房、1965年)の中で、先土器時代文化発見の意義を、日本歴史における「原始世界の拡張」という言葉をもって表現した。その意味は、「日本においては、農耕社会が発生する以前の時代として縄文時代が存在する」、そしてその「縄文時代がそこまで到達するには、原始時代の文化としてのいくつかの階梯を経てきているはずである」。ところが前節に略述したように、明治時代以来多くの学者の努力にもかかわらず、日本では縄文時代以前の文化が存在したという確証が得られず、「より原始的な生活の段階については他の地域で実証された例をもって補足説明されねばならなかった」。しかし岩宿の発見によって「人間歴史の初階梯を知ることが、日本でもはじめてできるようになった」という点である。

　したがって、先土器時代文化の確認以前の日本列島における人類文化の起源論、すなわち当時の研究段階での縄文文化起源論は、その始源の年代を欧亜大陸における新石器文化発生以降に想定し、ある時には北方、またある場合には南方へと、母地を求める系統論に終始しがちであった。そこには縄文文化発生の姿を歴史の動態としてとらえる観点が欠如し、ひいては縄文時代あるいはそれ以後の日本の原始・古代史の考古学的研究を、個々の遺物や事象をばらばらにして、その関連性をとらえようとしない、いわゆる個別実証主義的研究にひきこんでいく要因の一つにもなっていたとみなければならない。

　しかしいまや、私たちの視野の中には、日本最古の歴史として先土器時代がある。それは確実なところ約3万年前にまでさかのぼる古さをもち、それ以前のより古い10万年単位の文化の存在の可能性についても、すでに学界の研究の対象となっている(日本第四紀学会編「特集日本旧石器時代」『第四紀研究』10-4、1971年等)。もしその古さの人類の存在が列島内で確実になった場合でも、「猿が木から降りて人間になった」200万年前とも300万年前とも推定されている地球上の人類史からいえば、ごくわずかな短い時間にすぎないという印象を与えるかもしれない。しかしたとえ3万年前であろうと、300万年前であろうと、それが人類史の歴史区分において旧石器時代として一括されるように、われわれは人類史の、あるいは人類文化の最古の歴史的段階を、日本歴史の中に具体的な資料として持ったことにはかわりがない。

　その意義は、ただ単に日本歴史の初限の年代が格段に古くなったということだけではなく、日本列島に展開した人間の歴史を、段階的な発展の一貫した姿としてとらえることの

できる契機をつかんだという点で評価されなければならない。岩宿発見後30年を経たいま、ともすれば目的の定かでない分析技術論的研究に陥りがちな、現在の先土器時代の研究において、「原始世界の拡張」という考え方は、改めて見なおすべき方法論の基本である。

石器群研究の視点

　日本歴史における原始世界の視野を、一躍ひろげることに役立った岩宿発見のその以前、研究者が書物を通じて理解していた旧石器時代の遺跡は、主として西南ヨーロッパにおける洞窟遺跡であった。そこからは多量の石器・石片とともに豊富な骨角製品、そして多量の動物遺骸等々、さらに時には化石人骨や壁画さえも発見され、その時代の生活や文化の研究に色どりをそえた。

　しかし日本では全く事情が違っていた。いままで発見されている遺跡の大部分は開地遺跡（open site）であり、遺物を包含する地層の多くは、有機質の遺物を全く腐朽し去るローム層（火山灰層）か、それに近い土質のものであった。したがって日本の研究者に残された研究の材料は、腐ることのない石器とその関係資料（原石や石片等）だけといってよい状況である。そうした中で、すでに7次にわたる発掘を行なっている長野県野尻湖底の調査では、ナウマン象の化石を含む多量の洪積世動物化石等と人工的な遺物（石器・骨角器等）が、共存関係を示して発見されていることは、先土器時代研究の新しい視野をひらくものとして高く評価されなければならないが、それとて、日本では例外的な成果とみるべきであろう。だとすれば、その時代の主要な生産用具であり、生活の道具でもあった石器は、考古学者にとって先土器時代文化研究の基礎的な資料として、ことさらに重要視される必要があるのである。

　先土器時代の研究がはじまって以来、研究者の大きな関心が、与えられた唯一の資料ともいうべき石器を、どのように有効に先土器時代文化の復原に役立てうるかという点に向けられてきたことは当然である。安蒜政雄論文（安蒜「日本先土器時代の研究」『日本考古学を学ぶ1』、1978年）が、詳しくその研究史的総括をしているが、発見資料の零細だった初期の段階では、示準的な石器（敲打器、ナイフ形石器、槍先形尖頭器、細石器等）による編年の確立が急がれ、1968年頃から発掘の大規模化に伴って、一遺跡出土の石器群の量が多量化したり、また関東地方を中心として層位的な重層関係の確実な資料が多くみつかるなどの結果、石器群に対する研究は、複雑で多様化して現在にいたっているという経過をたどってきた。

　石器群研究の多様性という点について例をあげれば、月見野・野川遺跡をはじめとする南関東の、多くの文化層が層位的に重なる遺跡の調査では、従来の示準石器による縦一系

列の単純な石器文化の編年は大幅に修正されたし（鈴木次郎・矢島国雄「先土器時代の石器群とその編年」『日本考古学を学ぶ1』、1978年）、実験的方法を含めた石器製作技術の研究（松沢亜生「旧石器の製作技術」『日本考古学を学ぶ2』、1979年）はますます精密化し、また顕微鏡的観察を伴う使用痕等の研究、ひいては石器の形態と機能・用途に関する分析的研究（安蒜「石器の形態と機能」『日本考古学を学ぶ2』、1979年）にも、深い関心が払われてきている。

　そうした石器についての個々の研究は、岩宿発見当時の研究からくらべて格段な進歩であるばかりでなく、分野によっては世界的な水準をこえた研究もあるとさえいえる。しかし問題は、そうした個別研究の深化がどれほどなされても、それを統一的に総合的に体系化する方法論がなくては、もともと資料の上で石器に限定されるという条件をもった日本では、先土器時代文化の実態に迫る研究にはなりえないという危惧が強いのである。

　そのために、1960年代後半、とくに月見野・野川遺跡の発掘以後、先土器時代の石器群を、そして遺跡の研究を、構造的な見方でとらえるという方法が試みられるようになった。石器群については稲田孝司の研究（稲田「尖頭器文化の出現と旧石器的石器製作の解体」『考古学研究』15-3、1969年）に代表されるように、石器群を見かけの形態や型式で分類するだけでなく、その石器群が生み出されてくる技術的特性を関連させて石器群を把握し、石器の型式の変化を量の変化とするならば、技術基盤の変化を質の変化として理解し、その技術基盤をふくめた石器群の構造的変化の背景に、労働や生産やひいては文化・社会の変革の契機を求めようとしたものである。

　一方、遺跡については、砂川遺跡での実践的研究（戸沢「埼玉県砂川遺跡の石器文化」『考古学集刊』4-1、1968年）を試みのはじめとして、遺跡内部の石器群のあり方とその動きを精密に観察し、遺跡の場のもつ意味とそこで生活した人の動きとの関係の追求をめざし、さらに進んで遺跡間の関係を群としてとらえた先土器時代社会（領域）の把握へと、研究のひろがりをめざしている（小野正敏「先土器時代の遺跡群と集団」『日本考古学を学ぶ3』、1979年）。

　石器群研究における構造的理解と、遺跡の研究に対するそれとが、統一的にとらえられた研究の実践は日本ではいまのところとりあげるべき例がないが、やはり1960年代からはじめられたフランスのパンスバン遺跡の発掘が、豊富な資料と洗練された方法によって、着実に一つの成果を収めつつあることは、日本の研究者の間でも知られている。そしてその研究の方向は、フランスを中心として長いこと、ヨーロッパ先史学（とくに旧石器研究）の伝統を形づくってきた石器等の型式学的研究と並んで、ヨーロッパの学界で次第に主流になりつつあるのである。

　先土器時代における石器群研究の視点は、その石器群の製作→使用→廃棄（遺存）の過

程を復原し、その一連の行為が行なわれた遺跡との関係が明らかにされるという分析を経て、はじめて先土器時代の歴史構成の素材になりうるのだという見方で貫かれなければならない。

2 先土器時代文化の構造

石器群の時間的変化

前節にも簡単にふれたように、先土器時代文化が発見された当初は、関東平野を中心として発見されていた石器は、きわめて零細な量にすぎなかった。層位的な検出の事例も、岩宿遺跡で、敲打器の一種と刃器からなる石器群（岩宿Ⅰ石器文化）が下層から、ナイフ形石器を含む一群（岩宿Ⅱ石器文化）が上層から出土するという事実が、唯一の例だった。

しかし1953年には杉原荘介が（「日本における石器文化の階梯」『考古学雑誌』39-2）、翌1954年には芹沢長介が（「関東及中部地方に於ける無土器文化の終末と縄文文化の発生とに関する予察」『駿台史学』4）というそれぞれの論文で、先土器時代文化についての最初の編年を発表した。その両者には方法論の上でいくつかのちがいもあるが、結果としてあらわれた編年は、それぞれの標式的な遺跡から発見された一群の石器の中の、特徴的・示準的な石器を軸として、その石器群＝石器文化の性格や編年を決めるという点では大きな差はない。

すなわち杉原は岩宿文化（Ⅰ・Ⅱに区分）→茂呂文化→上ノ平文化→縄文文化のように、標式遺跡名に文化の名を仮託して先土器時代文化の編年を考えた。芹沢はさらに示準的な石器を細かくわけ、より多くの遺跡の例を加えて、①握斧を伴うもの（杉原の岩宿Ⅰ文化を含む）→②大形石刃や縦長剝片を伴うもの→③ナイフ形石器を伴うもの（茂呂文化）→④切出形石器を伴うもの（岩宿Ⅱ文化）→⑤槍先形尖頭器を伴うもの（上ノ平文化）というように、示準石器を表面に出す編年を示した。さらに芹沢はその後、まもなく確認された細石器を伴うものを⑥の段階に位置づけた。

杉原・芹沢によってはじめて示されたこうした先土器時代の編年は、当時、全国的に先土器時代の遺跡・石器群の発見が拡がっていくなかで、それら新発見の資料を一つの枠組に整理してとらえていくのに一定の役割を果たした。そして1965年に発行された『日本の考古学Ⅰ　先土器時代』は、岩宿発見以来の研究の成果を集大成する目標で編集されたものであるが、そこではそれまでの編年研究の結果を、敲打器文化→刃器文化→尖頭器文化→細石器文化という形に整理して示されるにいたったのである。

こうした整理された結果に対しては、その本で使われた用語が一般になじめないものが

あったということ等もふくめていくつかの批判がおこなわれた。いわく、敲打器文化といわれるものが、岩宿Ⅰ石器文化を代表とするものとすれば、その性格はあいまいであり、また全国的な普遍性をもたない。尖頭器文化もまた、それが独自の石器文化として成立するのは、関東・中部地方を中心とした一部の地域ではないか等々。総じて示準的な石器の変遷を、そのまま「文化」という名を冠して、全国的な編年にあてはめること自体、すでにそのころ増加しつつあった資料からみても不可能なことであるとして、石器群のみかけの特徴ではなく、技術や組成や地域的特性も加えた新しい体系化の方向をめざすべきであるというのが、批判意見の趣旨であった（大井晴男「書評　杉原荘介編先土器時代」『考古学研究』12-2、1966年）。

事実、先にも述べたように、先土器時代文化の研究は、その『日本の考古学Ⅰ』の出版前後を一つの画期とするように、石器群と遺跡の構造的把握をめざす研究に、大きく一歩を踏み出しているのである。そうした新しい方向をめざす研究や発掘調査の中で、1968年には神奈川県月見野遺跡が発掘され、翌年東京都野川遺跡が発掘されて、研究史は「月見野・野川以後」の段階を迎えて今日にいたっている。

上記二遺跡を含めて、それ以後、南関東を主に、それまで予想もされなかったような好条件で、関東ローム層中に何層、十何層にも包含層が重複する遺跡があいついで発見

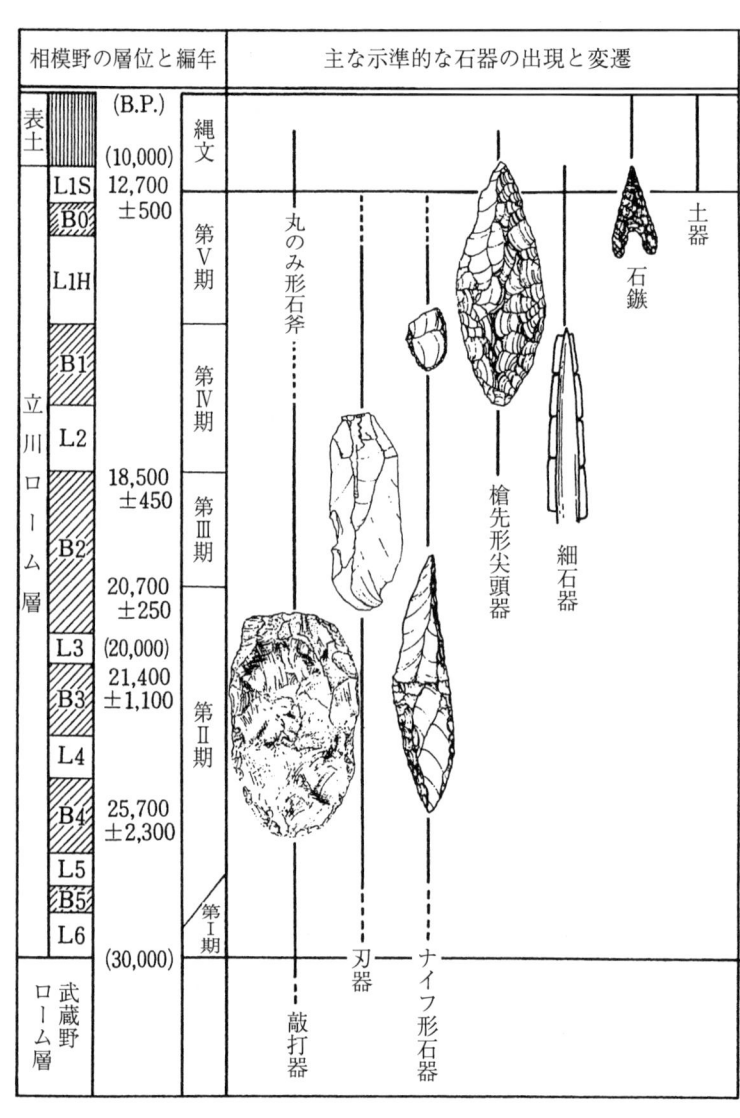

図1　先土器時代の主要な道具の変遷図

されるようになった。考古学の編年研究において、層位的事実はなによりもすぐれた基本資料である。南関東の諸遺跡では、いまのところ立川ローム層（堆積年代約3万年前〜1万年前）をこえて、より古い地層から発見される石器文化はないが、その間の石器群の変遷は層位的によく観察され、その年代的序列もいろいろな形で図式的に説明されている。そして細部にわたって古い編年が訂正された部分もあり、単純な示準石器による編年だけでは解明できないような、石器群の動態に関係するいくつかの事象も、新しい研究の課題として提起されてきている（たとえば前出の鈴木・矢島論文）。

　しかし、前節でも述べたように、問題は、層位的にとらえられた一連の石器群の変遷を基礎として、単なる石器の型式学的変化ではなく、真に歴史の流れを変えるような質的な変化が、どんな時期に、どのような石器あるいは石器群の出現を契機としておこったのかという点が重要なのである。その点について、野川遺跡の調査者たちは、第Ⅰ期＝ナイフ形石器出現（あるいは盛行）以前→第Ⅱ期＝ナイフ形石器盛行期→第Ⅲ期＝ナイフ形石器消滅・細石器出現期という仮説を発表し（小林達雄・小田静夫「野川先土器時代遺跡の研究」『第四紀研究』10-4、1971年）、相模野遺跡群の調査者たちは、ローム層の年代区分、遺跡の諸現象（数の増減や礫群の有無等）、石器製作技術の特徴、石器群の特徴などを多面的にとらえて、五つの時期に区分する案を示している（前出の鈴木・矢島論文等）。

　いまその両説の評価は別としても、こうしたごく最近の成果をふまえた編年を見ても、共通していえることは、ある種の石器が出現する時期というのは、先土器時代文化の変遷の一つの画期になり得る可能性が強いという点である。そしてそのある種の石器とは、ナイフ形石器であり、尖頭器であり、細石器であるのであって、その出現順序はいくつかの層位的事実によれば、ナイフ形石器→尖頭器→細石器であることが確かめられている。そして敲打器と総称される石器は、総じて各遺跡、遺跡群の最下部、立川ローム層の下底近くに発見されるケースが多いことも事実である。

　かくして先土器時代文化における石器群の変化は、基本的には1965年までに考えられたような、示準的な石器の消長を軸にしておこなわれていたことを知りうるのである。しかしそのことと、石器群の歴史的変遷が、そうした示準石器の名称に「文化」をつけて、そのまま文化階梯とするという単純な図式でいいかどうかとは別問題である。例えば尖頭器が、あるいは細石器が出現しても、ナイフ形石器はけっして消滅はしない。その場合、ナイフ形石器の多様なまた長い時間をかけた型式変化の過程で、尖頭器や細石器の出現をきっかけにして、ナイフ形石器が形態変化をひきおこし、あるものは幾何形細石器として細石器化するものもあったろう。

　また南関東における尖頭器のあり方が示すように、別の地域で槍先形尖頭器として形態変化を完成したものが、一時期に流入したという可能性を示す現象もある。こうした石器

の型式変化と形態変化、いいかえれば量的変化と質的な変化のちがいをどのようにとらえるか、またある器種の石器がどんな地域で、どのような過程を経て出現し、それがいかなる地域的なひろがりと時間的つながりを示し、また受け入れ地域の石器群をどのように変質させたか等々、石器群を構造的に、また動態としてとらえることこそ必要であり、それが今後の先土器時代文化の編年研究の眼目でなければならないのである。

石器群の地域性

先土器時代文化の発展過程に、なんらかの地域性があったことは当然予測されるし、そのことは研究のはじまった頃から、いろいろな形で研究者によってとりあげられてきた。

芹沢長介は1954年の論文（前出）ではやくも、ナイフ形石器を伴う文化の中には、関東・中部南半を中心とした茂呂型ナイフ形石器を特徴とするものと、杉久保型ナイフ形石器を特徴として中部北半から東北地方に分布が予想されるものという、二つの地域性があると予測していた。

1960年の鎌木義昌の論文（「先縄文文化の変遷」『図説世界文化史大系』1、角川書店）では、剝片剝離技術の差をとらえ、北海道から中部・関東にいたる「石刃技法」と、瀬戸内・畿内を中心とした「瀬戸内技法」が東・西日本の対照的な地域差の表現であると評価した。

1965年の『日本の考古学Ⅰ』では、そうした石器群の特徴の差の存在を前提としながら、石器の原材の分布がその差の背景にあることを示唆する形で、北海道十勝石（黒曜石）の分布圏以下、東北地方から中部北半の硬質頁岩、中部地方南半から関東地方を中心とした和田峠の黒曜石、瀬戸内一帯から九州に達するサヌカイト（玄武岩質安山岩）、西北九州一帯を中心とする腰岳の黒曜石分布圏を図示している。

このように1960年代の前半ころまでに、先土器時代の地域性をなんらかの形でとりあげた研究者は数多い。しかし小野昭が問題にしているように（小野「分布論」『日本考古学を学ぶ1』、1978年）、単なる個別特徴的資料の分布圏としてではなく、歴史的に有意な地域あるいは地域性を把握するということになると、それはけっして容易なことではない。

1969年に、その小野自身が発表した論文は、問題意識的に先土器時代文化の地域性を追求しようとした、数少ない論文の一つであった（小野「ナイフ形石器の地域性とその評価」『考古学研究』16-2、1969年）。この論文で小野は、ナイフ形石器の型式的特徴、その変化、さらに他の石器を含む組成等を実証的に分析し、巨視的・汎日本的に、ナイフ形石器をもつ石器文化の段階を大きく二段階にわけ、第一段階では東北・中部北半（Ⅰ地域）、関東・中部南半（Ⅱ地域）、瀬戸内海（Ⅲ地域）、九州（Ⅳ地域）という、四つの地域性が認められるとし、第二段階にいたるとそのⅡ～Ⅳ地域が併合されて、東北とそれ以外の地域に二大別されるという図式を示した。そして第一段階を、先土器時代における最初の

地域性出現の時期として評価し、第二段階をナイフ形石器の小形化・分化を契機として、それまでの地域性が崩壊し、再編成される時期ととらえた。そして両段階の関係が動きのあるものである点を強調し、そこになんらかの歴史的発展が反映されたものとしている。

最近における莫大な量の資料の発見と蓄積は、ことナイフ形石器についてのみでも、小野の仮説のように簡単に図式化できないほど多様で複雑であることを教えている。尖頭器や細石器などの出現過程、あるいは各地域におけるそれらとナイフ形石器とのかかわりなどの点で、ナイフ形石器の終末の様相はいっそう複雑である。小野の図式にも増補・訂正が必要であろう。しかしそれにしても、小野がとらえたような地域性があったことは事実であり、それが静的に固定したものではなく、動きをもったものとしてあったことも確かである。

前項で論じたような、石器群の時間的に縦の編年関係とともに、空間的に横のひろがりもまた、動態として理解することが必要である。その両者の立体的な体系を通じてはじめて、先土器時代の構造と歴史の動きの骨組みをうることが可能である。

3　先土器時代文化の背景

洪積世と日本列島

先土器時代文化が日本列島に栄えたのは、約1万年以前の時代、すなわち地質学上の時代でいえば、第四紀の洪積世のことである。洪積世は約200万年という長い年代を刻む時代であるが、40億年あるいはそれ以上といわれる地球誕生の歴史からみれば、ほんの一瞬の"現世"である。しかしこの時代はわれわれ人類にとっては、そこに人類の歴史と文化のすべてがある時代であり、人類生活の舞台である大地が、いまに近い形に形成された時代でもあるという意味で、最も関心をもつべき時代なのである。

日本が現在のような列島として形成される地殻の基礎ができたのは、いまから約2500〜2600万年前（第三紀の中頃）といわれる。そして第四紀に入って活発な地殻変動を経て、はじめて日本列島の輪郭ができあがったといわれる。この間の日本列島誕生のメカニズムは、地学の専門外のわれわれにはよく語れないほど、複雑でかつ規模が大きすぎる。ただわかることは、大地といわれる人類史の舞台は、けっして万古不変で、「動かざること大地のごとし」などといわれるように、安定したものではないということである。

その一つの現象として、洪積世は氷河時代であるといういい方がある。現在はアルプスやヒマラヤなどの高山にみられる氷河（glacier）、そして南極や北極をおおう厚さ1000メートルもこすような氷床（ice sheet）が、かつて地球上の広い範囲（最大時には全陸地の約

3分の1といわれる）を覆ったような時期を氷河期というのである。200万年間の洪積世を通じて、4、5回の氷河期が地球上をおそったことが知られている。そして氷河期と氷河期の間には、間氷期と呼ばれる温暖な時代が続いた。この寒冷と温暖の気候が繰り返される中で、人類は自らの労働によって自然への適応の手段を獲得し、徐々に文化を向上させていったのである。

　日本列島の少なくとも本州の低地部には氷河や氷床が覆ったという証拠はない。しかし古生物学的な証拠や地形・地質の研究によって、汎世界的な氷河期の影響がこの日本にもあったことは明らかにされている。その一つは氷河性海面変動といわれる海面低下の現象である。地球上に分布する水分が、氷河の発達によって長期間連続的に陸上に凍結されると、その分だけ海水の量が減少する。すなわち海面が低下する。その程度は、例えばいまから2万年前頃、関東平野で先土器時代人が最も活発な活躍をしていた当時、それはヴュルム氷期と呼ばれる洪積世最後の氷河期にあたるが、その時日本列島周辺の海水面は現在より120〜140メートルも低かったといわれている。その結果いまの東京湾はなく、そこには深い峡谷をつくる古東京川が流れていたのである。

　氷河性海面変動に伴っておこる日本列島周辺のもっと重大な現象は、大陸と日本を結ぶ陸橋の形成である。現在の水深で、朝鮮海峡と津軽海峡の140メートルを最高に、対馬海峡120メートル、宗谷海峡40メートル、間宮海峡は10メートルである。これらは100メートル規模の海面低下がおこれば、完全に陸化するか、きわめて狭い水道になる。ましてや寒冷な気候の下では氷結することもあるにちがいない。こうした大海面低下は、先の約2万年前、その前は約4〜5万年前（ヴュルムII氷期）、さらに約20万年前（リス氷期）……とさかのぼって何回かあったことが知られている。この陸橋を歩いて、ステゴドン象やトラ、サイなどが、さらにナウマン象、最も新しいヴュルム氷期の時代にはマンモス象やオオツノジカなどが、大陸から日本に渡来した。

　そしておそらく、そうした洪積世動物群の後を追っていく度か、人類もまた日本にやってきたのであろう。しかし日本列島に最初に歴史をひらいた人類が、いつの時代に、どこの陸橋を通ってやってきたのか、さらに彼らがどんな文化を残したのか、それはまだ未知の謎である。

先土器時代の集団

　先土器時代の人々の生活や社会の姿を、いきいきと叙述することは現状ではむずかしい。しかし最近、遺跡あるいは遺跡群の構造を通じて、先土器時代人の集団関係を析出し、そのことによって歴史叙述に迫ろうという積極的な試みが行なわれるようになった。前出の小野正敏論文も、相模野台地の遺跡群の分布調査や月見野遺跡群の発掘の体験からえた事

実にもとづく、貴重な記録の一部である。

1976年、近藤義郎は「先土器時代の集団構成」(『考古学研究』22-4)という論文を書き、月見野遺跡群などの成果を利用しながら、「ブロック」と称する石器の集中分布を居住範囲と考え、それが2、3カ所集まった小群を、人々の生活の単位集団としてとらえた。さらにそうした単位集団からなる遺跡が、例えば相模野台地、武蔵野台地というように、かなり広い範囲（領域）にわたって密集した遺跡群を構成し、それが集団群として先土器時代の原始共同体の結合単位であると推測した。その上、小集団は例えば「家族」のような居住単位であり、日常的な採捕生活を居住地の周辺で営み、集団群は大形獣や動物群出現の際、集団狩猟などを行なって協力し合うような、一定の領域の占有主体であると説明している。

春成秀爾は（「先土器・縄文時代の画期について(1)」『考古学研究』22-4、1976年）、洪積世動物群の生態や消長、大きな遺跡と小遺跡の並存を予測するためのより詳しい遺跡構造の分析など、近藤論文よりは豊富な内容の記述を行ない、その結果として大形動物の移動にしたがって、集団も移動と離合集散をくりかえし、分散している状態では小さな単位集団を中心として生活が維持され、集合的には集団群として共同狩猟に従事したのだろうと述べている。春成論文の骨子は近藤の場合と基本的に同じ方向を示しているが、遺跡の構造の評価（ブロックやブロック群のとらえ方）、集団のとらえ方や位置づけなどに、両者の説にはちがいがあるようである。

小野昭は（「後期旧石器時代の集団関係」『考古学研究』23-1、1976年）、いくつかの「ブロック」で表わされる居住単位の小集団を「世帯」、そうしたものが一遺跡で場所を違えて複数併存する形を「世帯共同体」、そして一台地を占有領域として持つような遺跡群（近藤の集団群）を「氏族」、さらに例えば南関東の諸集団群をまとめたような形のものを「部族」というように、遺跡あるいは遺跡群等から割り出される集団の性格を、きわめてはっきりと図式的に概念化した。

こうした一連の大胆な問題提起によって、先土器時代社会の構造は解決するかに見える。がしかし問題はそれほど簡単ではない。上の3論文のもつ意義をふまえて、稲田孝司は「旧石器時代の小集団について」（『考古学研究』24-2、1977年）という論文を書き、どの論者もが検討の素材としている埼玉県砂川遺跡などの成果を引用して、遺跡の構造に対する評価、資料の具体的分析をより慎重に行なうべきであることを示唆している。

念のために書いておくが、その砂川遺跡を1966年に発掘調査した私は、発掘と整理の実践的体験にもとづいて、砂川遺跡A地点の3つのブロックについて次のような記述を行なっている（戸沢「埼玉県砂川遺跡の石器文化」『考古学集刊』4-1、1968年）。すなわち「位置としても中心を占める第2群（注――中心に数個の礫群があり、石器が多く、石片はまばら、

後出の図2参照）に対して、その両側にある第1・3群は、狭い範囲に石片等の分布が密集し、石器製作がそこで集中的に行われた形跡が強いといえるかもしれない。……砂川遺跡で観察することのできた上述のような事実は、石器の製作も生活の一部であり、石器製作の場所の近くが居住の場所であったという、ごくありふれた小さな遺跡の構造あるいは機能の実態を示しているものと理解すべきであろう。そしてそこに生活した人々は、まさに先土器時代における最小単位の人間集団であったと推測される」と。

　報告書という制約されたスペースの中にこうしたことを書いた真意は、遺物の分布やそれを円圏で囲ったドット・マップでだけではなく、そこに残されたものの性格、動きなどを高い精度で分析することを通じて、はじめて遺構の構造やその本質（集団や人間行為の実体）に関する情報を、発掘を通じて最大限析出できると信じたからである。砂川遺跡A地点の場合、3つのブロックがあるから、それがただちに3つの居住単位があるなどと仮定したことは全くない。屋根がひとつづきであろうと、3つであろうと、また中心部分だけが小屋掛けであろうと、ここの場合は1つの最小の単位集団であったろうと感じている。

　以上のことは一例にすぎないが、発掘から得られる実践的な成果の評価については、なおいっそうの検討と分析が必要であろう。といっても、近藤以下の積極的な問題提起を無視することは絶対に誤りである。おそらく大筋では、小野（昭）が描いたような図式を軸として、近藤・春成がそれぞれのレベルの集団に予測したような生業とのかかわりをもちながら、先土器時代史のダイナミズムは展開したものと考えられる。必要なことは、そのような問題提起を、先土器時代遺跡の発掘や遺物の研究の中に目的意識化することであり、一方、考古学の実践的成果をより豊富に吸収することによって、理論の骨組みにいっそう具体性を加える努力を、相互におし進めることであろう。

　そうしたことを若干とも意識して、1970年に書いた文章（戸沢「狩猟・漁撈生活の繁栄と衰退」『古代の日本7　関東』角川書店）の一部を、若干加筆して次項に示し、この先土器時代論の結びとしたい。

先土器時代人の生活

　神奈川県の東部を占める相模野台地には、幅100メートル、深さ10〜20メートルほどの谷をつくる小さな川が、厚いローム層の堆積した台地を刻んで、いく筋か並んで流れている。この川にそう台地上には、実にたくさんの先土器時代の遺跡が発見されている（前出の小野正敏論文等参照）。

　月見野遺跡群はその中の一部であって、目黒川という川の上流に近く、全長約2キロの間の川に面した両岸の台地上に、約20カ所の遺跡があって、一つの遺跡群を形づくっている。いまそれらの遺跡群の分布状態をみると、谷の左右の岸を問わず、谷に面して張り

出した小高い台地の上には、ほとんど例外なく遺跡が残されていることがわかる。とくに比較的日当たりのよい西岸の台地には、隣同士互いに顔を見わけられるほどに近い、100〜150メートル前後の距離をおいて、ほぼ等間隔に遺跡がつらなっている。

実はこのような谷筋にそった濃密な遺跡の分布状態は、月見野遺跡群のある目黒川上流域だけではなく、全長約10キロのこの川の全域、さらに数キロおきに並列する、ほかのいく筋かの谷沿いにもみられるのである。

こうした相模野台地上のたくさんの遺跡が、すべて同時に存在したわけではなく、ある時期には数カ所の遺跡しかなく、またある時には100カ所以上の遺跡が、同時存在していた可能性のあることもあったというように、かなり変動が激しかったことも知られているが、それにしても、こうした約1万年前から約3万年前にさかのぼる先土器時代にも、すでに一つの谷を共通の生活領域とするような、ある一定の人間集団がそこにあったことを推測させるのであって、広い関東平野を少人数の人間が、たえず放浪の生活をつづけていたというようなイメージは、少なくともそこではわいてこない。

先土器時代の社会（人間集団）の具体的なありかたを説明できるような研究は、現在のところあまり行なわれていないが、月見野遺跡群や他の2、3の遺跡では、そうした研究の基礎になるようないくつかの発見もあった。図2は埼玉県砂川遺跡で、一つの発掘区域の中で出土したすべての石器・石片の位置を図上に点で移したものである。これをみると遺物の分布区域が、ほぼ径3〜5メートルの範囲にブロック状に集中していることがわかる。こうしたブロックがかなり距離をおいて独立したような状態である場合もあるし、砂川の例のように接近して、あるいは接続して一単位になるようにある場合もある。いずれにしてもこうした一単位のブロック群が、おおよそ一つの生活・居住の最小の単位、居住の範囲を示しているものと考えてよい。この時代の住居はおそらく、数本の丸太を地上に組み立て、その上を毛皮や木の枝でおおったテント式の簡単なものであったと思われる。

こうした住居は一戸だけ孤立してあったわけではない。月見野遺跡群の調査では、同一生活面上の生活の範囲を暗示する礫群が、われわれの予想をはるかにこえて、100×50メートルほどの広さをもつ台地上に、いちめんに広くひろがって分布する可能性のあることを確かめることができた。これは明らかに数戸をこえる数のイエが立ち並ぶ、先土器時代のムラの存在を暗示するものにちがいない。その規模はある時には、後の縄文時代の集団に、けっして優るとも劣らないものであったことを知るのである。

月見野や関東地方一帯で先土器時代の人々が最もさかんな活動の痕跡を残した頃、関東平野をとりまく多くの火山は活発な活動期であった。火山灰がときおり激しく降りそそいだにちがいない。先土器時代の遺跡はみんなその火山灰土層（ローム層）の中に埋もれていることからもわかる。

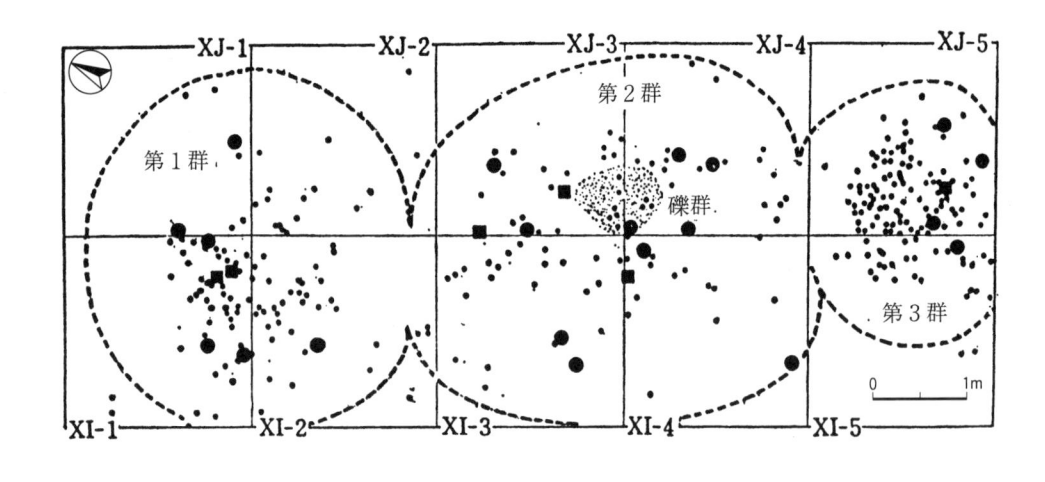

図2　上　埼玉県砂川遺跡A地点の「ブロック」（●印は完成された石器、
　　　　■印は残核、小黒点は剥片・石片等の出土位置）
　　　下　パンスバン遺跡（フランス）で復原された旧石器時代後期の住居

　またこの時代は洪積世最後の氷河期の寒冷な気候のもとにあった。当時の関東地方は現在の標高1500メートルくらいの亜高山帯にみられるような植物景観をもっていたといわれる。針葉樹の森や林と、クリ、コナラなどがところどころに見える草原がいりまじって、どこまでも続いていたのであろう。そして森や林の中には、ナウマン象やオオカミ、トラ、オオツノジカなどといった洪積世を最後として日本列島では絶滅してしまう大形動物や、逆に洪積世末以降、日本の野生動物の代表格として繁殖し、原始・古代人の狩猟の的の中心となったイノシシやニホンジカ、さらにノウサギ、タヌキ、キツネなどが群をなして棲んでいた。

　人々は普段はイエの周囲でとれる木の実や草の根を採集し、時おり水を飲みに谷に集まる小動物をとらえて生活を支えていた。しかし季節をめぐって回遊し、また時には突如あらわれる大形獣の群をみつけると、谷ぞいの台地の上に点々とイエをかまえる人々が、利器を片手にとびだしてくる。たがいに奇声で呼び合いながら、谷の一カ所に動物を追いつめると、鋭利な槍やナイフ、さらに家の近くに貯えておいた石ころをなげつけて、つぎつぎに獲物を仕止めてゆく……そんな光景が、谷ぞいの台地に集団をなして住む、相模野台地の先土器時代人の狩りの様子ではなかったろうか。

狩猟に使われた道具の変遷も、いくつかの遺跡の層位的研究によって、おおよその傾向が明らかにされている。はじめはやや大形のナイフ形石器（短い柄をつけて刺突具に使ったり、切ったりした道具）が主な道具であったが、ある時点からそれに小形のナイフ形石器（いくつかを組み合わせて一つの道具につくりあげたかもしれない）や、木の葉形をした槍先形尖頭器が加わり、やがてそれらが機能的にも型式的にも多様に分化していく。そして最後の時期には、北（東）から、また南（西）から、細石器（組合せ道具の刃）とその技術が流入し、やがてその中に石器時代の人類が発明した最有力な武器である弓矢（飛び道具）が加わって、時代は大きく先土器時代から縄文時代へと傾斜していくのである。

　参考文献
　杉原荘介編『日本考古学講座1　縄文文化』河出書房、1956年
　芹沢長介『石器時代の日本』築地書館、1960年
　芹沢長介「旧石器時代の諸問題」（岩波講座『日本歴史1　原始および古代』、1962年）
　杉原荘介編『日本の考古学Ⅰ　先土器時代』河出書房、1965年
　杉原荘介『日本先土器時代の研究』講談社、1974年
　鎌木義昌「旧石器時代論」（岩波講座『日本歴史1』、1975年）
　麻生優・加藤晋平・藤本強編『日本の旧石器文化』全5巻、雄山閣、1975年
　渡辺直経他『シンポジウム　旧石器時代の考古学』学生社、1977年

（『日本考古学を学ぶ3』有斐閣、1979年所収）

安蒜政雄・戸沢充則　Ambiru Masao and Tozawa Mitsunori

5
神奈川県・月見野遺跡群──先土器時代のムラ

月見野遺跡群の調査と意義

遺跡群の位置とひろがり

　神奈川県は、中央を流れる相模川によって東西に二分されている。相模川の左岸には西をこの相模川に切られ、東を多摩丘陵にかこまれた洪積台地がひろがっている。日本でも有数な先土器時代遺跡の密集地帯として知られる相模野台地である。

　相模野台地からは、これまで数百カ所にのぼる遺跡が発見されている。そうした遺跡の多くは、台地をきざむ中小の河川にそうように分布し、段丘崖に発達した小さな張り出し部に残されている。その一つに目黒川の流域がある。

　目黒川は小田急線相模大野駅近辺に源をもち、大和市下鶴間付近でほぼ平行して流れる境川と合流する。南北11キロにわたるこの目黒川流域には、数十カ所の遺跡が存在する。そして、その多くの遺跡が、目黒川流域の中央部約2キロほどの範囲に集中している。月見野遺跡群である。東急田園都市線は、つきみ野駅を経由し、この遺跡の群集地区を横断しながら小田急線中央林間駅にいたっている。

　月見野遺跡群の発掘は、1968年と翌1969年の2回にわたっておこなわれた。調査によってえられた膨大な資料については、明治大学考古学研究室の手によって現在もなお総合的な分析と研究とがすすめられている最中である。

発掘した遺跡と遺物の出土層位

　月見野遺跡群が位置する目黒川の中流域には、20余カ所の遺跡が存在し、そのうちの10遺跡が発掘されている。遺跡群の中央部で目黒川の左岸にある第Ⅰ遺跡、第Ⅰ遺跡の対岸にあたる第Ⅱ遺跡、第Ⅱ遺跡の上流700メートルの右岸の第ⅢA遺跡・第ⅢB遺跡・第ⅢC遺跡・第ⅢD遺跡、そして、第Ⅲ遺跡の上流400メートルの右岸にある第

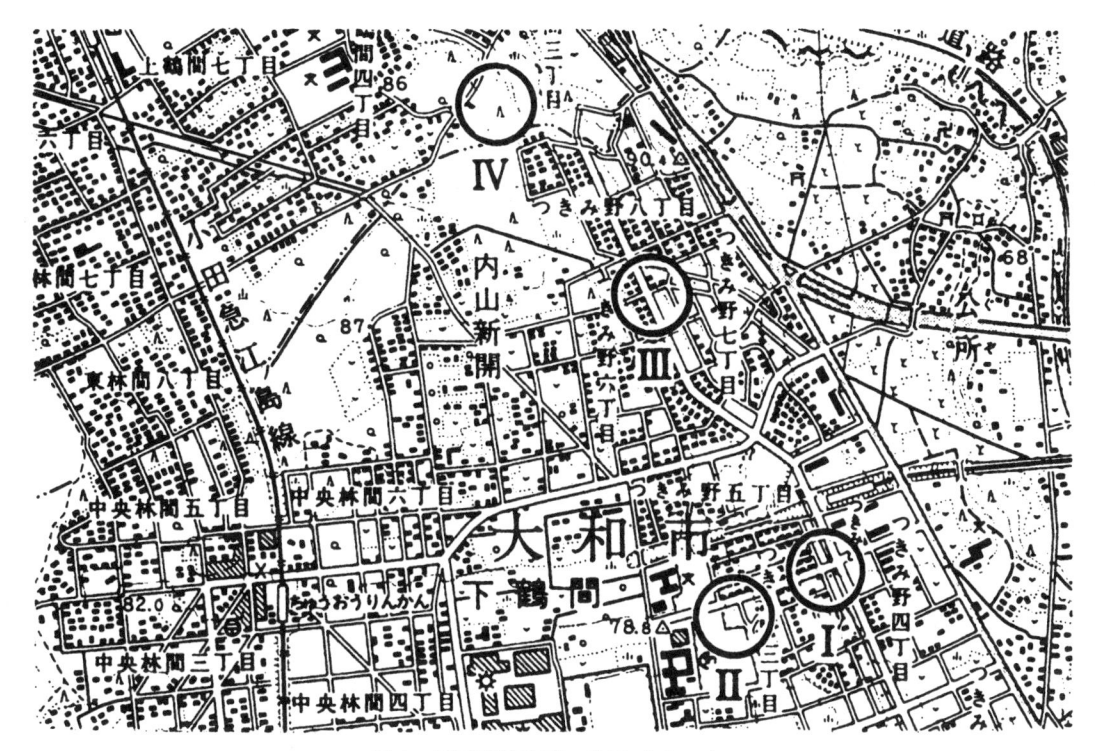

図1 月見野遺跡群の位置（原町田）

IVA遺跡・第IVB遺跡・第IVC遺跡・第IVD遺跡である。

　ところで、相模野台地は五つの段丘面に区分されている。月見野遺跡群は、そのうちで三番目の高さをもち、武蔵野面に相当する相模原面のうえにある。そして、遺跡群一帯の層序は、表土層の下から順にローム層1軟質部（L1S）・暗色帯0（B0）・ローム層1硬質部（L1H）・暗色帯1（B1）・ローム層2（L2）・暗色帯2上半部（B2U）・暗色帯2下半部（B2L）・姶良丹沢火山灰をふくむローム層3（L3）とつづき、立川ローム層全体では合計14層にもおよぶ地層の重なり合いが観察された。しかも立川ローム層の厚さは武蔵野台地のそれに倍し、7メートル余にも達していた。

　このように整然とした層序と厚い堆積をもつ相模野台地の立川ローム層は、石器群を層位的に検出し、それを層序にしたがって序列化できるという、編年学的研究上の好条件をそなえているわけである。

発掘された石器群

　月見野遺跡群の10遺跡についての発掘調査は、そうした層位的に好条件のもとで実施された。調査の結果、われわれはローム層1軟質部から暗色帯2下半部にかけての各層序で都合17の石器群を検出することができた（表1）。層準をおって、石器群の組成をみてみよう。

表1　各層序出土の石器群

遺跡名		出土層位	主な石器
Ⅰ		B1	ナイフ形石器・槍先形尖頭器・搔器・彫器
Ⅱ		B1	ナイフ形石器・台形石器・槍先形尖頭器・搔器・彫器・磨石
ⅢA	上層	L1H	槍先形尖頭器・ナイフ形石器・搔器・彫器
	下層	B1	ナイフ形石器・槍先形尖頭器・搔器
ⅢB	上層	L1H	ナイフ形石器
	下層	B1	ナイフ形石器・槍先形尖頭器・搔器・彫器
ⅢC	上層	L2	ナイフ形石器・槍先形尖頭器
	下層	B2U	ナイフ形石器・尖頭形石器（尖頭器様石器）・搔器
ⅢD	上層	L1H	槍先形尖頭器・ナイフ形石器
	下層	B1	ナイフ形石器・槍先形尖頭器・搔器
ⅣA	上層	L1S	槍先形尖頭器・ナイフ形石器・搔器
	中層	L1H	槍先形尖頭器・ナイフ形石器・搔器・細石器
	下層	B1	ナイフ形石器・槍先形尖頭器・細石器
ⅣB		B2L	ナイフ形石器・搔器
ⅣC	上層	L1H	ナイフ形石器・槍先形尖頭器
	下層	B1	ナイフ形石器
ⅣD		B2U	ナイフ形石器

〈ローム層1軟質部＝L1Sの石器群〉　第ⅣA遺跡から出土。槍先形尖頭器に数点のナイフ形石器がともなっている。槍先形尖頭器は両面調整で、画一的な大きさと形状をもつ。

〈ローム層1硬質部＝L1Hの石器群〉　第ⅢA・第ⅢB・第ⅢD・第ⅣA・第ⅣCの5遺跡から出土。ローム層1軟質部出土の石器群と同様、槍先形尖頭器を中心としてナイフ形石器もみとめられる。しかし、槍先形尖頭器は、形状・大きさ・調整方法ともに多様である。周縁調整の槍先形尖頭器が目立つ。

〈暗色帯1＝B1の石器群〉　第Ⅰ・第Ⅱ・第ⅢA・第ⅢB・第ⅢD・第ⅣA・第ⅣCの7遺跡から出土。石器組成の主体はナイフ形石器で、数点の槍先形尖頭器がともなう。ナイフ形石器には、第Ⅰ遺跡例のような小形の一群と、第Ⅱ遺跡例のように幾何形化した一群とがある。槍先形尖頭器は両面調整のものが多く、樋状の剝離痕を残す槍先形尖頭器も特徴的に存在する。

〈ローム層2＝L2の石器群〉　第ⅢC遺跡から出土。材料がとぼしいが、ナイフ形石器と槍先形尖頭器が共伴している。

〈暗色帯2上半部＝B2Uの石器群〉　第ⅢC・第ⅣDの2遺跡から出土。ナイフ形石

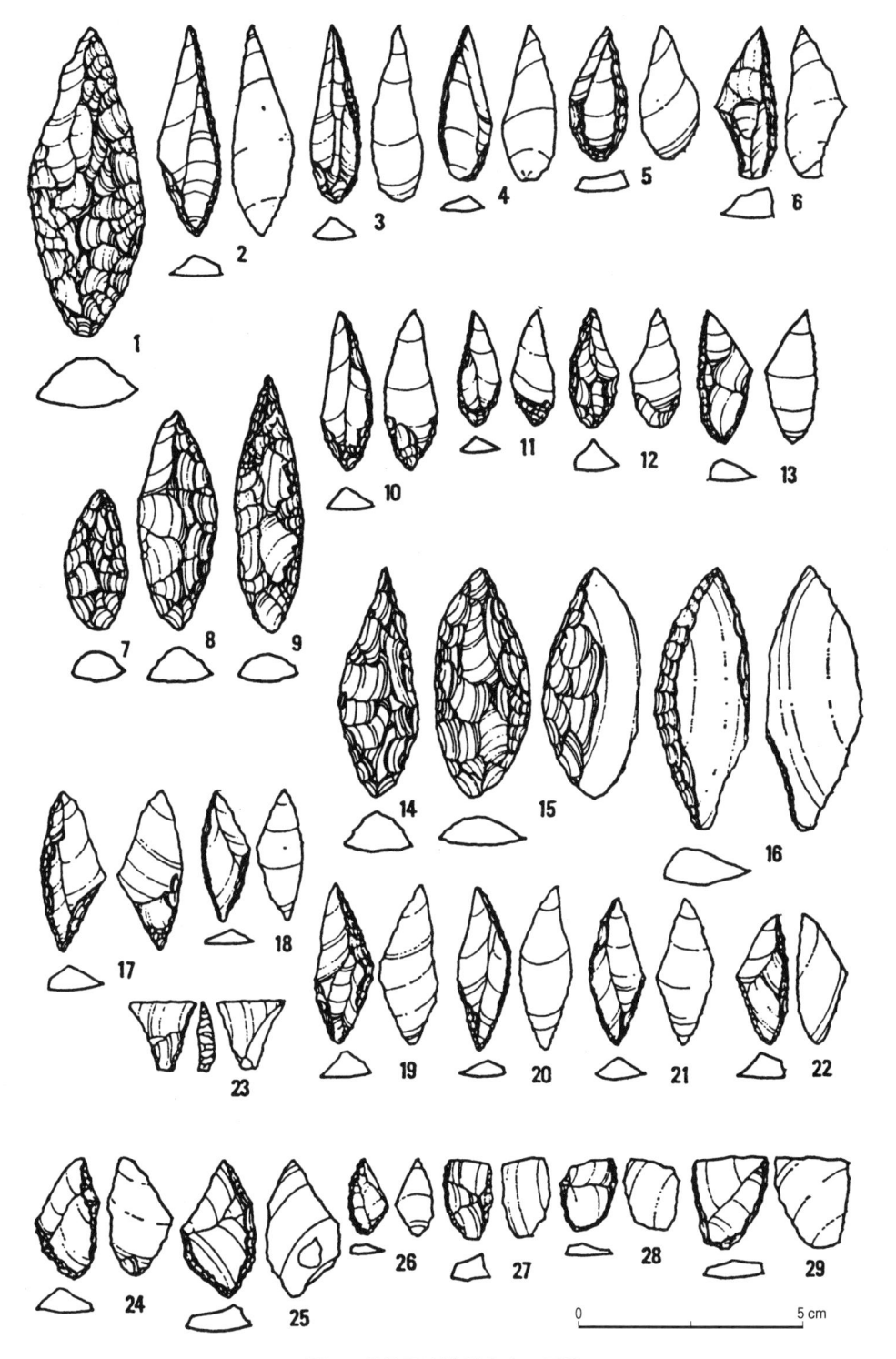

図2　月見野遺跡群出土の石器
1〜6 第Ⅰ遺跡、7〜13 第ⅢA遺跡下層、14〜23 第Ⅱ遺跡、24〜29 第ⅣA遺跡下層。
1・7〜9・14〜16 槍先形尖頭器、2〜6・10〜13・17〜29 ナイフ形石器。

器を組成とする石器群で、槍先形尖頭器はみられない。ナイフ形石器の大部分はいわゆる切出形ナイフ形石器である。

〈暗色帯2下半部＝B2Lの石器群〉　第ⅣB遺跡から出土。茂呂型ナイフ形石器に類似したナイフ形石器の存在が注意される。

以上のように、月見野遺跡群から発見された17石器群のうちの14の石器群に槍先形尖頭器がともなっている。そして、この14石器群はローム層1軟質部からローム層2にわたる四つの層準に包含されていた。槍先形尖頭器の出現とそれにつづく時期の石器群が、これほどはっきりと層位的な新旧関係をもってとらえられた例はない。

それは、月見野遺跡群が、槍先形尖頭器の移り変わりを編年学的・型式学的に検討するうえで、かかせない遺跡であることを意味している。と同時に、石槍という道具の出現にともなう新しい生活が集中しておこなわれた場所としての月見野遺跡群は、それゆえに先土器時代における狩猟生活発展の一段階を示すという歴史的な意義をももっているといえるだろう。

月見野遺跡群の調査と研究史

このように月見野遺跡群の発掘調査は、槍先形尖頭器の変遷と、先土器時代における変革期の生活の実際とを知るうえでの、重要な資料を提供したわけである。そして、月見野遺跡群の発掘調査は、学史的にみるとき、いま一つの大きな意義をもっている。

それは、この月見野遺跡群と東京都野川遺跡の調査を画期として、岩宿遺跡にはじまる先土器時代の研究史が「月見野・野川以前と以後」に二分されることによく示されている。すなわち、月見野遺跡群・野川遺跡の調査を契機とするようにして、先土器時代研究の流れは大きくかわっていった。個々の遺跡・石器群のそれぞれをもっぱら編年学的研究の材料として示準的・化石的にあつかおうとする方向から、それら相互の関係をより構造的・歴史的にとらえ、当時の生活・社会を集団や共同体という具体的なかたちで復原していこうとする方向への、大きな転換であった。

月見野遺跡群と野川遺跡では、しかし、生活の復原に接近するための方法を異にしていた。月見野遺跡群では、個体別資料の分析とその類型をとおして、遺跡・石器群の成り立ちの同時間的なひろがりを復原しようとしたのであった。これにたいして、野川遺跡では、セトルメント・パターンの相違にもとづいて、遺跡・石器群の通時間的な移り変わりを追求しようとしたのであった。

両者の方法的なちがいは、一面で、双方の出発点となった遺跡がもつ性格の異なりを反映しているかのようでもある。つまり、月見野遺跡群では、そのほとんどが同一の時期に残された10遺跡・17石器群を、野川遺跡では、単一の遺跡に重層的に残された10石器

群を、それぞれ材料としているのである。

　そうした背景のもと、具体的な方法は異にしながらも、双方の共通する目的は遺跡・石器群の構造的な理解による生活の復原にあった。いわば遺跡・石器群の構造的な研究が、1966年に発掘された埼玉県砂川遺跡以降たしかな方向性をもって着実に歩みはじめたという意味で、月見野遺跡群・野川遺跡の調査は学史上新しい段階を画したのである。

先土器時代の生活とムラ

遺跡とブロック

　先土器時代の遺跡を発掘すると、遺物は限定されたいくつかの場所に集中した状態で発見されることが多い。遺物である石器群は、遺跡に散在するのではなく、そうした意味でのいくつかの地点的な分布をもっている。すなわち、石器群は、ブロックごとのまとまりとそのいくつかからなるひろがりとを形成しているわけである。先土器時代の遺跡からはまた、河原石が敷かれたような礫群と呼ばれる集石的・配石的な遺構なども発見される。

　しかし、後続する縄文時代にみられる竪穴を掘り込んだ一群の住居址や炉址などのように、生活の場所を直接示す、具体的ではっきりとした遺構の発見例は少ない。そこで、先土器時代の場合、具体的で直接的な生活遺構にとってかわる研究の対象として、ブロックとそのひろがりにつよい関心がはらわれてきたわけである。

　われわれもまた、個々のブロックの成り立ちを方法的に分析し、一群のブロック相互の関係を構造的にとらえ、そこから当時の生活や社会をより具体的なかたちで復原していこうという目的をもって仕事をすすめてきた。そして、砂川遺跡の石器群を個体別資料に分けながら、ブロックの成り立ちを追跡していく過程で、数個からなるブロックの一群が有機的にむすびつき、単位的な在り方をしていることを知った。

　砂川遺跡における3ブロックを一単位とするようなブロック群の存在は、何を意味するものだろうか。そうした一単位のブロック群は、おおよそ一つの生活・居住の最小の単位、居住の範囲を示しているのではないか。そして、その背景には、当時の人々の生活のまとまりとしての、一つの最小の単位集団があったのではないか。

遺跡の景観とブロック群

　ところで、月見野遺跡群の10遺跡の中で最大規模を有していたのは、第Ⅱ遺跡と第ⅢC遺跡であった。第Ⅱ遺跡からは15カ所の礫群が検出され、第ⅢC遺跡の下層からは11カ所のブロックが発見されている。こうした遺跡の在り方は、河川にのぞむ小さな

張り出し状の台地のうえに、数戸をこえる数のイエがたちならぶ、先土器時代のムラの存在を暗示するものであった。

そうしたムラの成り立ちと移り変わりは、一単位のブロック群とどのようにかかわっていただろうか。月見野遺跡第ⅢC遺跡下層のブロックを検討してみよう（表2）。

第ⅢC遺跡下層の11カ所のブロックのうち、第4・10ブロック、第5・10ブロック、第2・12ブロック、第4・8・10ブロック、第6・8・12ブロック、第2・3・5・7ブロックのそれぞれに、同一の個体別資料がみとめられた。こうした個体別資料の共有関係をその総体としてみれば、9カ所のブロックが同時に群在していたと考えることもできる。

一方で、第2・3・5・7ブロック群と、第4・6・8・10・12ブロック群という、大きな2つの個体別資料の共有関係をとりだすことも可能だろう。前者を第Ⅰブロック群、後者を第Ⅱブロック群と仮に呼んでおこう。詳しくは現在進行中である各個体別資料の追跡的な分析をまたねばならないが、第5ブロックと第10ブロックにまたがる個体別資料にもとづいて、第Ⅰブロック群と第Ⅱブロック群とのあいだに、前後関係にある時間差が求められるかもしれない。

そして、第Ⅱブロック群自体についても、第8ブロックに残る2つの個体的資料の在り方によっては、第6・8・12ブロック群と第4・8・10ブロック群とに分離することが可能であると考える。仮に前者を第Ⅱaブロック群、後者を第Ⅱbブロック群として

表2 月見第ⅢC遺跡のブロックと石器

ブロック		主な石器				個体別資料の共有関係					
No.	群	ナイフ形石器	尖頭形石器	掻器・削器	その他	No.22	No.11	No.15	No.16	No.39	No.2
2	Ⅰ	1		2	1	○					
3	Ⅰ	2		3	4	○					
7	Ⅰ	2	1		5	○					
5	Ⅰ	4	1	1	5	○	○				
10	Ⅱa	2		1	1		○	○	○		
4	Ⅱa	5		1	5				○	○	
8	Ⅱa Ⅱb	1		1	1			○		○	
6	Ⅱb	1		1	2					○	○
12	Ⅱb	8	3	1	17					○	○
9		1	1		3						
11			2	1	2						

おこう。

　こうして、第ⅢC遺跡下層11カ所のブロックの中で、個体別資料の共有がみられる9カ所のブロックについては、第Ⅰ・Ⅱa・Ⅱbブロック群の3つに分けることができる。すなわち、第ⅢC遺跡下層のように数多くのブロックが群在する遺跡においても、3カ所前後を一単位とする単位的なブロック群がみとめられるわけである。

ブロック群とムラ

　先土器時代の遺跡から発見されるいくつかのブロックは、こうしてこれをブロック群という観点から把握することができるだろう。単一のブロック群の背景には、単位集団の存在が予測される。すなわち、ブロック群という観点にたつとき、遺跡は単位集団との関係でとらえられることとなり、遺跡はムラとして認識されるだろう。

　そして、単一のブロック群が残されている遺跡は、一単位集団が生活をおくったムラというかたちで理解できる。しかし、複数の単位的なブロック群が残されている遺跡では、一単位集団が数次にわたって残したのか、あるいは複数の単位集団が同時に残したのかで、ムラの形態は大きく異なってくる。いいかえれば、われわれは、群在するブロックをいくつかの単位的なブロック群として同定するための、また単位的なブロック群相互に時間的な異同を知るための、方法的な手だてをしっかりともっていなければならない。実のとこ

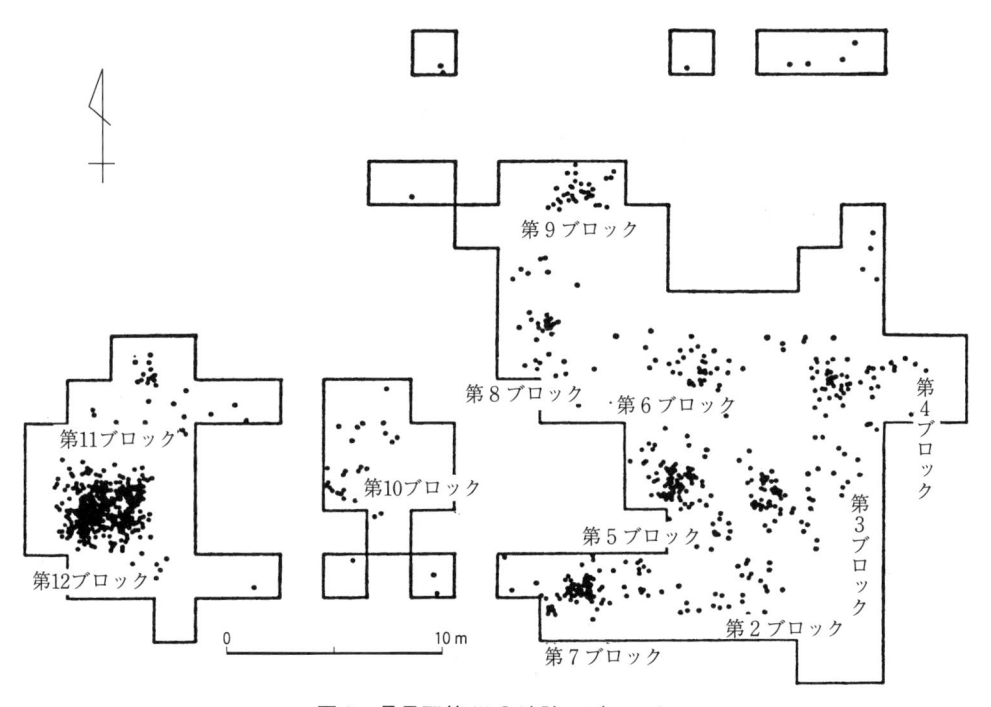

図3　月見野第ⅢC遺跡のブロック

ろ、今日、そのための方法が確立されているとはいいがたい。

とはいえ、単位集団の数、生活の回数を基準とするとき、遺跡の同一文化層中に残されたブロックに、つぎのような種類のムラの存在を想定することができるだろう。

〈単位集団型〉　一単位集団が生活をおくったムラ。

〈集合集団型〉　複数の単位集団が集結して同時に生活をおくったムラ。

〈単位集団数次型〉　同一の単位集団が数回にわたって生活をおくったムラ。

〈集合集団数次型〉　同時に集結した複数の集団が数回にわたって生活をおくったムラ。

このように分類・予測することができるムラの背後には、当時の人びとのどのような生活がうつしだされているだろうか。集団がときとして集合・集結したり、分離・分散したりする生活があり、同じ場所をふたたびおとずれたりするような生活があったことを知るのである。

ムラと移動生活

先土器時代は狩猟・採集文化の時代であり、その生活は移動によって支えられていたと考えられている。実際、多くの遺跡はそうした移動生活がおこなわれた個々の場所であった可能性がつよい。それではその移動生活の実体とは、どのようなものであったろうか。

相模野台地や武蔵野台地では、時間の経過とともに遺跡の数が増えたり減ったりすることが知られている。このように、遺跡の数はつねに一定していたわけではなく、時期的に移り変わっている。

また、遺跡の在り方も決して一様ではない。一時期の石器群が純粋なかたちで残されている単純遺跡と、いくつかの時期にまたがる石器群が層位的に重なって残されている複合遺跡とがある。

いま遺跡の数と遺跡の在り方との関係をみてみると、遺跡数の時期的な増減が単純遺跡数の多寡と大きくかかわりあっていることがわかる。すなわち、いくつかの時期にまたがる複合遺跡の数が、時期的な遺跡数の増減に与える影響は少ないわけである。

つぎに、遺跡の分布状態をながめてみよう。相模野台地や武蔵野台地の先土器時代遺跡の分布図をみてみると、まずひときわ目立って遺跡が群集する区域がある。一方で、そこからはなれた場所にも遺跡がみとめられる。かといって、遺跡は、各々の台地全域に散在しているわけでもない。つまり、遺跡の分布状態には、濃淡と空白の区域がみとめられる。すなわち、遺跡分布図の濃淡をみせる分布区域の中に、単純遺跡と複合遺跡とが位置するわけである。

いうまでもなく複合遺跡のあるような区域は、移動生活においてそこに回帰する機会を多くもったところであったにちがいない。そこはまた、移動の経路的な区域でもあったと

考えられる。つまり、移動生活は何回にもわたって周回したような、いくつかの単位的な区域をもっていた可能性がつよい。

　さて、単純遺跡はある時期にかぎって残された遺跡であり、遺跡数の増減と大きくかかわりをもっている。逆に、複合遺跡の影響は小さい。そして、相模野台地や隣接する台地においても、遺跡数の時期的な増減傾向はほぼ一致している。

　そこで、いま、遺跡数が減少する段階では、単純遺跡を残した集団が複合遺跡を残した集団へと集合していたと考えることはできないだろうか。逆に、遺跡数が増加する段階では、複合遺跡を集合するかたちで残していた集団が単純遺跡を残すようなかたちで分散したのではないか。

　そのように考えることができれば、周回的な移動の過程で、より集合したり、より分散したりするという集団の変容をとらえられるように思う。こうした移動生活を背景として、異なった性格のムラが営まれたものであろう。

参考文献
月見野遺跡群調査団「概報・月見野遺跡群」(明治大学考古学研究室、1969年)
安蒜政雄「先土器時代の研究」(『日本考古学を学ぶ1』有斐閣、1978年)
戸沢充則「先土器時代論」(『日本考古学を学ぶ3』有斐閣、1979年)

(『探訪 先土器の遺跡』有斐閣、1983年所収)

安蕀政雄　*Ambiru Masao*

6
先土器時代における遺跡の
　　群集的な成り立ちと遺跡群の構造

1　遺跡の分布と遺跡の類型

　先土器時代人の生活の復原を目的とする遺跡の構造的な研究は、埼玉県砂川遺跡[1]にはじまり神奈川県月見野遺跡群[2]・東京都野川遺跡[3]以降、数多くの分析例をつみかさねながら堅実な歩みをみせてきた。そしてこの研究は今日、さらにすすんで遺跡相互の在り方に着目し、先土器時代の社会にはどんな骨組みがあり、どのような集団の構成があったのかを積極的に問題としはじめている[4]。

　ところで先土器時代の遺跡は、一般に小河川の流域にそうような状態で分布し、しかもそれは群集的なまとまりをもつ場合が多い。そうした意味で、遺跡の群集的な在り方と成り立ちを方法的に分析し解釈することができれば、遺跡間から具体的にいくつかの相互関係が抽出され、集団の構成や社会の骨組みを復原する手掛りとなるにちがいない[5]。それは同時に遺跡の構造的な研究を、遺跡群のそれへと総合化するための一階梯ともなるだろう。

　そこで、日本でも有数の遺跡密集地帯として著名な武蔵野台地・相模野台地におけるナイフ形石器文化を対象として、先土器時代遺跡の群集的な在り方とその成り立ちを方法的に解釈していきたいと考える。なお、ナイフ形石器文化の変遷については武蔵野台地の層序にもとづく段階1（第X・IX層＝岩宿I期）・段階2（第VIII・VII層＝打越期）・段階3（第VI層＝寺尾期）・段階4（第V・IV層＝岩宿II期）・段階5（第IV・III層＝砂川期）・段階6（第III層＝月見野期）にわけ、編年的な時期区分の規準としたい[6]。

　さて、武蔵野台地・相模野台地には、たしかにナイフ形石器文化の時代の遺跡が数多く分布している。そうした遺跡をみてみるとしかし、台地の全域に散在しているわけではなく、小河川の流域ごとに群集的に分布する傾向がつよい。また、それらの群集的な分布自体にも、濃淡という密度の差がみとめられる。こうしてみると、両台地には濃淡のちがい

6　先土器時代における遺跡の群集的な成り立ちと遺跡群の構造

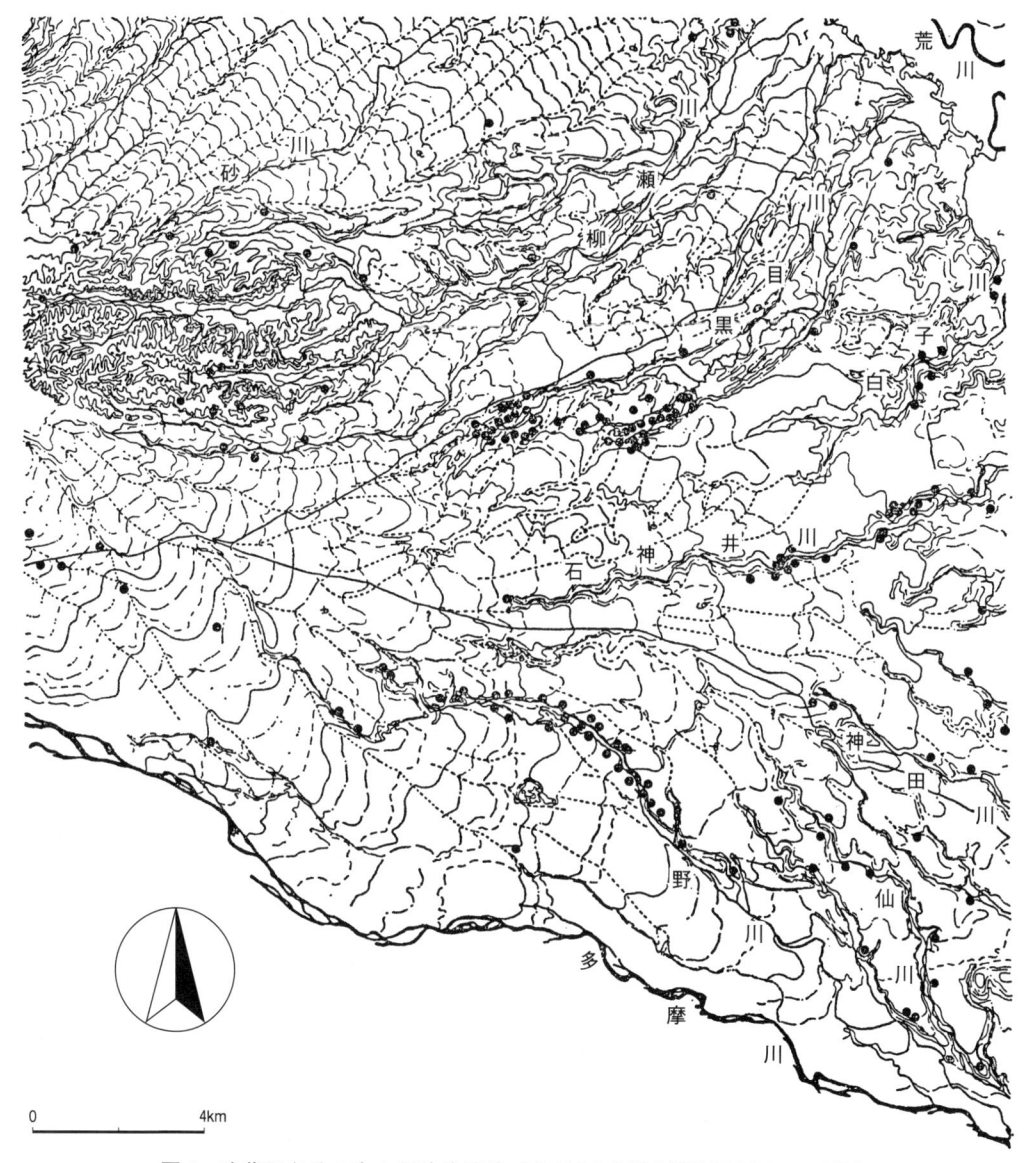

図1　武蔵野台地の先土器時代遺跡（東京天文台構内遺跡調査団1983原図）

はあるものの、遺跡の分布する限定された領域が存在していたかのようでもある[7]（図1・2）。

　ただしそれは、いうまでもなくナイフ形石器文化の時期別で過程的な分布のいわば累積的な状態を示している。そこで、この累積的な分布にいたる各時期ごとの遺跡の分布状態を追ってみると、武蔵野・相模野両台地の遺跡数はたえず一定ではなくふえたりへったりし、その間に分布の様子もさまがわりしていることがわかる。

　このように時期的な分布の推移をみせる各遺跡は、いずれもが等質なかたちで生活址をとどめているのだろうか。いくつかの時期をとおして分布しつづける遺跡、ある時期に姿

第Ⅱ部 先土器時代の文化と社会を追う

図2　相模野台地の先土器時代遺跡（相模考古学研究会 1971 原図）

を消し再度姿をみせる遺跡、特定の時期にのみ分布する遺跡など、時期的な生活址の残され方は多様である。ここでは遺跡それぞれから観察される生活址の残り方を類型的にとらえて、各類型の遺跡が時期的な分布やその累積的な分布のうえで占める位置や意味をさぐってみたいと思う。

まず遺跡を生活址が残された時期という観点からとらえると、ある一つの時期にかぎられた生活址をもつ、いわば一時期的な遺跡と、生活址がいくつかの時期にわたる、いわば多時期的な遺跡とにわけられる。いうまでもなく前者は単純遺跡であり、後者は複合遺跡と呼ばれている。ただしかし、つぎに時期ごとの生活址の数を問題とすると、文化層が単一な単層的な生活址と、複数の文化層が重なり合う重層的な生活址とがみとめられる。したがって、この意味では単純遺跡すなわち単層的な生活址をもつ遺跡とはかぎらないし、逆に重層的な生活址をもつ遺跡すなわち複合遺跡とはいえないわけである。いまここで一時期内において複数の文化層がかさなりあう状態を、生活址の重層化というかたちで整理してみたい。そして重層化した生活址だけをもつ遺跡も単純遺跡とする視点にたって、遺跡と生活址との時期的な関係をつぎのように類型化したいと思う。

類型Ⅰ　いくつかの時期におよぶ複数の生活址が残されている遺跡。その生活址がナイフ形石器文化の時代の全時期にもおよぶような類型Ⅰaの遺跡と、それが連続ないし断続する数時期にわたる類型Ⅰbの遺跡とに細別することもできる。多時期的な複合遺跡である。

類型Ⅱ　ある一時期にかぎられる生活址が残されている遺跡。単純遺跡と一時期的な複合遺跡である。

さて、このようなかたちで類型化することができる各遺跡は、それではいったいお互いにどのような関係をもって分布しているのだろうか（表1・2）。ナイフ形石器文化の遺跡の累積的な分布からみてみよう。類型Ⅰつまりいくつかの時期におよぶ生活址が残されている遺跡は、類型Ⅱつまりある一時期にかぎった生活址が残されている遺跡よりも相対的に実数が少なく、互いにへだたり、間隔をおいて各分布領域に散在するかのような位置を占めている。そうしたなかにあって、東京都鈴木遺跡に代表される類型Ⅰaの遺跡はごく数個所でしかなく、それらは河川ごとにまとまる分布領域の縁辺部最上流域に点在している[8]。いわゆる拠点的な遺跡として、その分布上の位置が注目される。こうした類型Ⅰの遺跡にたいして、より実数の多い類型Ⅱの遺跡は、そのいくつかが集まって各分布領域に群在するかのような位置をもっている。こうして、類型を異にする遺跡は累積的な分布のうえで、それぞれに独自な位置を保有していることがわかる。段階的に推移する時期的な分布のうえではどうだろうか。

武蔵野台地と相模野台地における遺跡の数は、ナイフ形石器文化の時代をとおして時期

表1　武蔵野台地のナイフ形石器文化と遺跡

遺跡名	1	2	3	4	5	6	遺跡総数	類型
鈴　　　木	○	◎	○	◎	○	○	6	Ⅰa
高井戸東	◎	○	○	◎	○		5	〃
多聞寺前	○	○	○	◎	○		5	〃
＊はけうえ	○	○	○	○			4	Ⅰb
＊西之台			○	◎	○	○	4	〃
＊嘉留多	○		○	○	○		4	〃
＊前　　原				◎	○	○	3	〃
下野谷				○	○		2	〃
山室2				○	○		2	〃
＊平代坂				○	○		2	〃
市場坂				○	○		2	〃
尾崎	○			○			2	〃
＊多摩蘭坂	○			○			2	〃
下山	○			○			2	〃
茂呂	○			○			2	〃
＊中神明		○		○			2	〃
松ノ木2			○	○			2	〃
＊野川				◎		◎	2	〃
＊東京天文台				◎		○	2	〃
＊新橋				◎		○	2	〃
＊中山谷	○						1	Ⅱ
栗原	○						1	〃
三芳唐沢	○						1	〃
打越LA	○						1	〃
西松原1		○					1	〃
打越4		○					1	〃
〃KA		○					1	〃
下里本邑			○				1	〃
坂下				◎			1	〃
＊I.C.U.15				◎			1	〃
溜淵				○			1	〃
武蔵関				○			1	〃
中目黒				○			1	〃
＊殿ヶ谷戸				○			1	〃
＊貫井				○			1	〃
＊武蔵野公園				○			1	〃
＊出山				○			1	〃
唐沢				○			1	〃
山室1				○			1	〃
打越13				○			1	〃
打越5				○			1	〃
新開				○			1	〃
池田				○			1	〃
比丘尼橋					◎		1	Ⅰa
砂川					○		1	〃
井の頭A						○	1	〃
打越2						○	1	〃
武蔵野台地計	13	9	9	33	10	10	84(実数47)	
野川遺跡群計	4	3	3	15	3	5	33(実数16)	

註　1)　とりあげた遺跡は内容が明確なものにかぎった。
　　2)　○はナイフ形石器が遺存する生活址を示す。
　　3)　◎は生活址が重層化していることを表わす。
　　4)　＊は野川遺跡群を形成する遺跡である。

表2　相模野台地のナイフ形石器文化と遺跡

遺跡名	1	2	3	4	5	6	遺跡総数	類型
下九沢山谷				○	○	○	3	Ⅰb
柏ヶ谷長ヲサ			◎	◎		◎	3	〃
栗原中丸			◎	○			3	〃
寺尾				○		○	3	〃
地蔵坂			◎	◎			2	〃
橋本				○		◎	2	〃
草柳一丁目				◎			2	〃
早川天神森				○			2	〃
上土棚				○			2	〃
上草柳2				○			2	〃
〃3				○			2	〃
上和田城山				○			2	〃
＊月見野ⅢC				◎			2	〃
＊〃ⅣB			○				1	Ⅱ
＊相模野154			○				1	〃
＊月見野ⅣD				○			1	〃
小薗前畑				○			1	〃
＊月見野ⅣA						◎	1	〃
＊〃ⅣC						◎	1	〃
＊〃ⅢA						◎	1	〃
＊〃ⅢB						◎	1	〃
＊〃ⅢD						○	1	〃
深見諏訪山						◎	1	〃
＊月見野Ⅰ						○	1	〃
＊〃Ⅱ						○	1	〃
本蓼川						○	1	〃
相模野台地計	0	0	7	13	2	21	43(実数26)	
月見野遺跡群計	0	0	2	2	0	8	12(実数11)	

註　1)　とりあげた遺跡は内容が明確なものにかぎった。
　　2)　○はナイフ形石器が遺存する生活址を示す。
　　3)　◎は生活址が重層化していることを表わす。
　　4)　＊は月見野遺跡群を形成する遺跡である。

的に変化している。すなわち、その時期は必ずしも一致しないが、ともに遺跡数が少ない時期と遺跡数が多い時期とがある。この時期的な遺跡数の多寡は、なにによってもたらされたのだろうか。両台地の時期ごとの遺跡数を類型的に検討していくと、共通した要因を指摘することができる。つまり、遺跡数が少ない時期には類型Ⅱの遺跡の存在は目立たず、逆に遺跡数が多い時期では類型Ⅱの遺跡が著しい存在を示しているのである。このことは、時期的な類型Ⅱの遺跡の存否が、遺跡数の時期的な多寡と直接的に関連していることを物語っている。と同時に、類型Ⅰの遺跡が与える影響の小ささを意味しているわけである。

　したがって、そうした背景をもった遺跡数の時期的な変化の過程で、類型Ⅰすなわちいくつかの時期にわたり生活址を残す遺跡は、ほぼ一定の数を保ちつづけながら、時期ごとに分布領域のなかに定点的な場所をもっていたとみることができる。そして類型Ⅱすなわち一時期にかぎられた生活址を残す遺跡は、遺跡数の多い時期に顕在化しながら、その時期に分布領域をうめつくすような区域的な場所をもったとみられるのである。こうしてみると、類型を異にする遺跡は累積的な分布上と同様に、時期的な分布のうえにおいてもやはり、遺跡数の多寡と結びついたそれぞれに独自な在り方をうかがい知ることができる。

2　遺跡数の変化と移動の様態

　遺跡をそこに残されている生活址の時期的な重なり合いにもとづいて類型的にとらえるとき、各類型の遺跡は累積的なそして時期的な分布のうえで、それぞれ異なった位置や在り方をみせた。ここでは、そうした遺跡に残された個々の生活址が、先土器時代における人々の生活のなにをどのように反映しているかをさぐってみたい。

　各遺跡に残された生活は、普通そのあとかたとして、数個所ほどのブロックをかたちづくっている。各ブロックには、石核・剥片・砕片などが遺存しそこで石器の製作作業が実際におこなわれたことを示す痕跡がとどめられており、また同時に製作され使用された石器類いいかえれば道具類も遺棄されている。これは生活址が、石器の製作と使用とをあわせおこなった具体的な居住の場であったことを暗示している。

　そして、石器の製作にはじまり使用され遺棄されるにいたる過程が、どの生活址にもとどめられているという事実は、その石器類にかかわる一連の生活が、それぞれの居住の場ごとにまとまりをもっておこなわれたことを物語っている。この意味で各生活址はそれぞれひとまとまりの生活の、その完結した状況を示していると考えられる。

　たしかに個々の生活址をとりあげてみると、それが終結した居住の場であった可能性が

つよい。それならば生活址どうしは、居住の場として互いにどのような関係にあったのだろうか。石器製作作業のつながりをとおして検討してみたい。

生活址に遺存する石器群を石器製作作業の工程のうえから分析していくと、そこに石器の製作にともなって作業上に生ずるすべての器種がそろっている。この点、各生活址における石器製作作業が途中できれていたり、ある部分が欠けていたりしているとは考えられない。

ところで、石器製作作業の実際は、いくつかの母岩を単位としておこなわれている。生活址から発掘される石器群は、したがって、それらを逆に複数個の母岩ごとに区別し、まとめることができるわけである。石器群全体をそうした母岩ごとに区分し、その遺存状態を分析しようとする試みは、遺跡の構造的な研究における基礎的な方法として、埼玉県砂川遺跡からはじめられた。こうしたいわゆる個体別資料による石器群の分析は、生活址ごとの石器製作作業の性質を知るうえで、きわめて興味ぶかい事実をもたらす結果となった。

すなわち、複数の母岩の総体としての石器群が、石器製作作業の全作業工程の痕跡をとどめていることはすでにのべた。ところが生活址において一見完結しているかにみえる石器の製作作業を母岩つまり個体別にみると、必ずしもそうとばかりはかぎらなかったのである。個体別資料の多くが、石核・剝片・砕片そして石器類の欠落をともない、生活址における石器の製作作業が途切れた状態にあることをはっきりと示したのである。

このように、生活址ごとの石器製作作業は決して完結してはおらず、それは明らかに中断した状況におかれているわけである。こうした各生活址について観察された石器製作作業の一様な中断現象はしかし、各個体をなかだちとする石器製作作業が遺跡をこえて、いいかえれば遺跡どうしで連続していたことを意味するものでもあった。つまり生活址を石器の製作という視点から分析すると、その作業は各生活址ごとに中断し、一方それは生活址をこえて連続するという関係で結ばれているのである。

いったい、なにに起因しているのだろうか。先土器時代は食糧採集の経済段階にあり、人々の生活は移動によって支えられていたものと考えられている。そこでいま、石器製作作業にみられる生活址ごとの中断と、その生活址をこえての連続を、移動との関連でとらえることができるのではないかと考える[9]。

すなわち各生活址にみられる石器製作作業の中断は、移動により居住の場をかえた結果的な現象ではなかったか。そのように考えてよいだろう。そしてまた、各生活址で中断する石器の製作作業が生活址をこえて連続するという普遍的なつながりは、移動が決して突発的で特殊なできごとではなく、恒常的におこなわれていたことを意味するものといえるのでないか。したがって、そのように考えるとき、先土器時代に残された生活址の一つ一つには、人々の移動の一こまを示す居住の場としての性格が与えられるだろう。

いいかえれば、類型的に異なる遺跡のそれぞれに残された個々の生活址は、いずれも移動をともなった居住の場を反映しているのである。そこで、この移動という観点から、遺跡の類型的な意味を考察してみたいと思う。

さて、すでにみたように武蔵野・相模野両台地におけるナイフ形石器文化の時代の遺跡には、それぞれが河川を単位とするようないくつかの累積的な分布領域があった。そして時期的な分布を追っても、そこから遺跡が消え去ることはなかった。そうした背景のもと、両台地では遺跡数の少ない時期においては類型Ⅰを中心とする遺跡が、また遺跡数の多い時期にあってはそれにくわえ、はるかにうわまわる類型Ⅱの遺跡が、それぞれの分布領域のなかに存在していたのである。

まず、遺跡数の少ない時期から観察してみよう。この時期に分布する遺跡の中心は、類型Ⅰつまりいくつかの時期にわたる生活址を残す遺跡である。この類型Ⅰの遺跡は、累積的な分布上で互いにへだたり間隔をおいた位置を占め、時期的な分布上では定点的な場所をもっている。こうした遺跡が存在する分布上の位置と場所を移動との関連でみれば、そこは時期をこえて回帰する機会が多くもたれた所としての可能性が高いと考えてよいだろう。したがってそこは、周回的な移動における経路的な区域でもあったろうか。

つぎに、遺跡数の多い時期について考えてみよう。この時期に類型Ⅰとともに、類型Ⅱつまり一時期にかぎられた生活址を残す遺跡が顕在化する。この類型Ⅱの遺跡は、この時期にのみ分布領域をみたすかのように群在する。ここで注意したいのは、その類型Ⅱの遺跡の多くが同時期に残された複数の生活址をもっている、つまり生活址が重層化している点である。

同時期の生活址が重なり合うという傾向を移動との関連でとらえれば、遺跡の少ない時期とくらべて移動の頻繁さが予測されようか。と同時にそれは、周回的な移動における周期の短かったことを意味するものかもしれない。しかし、類型Ⅱの遺跡に残された生活址が果たしていくつかの分布領域を経路とするような移動によるものか、あるいはまた各領域内という限定された区域のなかでおこなわれた移動によるものかは、さらに検討せねばならないだろう。

ここでは、遺跡数の多い時期に各河川を単位とする分布領域のすべてに類型Ⅱの遺跡が群在してはいないことから、各分布領域を経路とするようなより大範囲におよぶ移動と、領域内を対象とするようなより小さな範囲にとどまる移動とが、合わせおこなわれた可能性も考えておきたい。こうして、類型Ⅰ・類型Ⅱの遺跡の背景には、それぞれ異なった移動の様態を想定しうるのではないだろうか。

3　遺跡の群集的な成り立ち

　群集的な在り方をする先土器時代の遺跡は、互いにどのような関係をもってむすばれていたのだろうか。そうした遺跡の相互関係をより動態的に、より構造的に理解するための方法的な手立てとして、武蔵野・相模野両台地におけるナイフ形石器文化の時代をとりあげながら、遺跡の類型化を試みてきた。その結果、遺跡の類型が遺跡の分布、遺跡数の多寡、移動の様態とのあいだに一定の法則性をもっていることが明らかにされたと考える。そこでつぎに類型相互のかかわりをもとめることができれば、群集的な在り方をする遺跡間の一体的な相関関係をひもとく糸口になるだろう。そしてそこから、遺跡が群集的に成り立つ経緯をよみとることができるものと思われる。類型Ⅰ・Ⅱの遺跡間には、どのような関係がもとめられるだろうか。

　まず、武蔵野台地と相模野台地における遺跡数多寡の変化を、時期を追いながら、比較検討することからはじめてみよう（表3）。武蔵野台地ではナイフ形石器文化の最初の段階から遺跡が姿をみせており、それは遺跡数の少ない時期（段階1＝岩宿Ⅰ期）にあたっている。以降、遺跡数の少ない時期（段階2＝打越期）、同（段階3＝寺尾期）、遺跡数の多い時期（段階4＝岩宿Ⅱ期）、遺跡数の少ない時期（段階5＝砂川期）、同（段階6＝月見野期）とつづく。これにたいし相模野台地に遺跡が姿をみせはじめるのは段階3の寺尾期からで、遺跡数の少ない時期である。以降、遺跡数の多い時期（段階4＝岩宿Ⅱ期）、遺跡数の少ない時期（段階5＝砂川期）、遺跡数の多い時期（段階6＝月見野期）とつづいている。

　このように両台地における遺跡数の多寡は、遺跡が姿をみせはじめる時期こそ一致しないものの、寺尾期から岩宿Ⅱ期をへて砂川期にいたるあいだ、ともに遺跡数の少ない時

表3　武蔵野台地（左）・相模野台地（右）における遺跡の在り方

類型	ナイフ形石器文化の編年						遺跡数		類型	ナイフ形石器文化の編年						遺跡数	
	1	2	3	4	5	6	総数	実数		1	2	3	4	5	6	総数	実数
Ⅰ	9 (1)	5 (1)	9 (1)	18 (10)	8	8 (2)	57 (15)	20 (10)	Ⅰ	0	0	5 (3)	11 (2)	2	12 (3)	30 (8)	13 (6)
Ⅱ	4	4	0	15 (2)	2 (1)	2	27 (3)	27 (3)	Ⅱ	0	0	2	2	0	9 (6)	13 (6)	13 (6)
計	13 (1)	9 (1)	9 (1)	33 (12)	10 (1)	10 (2)	84 (18)	47 (13)	計	0	0	7 (3)	13 (2)	2	21 (9)	43 (14)	26 (12)

註　（　）内は生活址が重層化している遺跡の数である。

期、遺跡数の多い時期、遺跡数の少ない時期という正比例的な方向をもって推移している。ところがそれにつづく月見野期では、武蔵野台地が遺跡数の少ない時期となるのにたいして相模野台地では遺跡数の多い時期となり、それぞれが反比例する方向へとむかっている。こうした両台地間にみとめられる遺跡数の時期的な多寡とその比例的な現象は、なによるものだろうか。

　その原因の一つとして、人口の流入と流出とをあげることができる。ただし、それはどこからどこへが問題とされるだろう。武蔵野台地・相模野台地にそれぞれ遺跡があらわれる時期、なかでも武蔵野台地におけるその時期については、さらに古い時代の遺跡が周辺地帯にみられないことから、より遠隔地帯から同台地への人々の移住を考えてもよいだろう。また、遺跡数の多寡が反比例する月見野期については、武蔵野台地から転出し相模野台地へ転入するといった、台地間の移住も想定される。

　それでは両台地の遺跡数の多寡が正比例する、岩宿Ⅱ期から砂川期にかけての時期についてはどうだろうか。周辺地帯や遠隔地帯とのあいだでおこなわれた、人口の流入・流出や転入・転出があったのだろうか。あるいは、そうであったのかもしれない。しかし台地間といった隣接地帯や、それをこえての周辺地帯におよびさらには遠隔地帯にもまたがるような人々の移住が、はたして地域的な遺跡数に時期的な多寡を生じた原因のすべてなのだろうか。それが先土器時代における移動生活の基盤だったのだろうか。そうした、いわば外的な要因によるものばかりではなかったと考える。

　すでに明らかなように、遺跡の数と遺跡の類型とのあいだにはつよい相関関係がみとめられる。遺跡数の少ない時期、それは類型Ⅰつまりいくつかの時期にわたる生活址を残す遺跡が主体的な存在となる時期であった。また遺跡数の多い時期、それは類型Ⅱつまりその一時期にかぎられた生活址を残す遺跡が顕在化する時期であった。すなわち遺跡数が少ない時期から遺跡数が多い時期への、そして逆に遺跡数の多い時期から遺跡数の少ない時期への推移には、それぞれ類型Ⅱの遺跡の急激な増加と減少という背景があるわけである。そうした背景をもつ時期を、遺跡増加期・遺跡減少期としよう。

　ここでいま、遺跡増加期において類型Ⅱの遺跡が急増する要因として、類型Ⅰといういくつかの時期にわたる居住の場から、類型Ⅱという時期的にかぎられた居住の場が、分離するようにして拡散していったと考えることはできないだろうか。これとは逆に、遺跡減少期における類型Ⅱの遺跡の急減は、類型Ⅱという時期的にかぎられた居住の場が、類型Ⅰといういくつかの時期にわたる居住の場へと集合するようにしながら、収斂していったことを意味するものでないだろうか。いわゆる大規模で大形の遺跡が類型Ⅰとして類別される遺跡に多いという傾向も、こうした仮定を暗示・肯定するかのようである。

　そのように考えるとき、地域的な遺跡数に時期的な多寡をもたらせた内的な要因として、

類型Ⅰ・Ⅱの遺跡間における居住の場相互がおりなした離合集散的な関係を想定しうるのではないか。そこからはまた、時期的に集合と分離とをともなった、人々の移動の基盤的な要素を知ることができるだろう。そして武蔵野・相模野両台地に残された類型Ⅰの遺跡数の多さからみて、その集合と分離はいくつかの単位をもっておこなわれていた可能性がつよい。

したがって、いいかえれば類型Ⅰ・Ⅱの遺跡は、それぞれが個々別々に孤立し、互いに排他的に存在していたのではなく、総体として有機的な関係でむすばれていたわけである。すなわち先土器時代の社会は、類型的な内容と性格をおびた遺跡を構成し、管理・運営しうるような構造性をおびていたものと考えられるのである。そして類型Ⅰ・Ⅱの遺跡間にみられる離合集散的な関係の背後には、移動生活における人々の共同体的な集団関係が想定されてくるだろう[10]。

4 遺跡群の形成

先土器時代の遺跡が群集的なかたちをとるのは、遺跡のどのような成り立ちを反映しているのだろうか。そこに普遍的な法則性をみいだすことができるだろうか。そしてそれは社会の骨組みや集団の構成とどのようにむすびついているのだろうか。そうした課題に迫る一手立てとしてここまでに、移動という観点から遺跡と生活址の性格をもとめ、遺跡と生活址が相互にもつ有機的な諸関係を類型的にとりだして、それを一体的にとらえようと模索してきた。

そしていま、われわれのまえには、群集的な在り方をする先土器時代遺跡の具体的で典型的な実体として、いわゆる遺跡群がある。そこで武蔵野台地と相模野台地とにおけるナ

表4 野川遺跡群（左）・月見野遺跡群（右）における遺跡の在り方

類型	ナイフ形石器文化の編年						遺跡数		類型	ナイフ形石器文化の編年						遺跡数	
	1	2	3	4	5	6	総数	実数		1	2	3	4	5	6	総数	実数
Ⅰ	3	3	3 (1)	10 (8)	3	5 (2)	27 (11)	10 (6)	Ⅰ	0	0	0	1	0	1	2	1
Ⅱ	1	0	0	5 (1)	0	0	6 (1)	6 (1)	Ⅱ	0	0	2	1	0	7 (5)	11 (5)	10 (5)
計	4	3	3 (1)	15 (9)	3	5 (2)	33 (12)	16 (7)	計	0	0	2	2	0	8 (5)	12 (12)	11 (5)

註　（　）内は生活址が重層化している遺跡の数である。

イフ形石器文化の時代の遺跡群生成の一端を分析し、これまでのまとめにかえたいと思う。

武蔵野台地では黒目川・石神井川・野川などの流域に、また相模野台地では目黒川・引地川・目久尻川などの流域に、それぞれ遺跡群がかたちづくられている（図1・2）。そのなかから、学史上でも著名な野川中流域＝野川遺跡群と目黒川上流域＝月見野遺跡群をとりあげてみよう（表4）。

野川遺跡群は現在までのところ実数16遺跡からなり、類型Ⅰが10遺跡と類型Ⅱが6遺跡とによって構成されている[11]。ただし類型Ⅰaに相当する遺跡はない。この遺跡の数は岩宿Ⅰ期（段階1）から月見野期（段階6）にかけて段階的に推移し、累積的な総数は33遺跡となる。そしてその間の岩宿Ⅱ期（段階4）に遺跡数が最大となる時期をむかえる。岩宿Ⅱ期には15遺跡が存在し、類型Ⅰが10遺跡と類型Ⅱが5遺跡とによって形成されており、その半数以上の遺跡には生活址の重層化がみられる。

これにたいし月見野遺跡群は実数11遺跡からなり、類型Ⅰが1遺跡と類型Ⅱが10遺跡とによって構成されている[12]。やはり類型Ⅰaに該当する遺跡はない。この遺跡の数は寺尾期（段階3）から月見野期（段階4）にかけて段階的に推移し、累積的な総数は12遺跡となる。そして月見野期にいたり、遺跡数が最大となる時期をむかえる。月見野期には8遺跡が存在し、類型Ⅰが1遺跡と類型Ⅱが7遺跡とによって形成されており、またやはり半数以上の遺跡に生活址の重層化がみとめられる。

すなわち遺跡群とは、野川・月見野両遺跡群をとおして観察されるように、ある一時期一挙にかたちづくられたものでは決してなく、一般にいくつかの時期をかけて構成されているのである。しかしその反面、累積的な遺跡の分布領域を充填するかのような、いいかえればあたかも今日にみる遺跡の群集状態をおもわせるかのように、遺跡の数が最もふえる特定の時期をもったこともまたたしかである。そうした遺跡数が最大となる時期は、野川・月見野両遺跡群にかぎらず、どこの遺跡群にも一度ずつみとめられる。そこで特徴的なこの時期を、仮に遺跡群形成の画期として把握しておこう。そしていうなれば画期における遺跡の群在こそを、厳密な意味での遺跡群として規定することができるだろう。

遺跡群形成の画期、それはどんな時期だろうか。野川遺跡群の画期は岩宿Ⅱ期であり、月見野遺跡群の画期は月見野期である。岩宿Ⅱ期は武蔵野台地および相模野台地における遺跡増加期にあたり、月見野期は相模野台地の遺跡増加期に相当する（表3）。つまり野川・月見野両遺跡群形成の画期は、それぞれが位置する台地の遺跡増加期と時期的に一致しているわけである。したがってどの遺跡群にも画期がみとめられるということは、その背景として同時期に地域的な遺跡数が急激に増加したことを予測することもできるだろう。また同時に地域的に遺跡数が急増する時期があるとき、その時期を形成の画期とする遺跡群の存在を予想することもできる。

ところで、くりかえすことになるが、武蔵野・相模野両台地には、それぞれが河川を単位とするようないくつかの累積的な遺跡の分布領域があった。そして遺跡に残された個々の生活址に遺存する石器製作作業の中断を移動の結果的な現象としてとらえうるとき、累積的な遺跡の分布領域が、周回的な移動のおこなわれた経路的な区域であったと考えることができた。この経路的な区域のいくつかが、各台地の遺跡増加期に群在的な遺跡の分布状態を現出した。武蔵野台地の岩宿II期を画期とする野川遺跡群と、相模野台地の月見野期を画期とする月見野遺跡群とが位置するところは、正にそうした区域に相当する。

はたして、遺跡増加期＝遺跡群形成の画期に残された数多くの生活址には、なにか遺跡の群在化をきたしうるような痕跡がとどめられているだろうか。野川遺跡群形成の画期にあたる岩宿II期をとりあげて、この時期の生活址に遺存する石器群を検討してみよう。武蔵野・相模野両台地には、50例をこえる岩宿II期の石器群が知られている。岩宿II期の石器群にはナイフ形石器・尖頭形石器・掻器・削器・礫器がみられ、ナイフ形石器は基部加工の石器と切出形の石器とからなる基本的な形態組成をもつことが特徴である。

そしてたしかに岩宿II期のナイフ形石器には、基部加工の石器と切出形の石器という基本的な形態の二者が存在する。だがしかし、すべての石器群が両形態のナイフ形石器を均等にわけもっているわけでは決してない。むしろ、基部加工の石器を数多く残しているか、あるいは切出形の石器をもたない石器群と、それとは逆に切出形の石器を数多く残しているか、あるいは基部加工の石器をもたない石器群とが、それぞれ顕著な存在となっている。前者は神奈川県上土棚遺跡の石器群に代表され、後者は神奈川県月見野第IIIC遺跡の石器群に代表される。すなわち岩宿II期のナイフ形石器の形態組成からは、基部加工の石器と切出形の石器とのうちで、そのいずれか一方が中心となるという対照的で著しいかたよりを抽出することができるのである。

つぎに、いわば上土棚遺跡的なかたよりと、月見野第IIIC遺跡的なかたよりとが、どのような時間的な先後関係にあるかを検討してみよう。層序的に観察していくと、①下層で月見野第IIIC遺跡的、上層が上土棚遺跡的、②下層が上土棚遺跡的、上層で月見野第IIIC遺跡的、③下層で上土棚遺跡的、中層に月見野第IIIC遺跡的、上層が上土棚遺跡的、という三様のかたよりの先後関係が重層化した生活址をとおしてみいだされる。

こうした石器群の層位的な出土例は、どのように理解できるだろうか。少なくとも現在、上土棚遺跡的なかたよりと月見野第IIIC遺跡的なかたよりとに編年的な序列を与えることはむずかしい。形態組成のかたよりは、むしろ交替するようにくりかえされていた可能性がつよい。すなわち岩宿II期におけるナイフ形石器の基本的な形態組成は、生活址ごとにかたよるように断絶し、一方でそれが生活址をこえて交替するように循環するという関係におかれていたと考えられようか。

さきに、個々の生活址にとどめられた石器製作作業の中断を移動の結果的な現象としてとらえることができた。そしていま、岩宿 II 期のナイフ形石器の形態組成から、その生活址ごとのかたより的な断絶と、生活址をこえての交替的な循環をとりだすことができるわけである。石器の形態組成とは、いいかえれば機能を異にする石器の組み合わせ、すなわち道具の種類を意味し、そのかたよりはすなわち道具の種類別な使いわけを意味しよう。したがって生活址ごとの道具の使いわけは、生活址ごとの石器製作作業の中断に対応して、移動の契機的・原因的な現象としてとらえうるものと考える[13]。

　そしてさきにはまた、各生活址で中断する石器製作作業が生活址をこえて連続するというそのつながりが、移動が恒常的におこなわれたことを物語っていると解釈した。生活址ごとの道具の明瞭な使いわけが生活址をこえて交替するようなその循環は、なにを意味しようか。それは恒常的な移動が、明瞭な周期をもって規則的におこなわれていたことを示唆しているのではないだろうか。

　そうした移動の経緯をとどめる岩宿 II 期の生活址について、あらためて留意すべきは生活址の顕著な重層化ではないだろうか。形態組成にかたよりをもつ石器群は、層序的に明確な時間差をもって重なり合う傾向が著しくつよい。さらに層序的な先後関係をもたないまでも、形態組成のかたよる石器群が同一層序内に、ブロック的な層準で重複する例もめずらしくない。すなわち岩宿 II 期の生活址は同一遺跡的にいいかえれば地点的に重複する度合がたかいわけである。このことは、一定の周期をもって規則的におこなわれた移動の頻繁さを物語るものといえるだろう。同時に移動自体もまた、一定の地点を対象とする傾向がつよかったのではないだろうか。

　ところでナイフ形石器の形態組成のかたよりは、武蔵野・相模野両台地をとわず、ナイフ形石器文化の各時期にわたってみとめられている[14]。ただしそれが生活址ごとにいわば分解し明確なかたちをとるようになるのは、野川遺跡群の画期である岩宿 II 期にはじまり月見野遺跡群の画期にあたる月見野期までの期間のことである。それ以前の岩宿 I 期・打越期・寺尾期における形態組成のかたよりは不鮮明であり、いまのところそれらの時期を画期とする遺跡群はみられない。またその各時期は遺跡増加期となることもない。

　つまり野川・月見野をはじめとする武蔵野・相模野両台地の遺跡群は、岩宿 II 期以降の遺跡増加期を画期として形成されている。その岩宿 II 期以降における各時期の生活址には、明瞭なかたよりをもつ石器群が遺存する。そうした生活址は重層化し、地点的に重複する度合がたかい傾向をもっている。すなわち岩宿 II 期以降の移動が、それ以前の時期とくらべ、より一定の地点を対象としているかのようである。そしてそれらの地点が時期的にそして区域的に集中化し、そこに遺跡群が形成されているわけである。

　なお、これまでのところ遺跡群が形成された区域のなかに、類型 I a の遺跡に該当する

いわゆる拠点的な遺跡はみとめられない。遺跡群をかたちづくるような移動生活をおこなった小集団とは別に、それら小集団を統轄する性質をおびた母核的な集団が存在したのだろうか[15]。

5 先土器時代と遺跡群

　日本列島におけるナイフ形石器文化は、北海道地方をのぞく他の全域にひろがっている。そしてこれまでのところ武蔵野台地・相模野台地における遺跡の在り方と同様に、岩宿II期相当よりも古い時期を形成の画期とする遺跡群はみあたらない。いうなればナイフ形石器文化の時代の遺跡は、岩宿II期およびその相当期以降の時期にいたり、にわかに群在化するうごきをみせはじめているのである。そこで岩宿II期に該当する時期を、遺跡群の出現期として意義づけることも可能ではないかと考える。

　それでは、この遺跡群の出現期をさかいとして、先土器時代人の生活にどのような変化が生じたのだろうか。ふたたび武蔵野台地と相模野台地にたちかえって考察してみよう。両台地のナイフ形石器文化の時代の遺跡は、累積的な分布のうえで、河川ごとにまとまるいくつかの分布領域を構成している。そうした単位的な分布領域は、それぞれにおいて時期的に遺跡数の多寡という推移があるとはいえ、全時期にわたってうけつがれている。遺跡群の出現期以前にあって、それらの単位的な遺跡の分布領域はすでに検討したように、人々が恒常的におこなった周回的な移動生活の、その経路的な区域であったと考えられる。

　遺跡群の出現期以降においてはどうだろうか。それまでの経路的な区域は、いずれも踏襲されている。遺跡群の出現期をむかえたのちの生活址は、遺跡内に、いいかえれば地点的に重複する度合をつよめている。また個々の生活址には、時に応じてくりかえし使いわけられた道具が遺存している。さらに、遺跡の数自体が多い。こうした遺跡が時期ごとに、いくつかの区域に群在するようになり、そこに遺跡群が形成される。

　遺跡群出現期以降の移動生活は、よりはっきりとした規則的な周期をもって、より頻繁におこなわれていたと考えられる。経路的な区域を周回するかたちの移動が、一定の地点に回帰する傾向をつよめながら、特定の区域に集中しはじめたのではないだろうか。

　ところで、遺跡群の形成と時を同じくする遺跡数の増加はなにを物語っているのだろう。類型Iの遺跡と類型IIの遺跡とのあいだには、すでにのべたような離合集散的な集団間の関係を想定することができる。すなわち遺跡数の増加は、ただちに人口の流入を意味するのではなく、移動の様態差を示すものと考えられる。遺跡群出現前の移動生活をより集合的な集団による、相対的に不明瞭で緩慢な周期をもった、経路周回的な状態であったと

すると、遺跡群の出現後は、より分散的な集団を中心とする、比較的短い規則的な周期をもった頻繁な移動が予測される。それが遺跡数の増加をもたらしたのではないだろうか。そしてその遺跡の多くが、特定の区域に集中している。視点をかえれば、むしろ集団を分散しこまめに移動することで、特定区域への定着化がはかられていたのではなかったろうか。そのように考えるとき、遺跡群形成の背後には移動生活が定地化し定着化するきざしをうかがうことができるだろう。すなわち武蔵野台地や相模野台地にきざまれた先土器時代における移動生活は、遺跡群の出現とともに大きく変容した軌跡を描きだすわけである。

さて、両台地に遺跡群が出現する時期は、日本全域のそれと一致している。そして遺跡群の出現期は、五期に区分される先土器時代編年にあってその第Ⅲ期に相当する[16]。しかもその第Ⅲ期こそは、先土器時代における歴史的な「変動期」としての位置づけが試みられてもいるような、それまでにはみられなかった新たな事象が一元的に、かつ連鎖的にあらわれはじめる時期でもある。したがって遺跡群の形成をともなう移動生活の変容もその一環で、日本列島的な事象であったと考えられるのである。

すなわち先土器時代の第Ⅲ期には、ナイフ形石器の細小化と槍先形尖頭器の出現、そして細刃器の製作開始から知られるように、伝統的な剝片石器の製作方法が改良され、新しい石器製作技術も採用されはじめる。組み合わせ道具を中心に再編され刷新された生活用具の一式は、人々と自然との対応関係をあらためたにちがいない。これによって狩猟や採集、さらにおそらく漁撈などもくわわった生業活動は、より規則性をもち周期的なものとなり、組織化されるにいたったのではないだろうか。それが先土器時代の人々の移動生活をより定着化し定地化する方向にむかわせることとなり、特定の区域を単位とする遺跡群が形成されるようになったものと考察されるのである。

ところで周期的で規則的に組織化された生業活動がうながした移動生活の定着化・定地化には、またそのために組み合わされたり使い分けられたりした生活道具一式の需要が、つねに安定した状態でみたされていなければならなかったろう。そこで注目されるのは、第Ⅲ期に時を同じくして姿をみせる石器製作址的な遺跡群の形成である。北海道白滝遺跡群[17]・長野県男女倉遺跡群[18]・奈良県二上山北麓遺跡群[19]・香川県国分台遺跡群[20]・佐賀県多久遺跡群[21]など、道具の原料となる石材の原産地区域に群在する遺跡では、膨大な量にのぼる同種類の石器が製作されていた形跡がつよい。そこからは原料としての石材と製品としての道具とが、搬出され各地に供給されていたかのようである。

第Ⅲ期以降の個々の生活址に遺存する石器類には、その種類ごとに石材を異にする例がよく知られている。これは生活址ごとにおこなわれた石器の製作作業が必要とする道具を、必ずしも完全なかたちで自給自足していたのではなく、種類によっては特定のいくつかの区域から搬入し補給していたことを意味するのではないか。そのいくつかの特定の区

域として、石器製作址的な遺跡が位置づけられるものと考える。したがって石器製作址的な遺跡群の背景には、あたかも石器の製作を専業とするような集団群の存在さえもが想定されてくる。

このように、先土器時代の第Ⅲ期になって、つぎからつぎへと連鎖的にあらわれはじめる新しい事象は、そのいずれもが遺跡群へと帰結してくるといえるだろう。すなわち第Ⅲ期における先土器時代人の移動生活は定着化し定住化へとむかうはっきりとした方向性を示しており、それ以前の移動生活とくらべて様態的な変貌をきたしていることは明らかである。この移動生活が定住化へとむかう傾向は、第Ⅲ期ののち時代をくだるにしたがって、住居址や炉址さらに墓址を残すようになるなど一層つよめられている[22]。

遺跡群の形成に集約される第Ⅲ期以降の先土器時代は、すなわち日本列島における旧石器時代と新石器時代とのあいだの過渡期にあって、その移行的な特徴と性格をそなえているものと考えてよいだろう。

註
1）戸沢充則「埼玉県砂川遺跡の石器文化」(『考古学集刊』4-1、1968年)
　砂川遺跡調査団『砂川先土器時代遺跡―埼玉県所沢市砂川遺跡の第二次調査―』所沢市教育委員会、1974年
2）月見野遺跡群調査団『概報・月見野遺跡群』明治大学考古学研究室、1969年
3）小林達雄・小田静夫・羽鳥謙三・鈴木正男「野川先土器時代遺跡の研究」(『第四紀研究』10-4、1971年)
4）近藤義郎「先土器時代の集団構成」(『考古学研究』22-4、1976年)
　春成秀爾「先土器・縄文時代の画期について(1)」(『考古学研究』22-4、1976年)
　小野　昭「後期旧石器時代の集団関係」(『考古学研究』23-1、1976年)
　稲田孝司「旧石器時代の小集団について」(『考古学研究』24-2、1977年)
5）稲田孝司「先土器時代遺跡群のとらえ方」(『報告 野辺山シンポジウム 1980』明治大学考古学研究室、1981年)
6）安蒜政雄「日本の細石器文化」(『駿台史学』60、1984年)
7）東京天文台構内遺跡調査団『東京天文台構内遺跡』東京大学東京天文台、1983年
　相模考古学研究会『先土器時代遺跡分布調査報告書―相模野篇―』1971年
8）鈴木遺跡調査団『鈴木遺跡Ⅰ』鈴木遺跡刊行会、1978年
　鈴木遺跡調査団『鈴木遺跡Ⅱ』鈴木遺跡刊行会、1980年
　鈴木遺跡調査団『鈴木遺跡Ⅲ』鈴木遺跡刊行会、1980年
　鈴木遺跡調査団『鈴木遺跡Ⅳ』鈴木遺跡刊行会、1981年
9）安蒜政雄「細石器文化における矢出川遺跡群の性格」(『報告 野辺山シンポジウム 1981』明治大学考古学研究室、1982年)
10）註4）参照。
11）赤沢　威・小田静夫・山中一郎『日本の旧石器』立風書房、1980年
12）戸沢充則・安蒜政雄「神奈川県月見野遺跡群」(『探訪 先土器の遺跡』有斐閣、1983年)

相模考古学研究会『先土器時代遺跡調査報告書―相模野篇―』1971年
13) 註9）参照。
14) 安蒜政雄「石器の形態と機能」（『日本考古学を学ぶ2』有斐閣、1979年）
15) 稲田孝司「旧石器時代武蔵野台地における石器石材の選択と入手過程」（『考古学研究』30-4、1984年）

戸田正勝「東京都鈴木遺跡」（『探訪 先土器の遺跡』有斐閣、1983年）
16) 戸沢充則・安蒜政雄「解説　日本の先土器時代文化」（『探訪　先土器の遺跡』有斐閣、1983年）
17) 白滝団体研究会『白滝遺跡の研究』地学団体研究会、1963年
18) 信州ローム研究会『男女倉―黒曜石原産地における先土器文化石器群―』信州大学医学部第二解剖学教室、1972年
19) 同志社大学旧石器文化談話会『ふたがみ―二上山北麓石器時代遺跡群分布調査報告―』学生社、1974年
20) 竹岡俊樹「国分台遺跡群」（『日本の旧石器文化3』雄山閣、1976年）
21) 杉原荘介・戸沢充則・安蒜政雄『佐賀県多久三年山における石器時代の遺跡』明治大学文学部研究報告考古学9、1983年
22) 池水寛治「鹿児島県上場遺跡発見の住居址」（『鹿児島考古』9、1974年）

杉原荘介・小野真一「静岡県休場遺跡の細石器文化」（『考古学集刊』3-2、1965年）

畑　宏明「湯の里遺跡の台形石器」（『月刊考古学ジャーナル』233、ニュー・サイエンス社、1984年）

（『論集　日本原史』吉川弘文館、1985年所収）

矢島國雄　*Yajima Kunio*

7
先土器時代の地域史を復元する

1　先土器時代研究の歩みと相模野

相模野の先土器時代遺跡の分布調査

　岩宿遺跡の発見に端を発するわが国の先土器時代（旧石器時代）研究は、1960年代までには、南西諸島以南を除く列島全体に遺跡の存在が知られるようになり、そこには年代や地域による差異も認められ、この時代がかなり複雑な内容をもつことが知られるようになってきた。北海道の白滝、山形県の新庄盆地、長野県の霧ケ峰周辺、西北九州などでは、かなり稠密なこの時代の遺跡分布が知られるようにもなって、1965（昭和40）年には河出書房刊行の『日本の考古学』の一巻が充てられて、当時の先土器時代研究が総括されるまでになる。

　相模野台地における先土器時代遺跡の分布調査が進められたのはちょうどこの時期で、『相模原市史』の編集に伴う岡本勇、松沢亜生の調査と、これに引き続く相模考古学研究会による調査によって、南北30キロ、東西10キロのこの台地で200を越える遺跡が群をなして存在することが明らかにされた。しかも、相模野台地は黒色帯のよく発達した厚いローム層の良好な堆積に恵まれているために、それらの遺跡の前後開発や年代的位置付けが明確であるという好条件を備えたものであることがきわめて重要なことであった。

月見野遺跡群の調査

　こうした分布調査のさなかの1968（昭和43）年、大和市の目黒川流域で進行中であったつきみ野の宅地開発地域内で、石器の出土層位を異にし、またいくつもの層に重複して石器の見つかる先土器時代遺跡が数多く発見され、その中から4遺跡10地点が明治大学考古学研究室によって発掘調査された。この月見野遺跡の調査によって、それまで考えられていた石器群の変遷観は大きく修正されることになり、また先土器時代遺跡の広がりも、

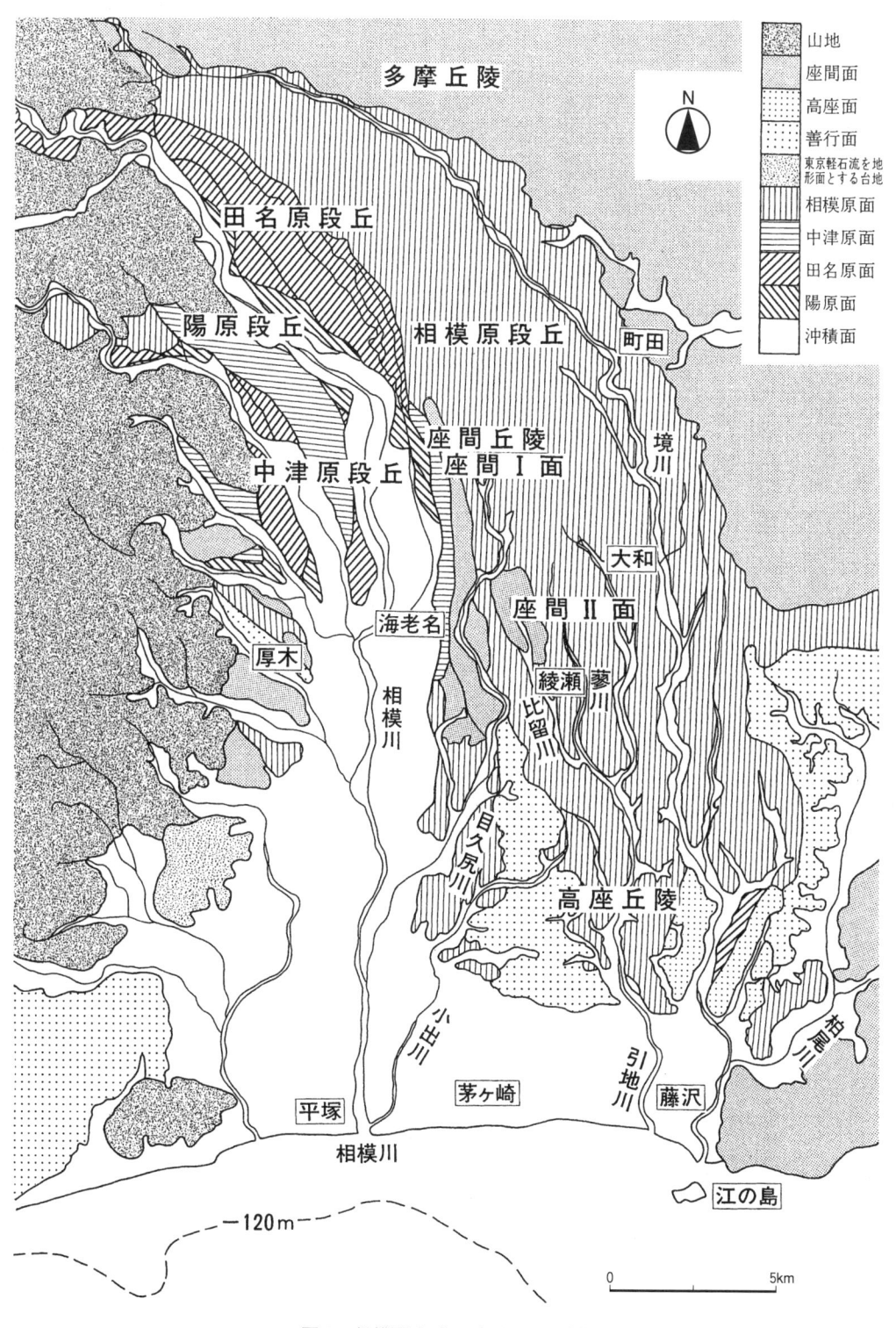

図1　相模野台地の地形面区分図

従来の予想を越える大規模なものがあることが知られるようになった。この月見野遺跡の調査結果をより鮮明に浮き出させたのが1969年の東京都調布野川遺跡の発掘調査で、この野川遺跡でも10層に区分された各層から7層にわたって異なった時期の石器群が重層して発見されたのである。

　また、月見野遺跡の調査に先立って行われた埼玉県所沢市砂川遺跡の発掘調査報告書が上梓されたのも、まさにこの時期で、この砂川遺跡では、出土した石核、剥片、石刃、ナイフ形石器などが接合し、石器作りの様子が見事に復元されたのであった。そして、それらの接合資料のあり方から遺跡の具体的な構造を知ることができるとする予測が述べられた。その具体的な研究は、月見野遺跡の調査において遺跡を構成するブロックのあり方やその石器組成の研究を通じて、遺跡の中での場の機能を復元しようとする方向につながると同時に、接合資料の残され方から石器作りの原材の搬入、石器作り、作られた石器やその素材、あるいはまだ使える石核の移動や搬出、石器の使用、廃棄といったヒトの生活行動を詳細に復元する方法論を確かなものとしてきた。砂川遺跡の第二次調査の報告書では、この方法による分析が全面的に実施され、以後の先土器時代遺跡の調査研究の基本的な方法となって現在にいたっている。

広域火山灰の研究と火山灰層位学の進展

　この月見野遺跡や野川遺跡の発掘調査が行われたころ、南関東における火山灰の研究も新たなエポックに入っていた。戸谷洋や貝塚爽平、森山昭雄らによって、相模野の各段丘に堆積するローム層の精緻な研究が進み、また町田洋らによって火山灰層位学的に富士火山、箱根火山の活動史を復元的に研究する方向などが進められていた。また、後にATと確認される丹沢パミスが発見され、広域火山灰研究の新たな枠組みが作られ始める時期なのである。こうした研究が、先土器時代遺跡の研究と併行して進められたことによって、世界的に見ても極めて精緻な列島規模での石器群の編年的整理が、先土器時代について可能となったのである。

　特に、約2.8万年前の鹿児島、現在の錦江湾奥に位置した姶良火山の大規模噴火は、入戸火砕流を噴出し、広大なシラス台地を現出して南九州に壊滅的な被害を与えたものだが、この噴火に伴う姶良丹沢火山灰（AT）は朝鮮半島から北海道南部にまで及ぶ広い範囲に降っており、しかもその降下火山灰が特有の屈折率を持つ火山ガラスからなることもあって、微量でも容易に特定ができるという願ってもないものであった。つまり、このATが確認される層はその噴火と同時代ということなのである。

　同様なガラスからなる広域を覆う火山灰として、喜界カルデラを起源とする、表層の黒土の下部に入ってくる縄文時代前期初頭、約7000年前の喜界アカホヤ火山灰があり、

ATとアカホヤによって、列島の各地の縄文時代、先土器時代の遺跡を対比して、その時間的関係を整理することができるようになっている。

わが国は火山国であり、その噴火によるおびただしい流下堆積物や降下堆積物に覆われている。これまでも、各地で、それぞれの火山の活動史が研究されてきているが、現在では、ATやアカホヤのような広域の時間断面を明示してくれるいくつかの広域火山灰を鍵として、列島各地の火山の活動史も整理されている。

相模野台地の先土器時代の人々が暮らした台地は、そのほとんどが富士火山の噴出物で形作られている。相模原段丘では、箱根火山の大噴火によってもたらされた東京軽石層などの軽石や新期軽石流堆積物以上の武蔵野ローム層、立川ローム層とよばれる火山灰層は、そのほとんどが富士火山の降下火山灰である。先土器時代の遺跡は、このローム層、いわゆる赤土の中に包含されて遺されているのである。このローム層というのは火山の噴火に伴う降下堆積物の風化したもので、富士火山の場合にはスコリアとよばれる細かなコークスの燃え殻のようなガサガサしたもので、今日でも富士山の近くに行けば風化していないスコリアを見ることができる。

この富士火山の活動にも強弱があり、降下火山灰の供給の多寡と腐植の生成の程度によって、一様に見える赤土の中にもやや黒っぽいところと黄色味の強いところとが識別できる。黒っぽいところは黒色帯（暗色帯）とよばれている。相模野台地の立川ローム層には、この黒色帯が6枚確認でき、上からB0、B1…B5と名付けられ、その間の黄褐色の部分も、上からL1S、L1H、L2…L5と名付けられている（図2）。このうちB2は上部のB2Uと、下部B2Lに分けるのが一般的である。B2LとB3に挟まれたL3中には、相模野第一スコリア（S_1S）とその直下にATが含まれる。立川ローム層の基底部はB5の下にある相模野第二スコリア（S_2S）の約1メートル下に想定されている。

相模野台地の先土器時代遺跡は、こうした立川ローム層の各層、B5以上の層準から発見される。これらの遺跡とその出土層位は、その厚い特徴のあるローム層の堆積が幸いして、細かく対比することができ、また各種の年代測定方法の開発とその精度の向上もあり、過去の海水準の変化、地形形成、火山活動の消長、気候変化、動植物相の変化などが総合的に把握できるようになってきたのである。

石器群の変遷と相模野編年

相模野台地では今日までに約300の先土器時代遺跡が発見されており、発掘調査されている遺跡も30カ所以上となっている。これらの遺跡は、いずれも立川ローム層中にその生活面を持っているが、相模野台地の立川ローム層は、層序が明確に把握されており、遺物の出土層位によって、それぞれの時間的対比が容易に行える。相模野台地は、武蔵野台

地や下総台地などに比べ、火山灰の供給源である富士・箱根火山に近いために、その堆積も厚く、黒色帯の発達もよいなど、層位的により細かく遺物の編年的研究を進める条件に恵まれた地域である。特に富士山の火山活動とその火山噴出物の研究は、近年急速に進められ、年代や自然環境のさまざまなデーターと併せてこの時代の地史や古環境をよく知ることができる。

相模野編年とは、豊富な遺跡とその出土物、そしてこの層位的好条件を生かし、相模野台地の先土器時代石器群を、その出土層位、石器の組み合わせ（石器組成）、石器製作技術などを指標として五期に区分したものである。ここでは、1976（昭和51）年以降追加された資料を加え修正した相模野編年を提示し、綾瀬市域の資料を例示しておこう（図2）。

相模野第Ⅰ期　立川ローム層B4層以下より出土する石器群。現段階では、石器群の内容は必ずしも十分明確になっているわけではないが、台形様石器やナイフ状石器などと楔形石器、石斧などが組成するものではないかと思われる。年代は4万年前から3.5万年前と考えられる。

市域では吉岡遺跡群A区B4層上部・B区B4層上部・C区B4層上部・中部・下部・D区B5層、早川天神森遺跡第Ⅷ文化層の出土遺物がこの時期のものである。特に吉岡遺跡群D区B5層の石器群は、その内容が具体的に把握される石器群としては、県内最古のものである。

相模野第Ⅱ期　層位的にはB2L層下部からL4層にかけて生活面を持つ石器群。二側縁加工のナイフ形石器を主体に、掻器、削器、彫器、揉錐器、礫器などが伴う。この時期に初めて礫群が登場する。年代は3.5万年前から2.5万年前である。

市域では、地蔵坂遺跡第Ⅵ・Ⅶ文化層、上土棚遺跡第Ⅵ・Ⅶ文化層、寺尾遺跡第Ⅵ文化層、吉岡遺跡群C区B3層等が代表的石器群である。

相模野第Ⅲ期　層位的にはL2層下部からB2L層上部に生活面を持つ石器群。ナイフ形石器を主体に、角錐状石器を伴う石器群で、このほか、小形の掻器・削器・彫器・礫器などが組成する。ナイフ形石器には基部加工のナイフ形石器と二側縁加工の切出形のナイフ形石器などが特徴的に伴う。相模野台地で最も遺跡数の多い時期であり、綾瀬市域でも26遺跡を数える。礫群も一般的に見られる。早川天神森遺跡では地床炉が確認されている。年代は2.5万年前から2万年前である。

市域では、小園前畑遺跡、早川天神森遺跡第Ⅵ文化層および同遺跡L地点、上土棚遺跡第Ⅲ・Ⅳ文化層、地蔵坂遺跡第Ⅱ・Ⅲ文化層などの石器群が、この時期の代表的な石器群である。

相模野第Ⅳ期　層位的にはB1からL2層上部までに生活面を持つ石器群。二側縁加工のナイフ形石器を主体とする石器群で、この時期には槍先形尖頭器が出現する。槍先形尖

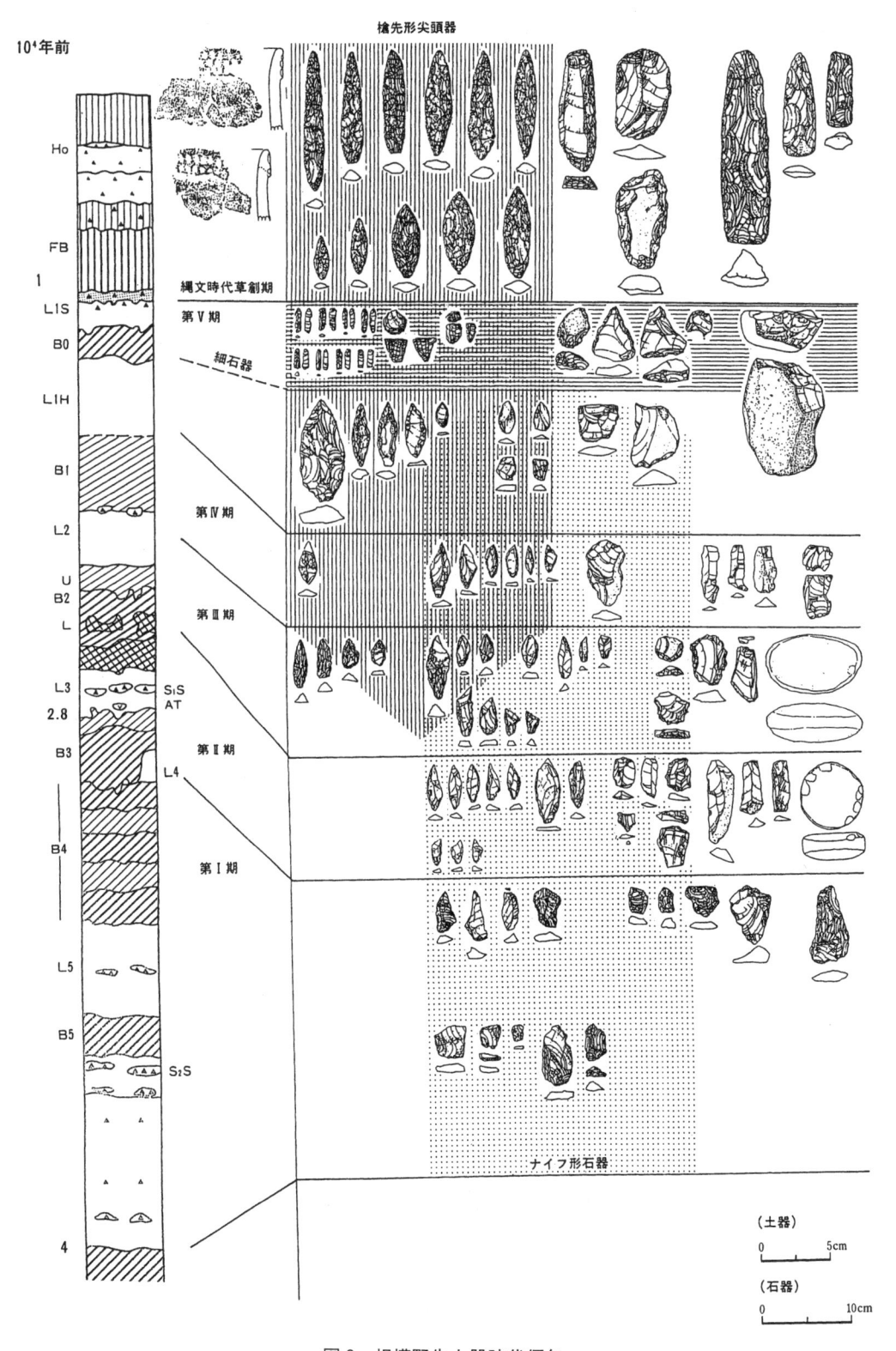

7 先土器時代の地域史を復元する

図2 相模野先土器時代編年

頭器を除けば、他の石器はいずれも石刃を素材とするのを基本としている。掻器・削器・彫器・揉錐器などが伴う。この時期にも礫群は一般的に認められる。その年代は1万8000年前前後である。

　市域のこの時期の石器群としては、寺尾遺跡第Ⅳ文化層、本蓼川遺跡(ほんたでがわ)、吉岡遺跡群C区B1層の石器群が代表的な例として挙げられる。

　相模野第Ⅴ期　層位的にはL1SからL1Hまでに生活面を持つ石器群で、槍先形尖頭器を主体とする石器群と細石刃石器群とが見られ、また、その初期には小形幾何形のナイフ形石器を特徴とする石器群がある。細石刃石器群はB0層以上の層位に認められるが、槍先形尖頭器を主体とする石器群はこの全層位から見いだされる。礫群はあまり見られなくなり、相模野全体に遺跡数の減少が顕著である。その年代は1.6万年前から1.4万年前である。この時期の槍先形尖頭器を主体とする石器群としては、寺尾代官遺跡、寺尾遺跡第Ⅱ文化層などが挙げられるが、遺跡数は少ない。また、細石刃石器群の代表例は報恩寺遺跡が挙げられる。

　なお、図2最上段は、L1S層頂部から漸移層、富士黒土層下部の範囲より出土している縄文草創期の土器と石器類を配しているが、時間的に第Ⅴ期の石器群に後続するものを例示したにとどまるもので、これらのすべてが共存することを、ただちに意味しないことを付言しておく。

2　先土器時代人の生活の舞台と集団

遺跡群研究の進展

　相模野台地には約300の先土器時代遺跡があり、ほぼ相模野全体に広く均一に分布する傾向がうかがえるが、丘陵内ではやや少なく、特に台地を開析する小河川流域に集中する。田名原面(たなはらめん)でも、段丘が形成されるとすぐさま遺跡が営まれているものが確認されている（図1・3参照）。

　これに対し、近年の調査の進展によって先土器時代遺跡の確認が進んでいるとはいえ、周辺の多摩丘陵、横浜市域の下末吉面(しもすえよしめん)の台地や南部の丘陵部、あるいは相模川西岸の各台地では、相模野台地ほど集中した分布を見せていない。実に際立った遺跡分布の差が見られる。

　つまり、相模野台地は先土器時代を通じて遺跡の密集する集中的な生活舞台であったと言える。同様な遺跡分布は武蔵野台地、大宮台地、下総台地などでも認められる。先土器時代の生活復元を行う上で、こうした遺跡立地と分布の傾向は実に興味深い事柄と言える。

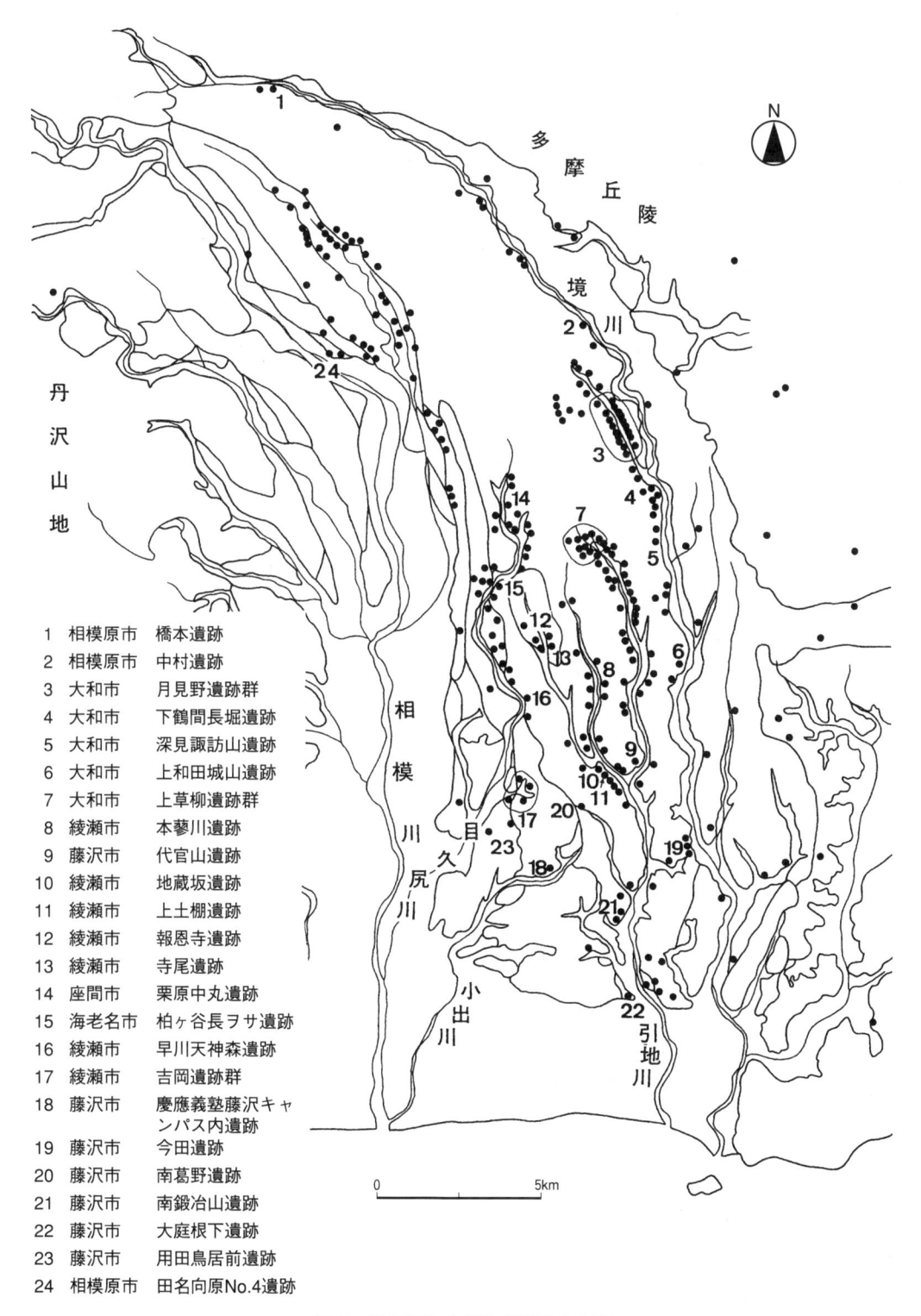

7　先土器時代の地域史を復元する

1	相模原市	橋本遺跡
2	相模原市	中村遺跡
3	大和市	月見野遺跡群
4	大和市	下鶴間長堀遺跡
5	大和市	深見諏訪山遺跡
6	大和市	上和田城山遺跡
7	大和市	上草柳遺跡群
8	綾瀬市	本蓼川遺跡
9	藤沢市	代官山遺跡
10	綾瀬市	地蔵坂遺跡
11	綾瀬市	上土棚遺跡
12	綾瀬市	報恩寺遺跡
13	綾瀬市	寺尾遺跡
14	座間市	栗原中丸遺跡
15	海老名市	柏ヶ谷長ヲサ遺跡
16	綾瀬市	早川天神森遺跡
17	綾瀬市	吉岡遺跡群
18	藤沢市	慶應義塾藤沢キャンパス内遺跡
19	藤沢市	今田遺跡
20	藤沢市	南葛野遺跡
21	藤沢市	南鍛冶山遺跡
22	藤沢市	大庭根下遺跡
23	藤沢市	用田鳥居前遺跡
24	相模原市	田名向原No.4遺跡

図3　相模野先土器時代遺跡分布図

あるいは、これらの各台地を単位とするような人間集団が想定され、それぞれが実質的な歴史的な地域としての意味をもつものであると考えるべきかと思われる。この意味で、相模野は一つの大きな遺跡群としてとらえられ、地域的な単位集団の遺したものととらえようと思うのである。

相模野の先土器時代遺跡の分布は図3に示したようにほとんどの遺跡が台地や丘陵を開析する小河川沿いに分布する。従って、大きく見れば、川沿いに線状に分布するとも言える。それぞれの遺跡を見ると、河川の合流部、谷の注ぎ口、あるいは河川の曲流によって作り出された川に向かって張り出した地形を示す部分に好んで立地する傾向が顕著に見える。この結果、こうした地形が発達する河川の合流部や支谷の発達する上流部に遺跡が密集することになる。こうした遺跡の集中部をそれぞれ流域遺跡群としてとらえておこう。

例えば、相模原市西部の相模原段丘の崖線沿いと田名原面、陽原面を開析する小河川流域の遺跡群、境川支流の目黒川流域の月見野遺跡群、引地川最上流部の上草柳遺跡群、蓼川・引地川合流部から蓼川・比留川合流部にかけての上土棚・地蔵坂遺跡群、目久尻川上流部の遺跡群、目久尻川下流の吉岡・用田遺跡群などを挙げることができる。遊動的な生活を送っていた先土器時代人も集団ごとにその生活領域、テリトリーといったものがあったに違いない。遺跡群は、そうした生活領域の中で、頻繁に回帰的に利用された場所と考えることができよう。そのあり方から見ると、河川流域を単位とする集団のあり方が見えてきそうである。これらが流域遺跡群として相模野を単位として存在する単位集団を構成する基礎的集団に対応するものではないかと考えるのである。

相模野台地の約300の先土器時代遺跡の分布を時期的に見てみよう（図5〜8）。

確認されている遺跡数の少ない相模野第Ⅰ期は何とも言えないが、調査深度の深い大規模調査では少なからずこの時期の文化層が確認されており、今後その分布は拡大するものと思われる。

相模野第Ⅱ期から相模野第Ⅲ期にかけての遺跡は、その時期までに形成されている地形面の全域、ほぼ相模野全体に広く均一に分布する傾向がうかがえる。遺跡数やその集中の仕方は、概して丘陵内では少なく、特に台地を開析する小河川流域に集中する傾向が顕著であると指摘できる。また、相模原市西部の相模原段丘の崖線に分布する遺跡を見ると田名原面が陸化した

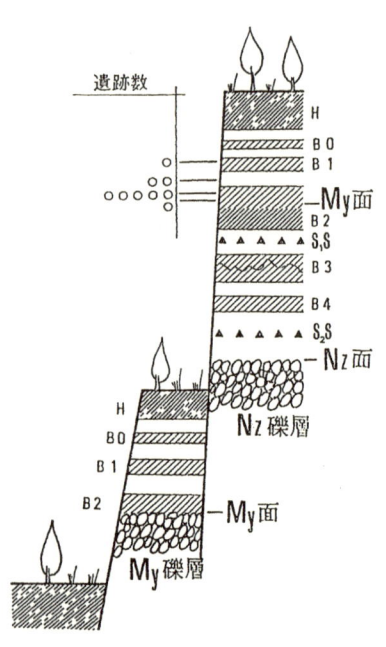

図4 崖線と遺跡立地のモデル
Myは陽原礫部面
Nzは中津原座間面を示す

直後に営まれている遺跡が確認されている。この付近の崖線は田名原段丘の陸化まで側方侵食され続けたようで、遺跡が少なく、崖が安定してようやく遺跡が営まれたことがわかる。このことを顕著に示すのが、中津原面の相模野第Ⅲ期の遺跡立地で、下位の陽原段丘が形成される、つまり崖として安定した時期から遺跡が営まれ続ける様子があきらかである。このことからも、水流に面した崖とその上に広がる川に向かって張り出した乾燥した台地という立地環境が、先土器時代人にとっては居住適地として選ばれたことがわかる。

　相模野第Ⅱ期の遺跡は、目久尻川、引地川本・支流、目黒川、相模原市西部の相模原段丘崖線部などで2～4キロほどの間隔をもって分布する。そうしたなかでも、月見野遺跡群、目久尻川上流部、引地川上流部、引地川・蓼川合流部付近では、やや密な遺跡分布を見せ、これらの地域に遺跡群が形成されようとしていることがわかる（図5）。流域遺跡群を構成する基礎的集団のありようがはっきりと見えてくると言える。既に、流域遺跡群中には大規模な遺跡、つまりは拠点的な遺跡が現れている。

　相模野第Ⅲ期になると、遺跡数は相模野全域で爆発的と形容してもよい程に増加する。河川の合流部や上流域に発達する遺跡群も、この時期になると明確になる。遺跡分布は、いまだ段丘が形成されていない陽原面を除く、ほぼ相模野全域に拡大する（図6）。この時期の遺跡で注目されるのは、合流部や河川上流部に、相当に大規模な遺跡が営まれる（例えば地蔵坂遺跡、上土棚遺跡や大和市月見野第ⅢC遺跡など）。一方極めて小規模な遺跡（小園前畑遺跡など）も同時に存在することで、当時の居住様式や生活様式を考える上で重要な示唆を与えるものである。先土器時代における遊動の実態を考える上で実に示唆的である。この時期が最終氷期の最寒冷期にあたることも極めて重要である。

　相模野第Ⅳ期には、遺跡数は全体としては、やや減少傾向を見せるが、あたかも間引き状態で減る感があり、全体の分布傾向には大きな変化はない。相模野第Ⅲ期に稠密な遺跡群が構成されたところでは、そのまま遺跡群が継続して営まれている。つまり、流域遺跡群の姿は強固に保たれていると言える。一方、段丘形成が進展している相模原市西部への遺跡の進出や相模野南部での遺跡分布の拡大などもあり、広く相模野全域に遺跡が分布し、地域としての在り方は極めて安定しているようにうかがえる（図7）。

　相模野第Ⅴ期には、相模原市西部の段丘形成が進行している地域では、かえって遺跡数の増加が見られる。これに対し、台地部では相模野第Ⅱ～Ⅳ期に稠密な遺跡群が形成されていた部分では遺跡が存続して営まれるとは言え、全体としては遺跡数が減少している（図8）。そして、特に顕著なこととして、周辺丘陵部を含めて極めて規模の小さな遺跡の存在が目立つことが挙げられる。

　この時期の遺跡分布のあり方には、相模野第Ⅱ～Ⅳ期の遺跡の分布変動とはやや異なる変化が見られる。相模野第Ⅱ～Ⅳ期の遺跡の増減は、それぞれの遺跡群ごとにほぼ同

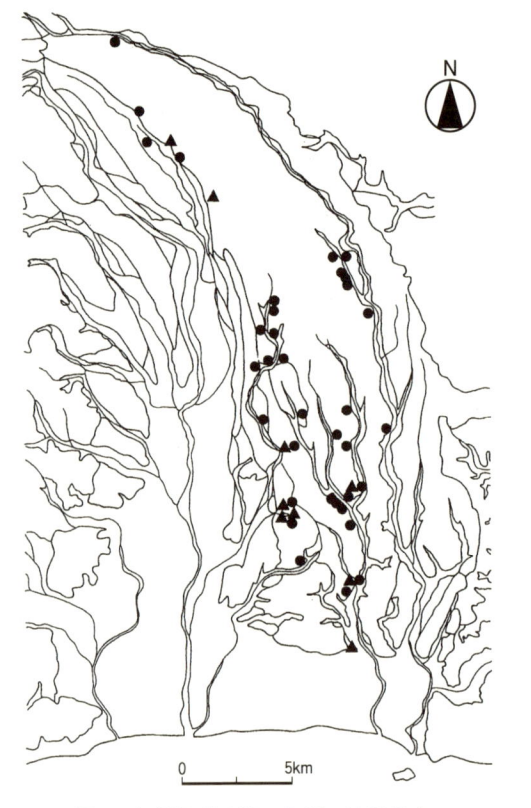

図5　相模野第Ⅰ期・Ⅱ期の遺跡分布 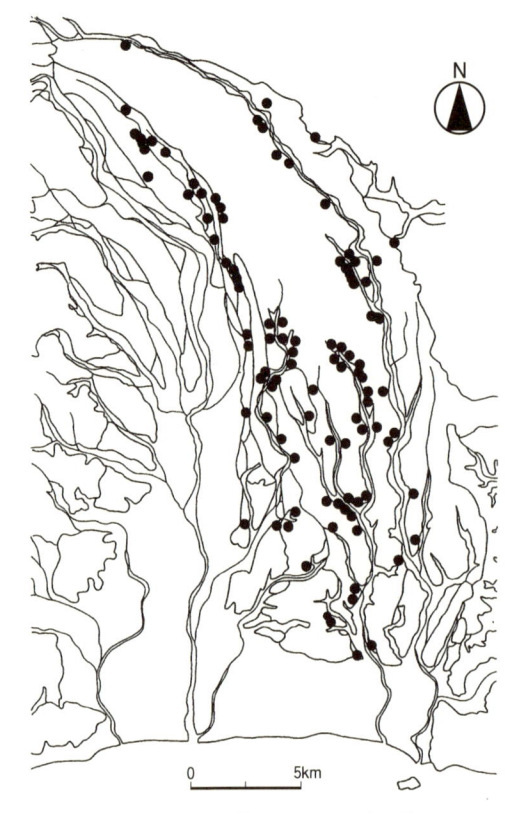　　　　　　図6　相模野第Ⅲ期の遺跡分布

様な増減が見られ、相模野全体として、均質的な遺跡の分布変動が見てとれる。すなわち、相模野という生活舞台が、この時期の人々にとって、いわば均質な地域としての意味を持っていたとも言えるのである。ところが、相模野第Ⅴ期の遺跡分布は、相模野北部の段丘形成が続いている地域、月見野遺跡群と座間丘陵、高座丘陵、多摩丘陵などの丘陵部では、他と異なってかえって遺跡分布が増加する傾向を示すなど、それまでの、相模野全体でほぼ均一に遺跡が広がり、増減を見せていた分布傾向とは対照的な特徴を示す。また、相模野第Ⅳ期までとは異なり、この時期には周辺の丘陵部にもかなりの数の遺跡が存在し、巨視的に見れば、相模野への遺跡の集中が崩れ、かなり広域に遺跡が散在する傾向を示すということができる。比喩的に言えば、地域としての相模野が解体していく時期とでも言える傾向を示すのである。流域遺跡群の姿も明瞭ではなくなってくるのである。

この相模野第Ⅴ期には槍先形尖頭器石器群と細石刃石器群とがあり、後者がより後出であるが、両者の分布傾向に際立った違いはない。ただし、遺跡数は細石刃石器群の方が少ない。報恩寺遺跡のように細石刃石器群のみを出土し、槍先形尖頭器石器群と重複しない遺跡は、相模野全体で見るとむしろ少数であることが注意される。

相模野第Ⅰ期の遺跡数はなお少ないが、後に流域遺跡群が形成されるところのいくつか

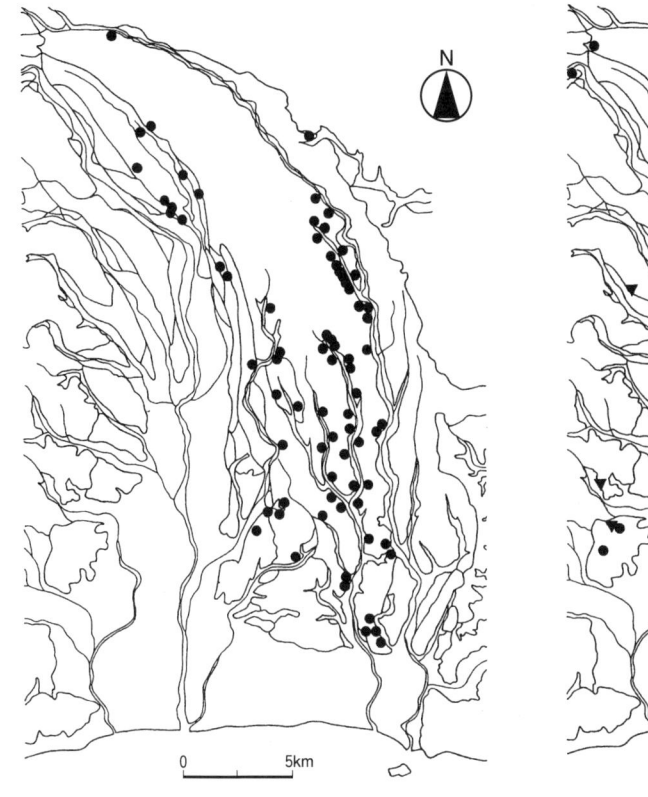

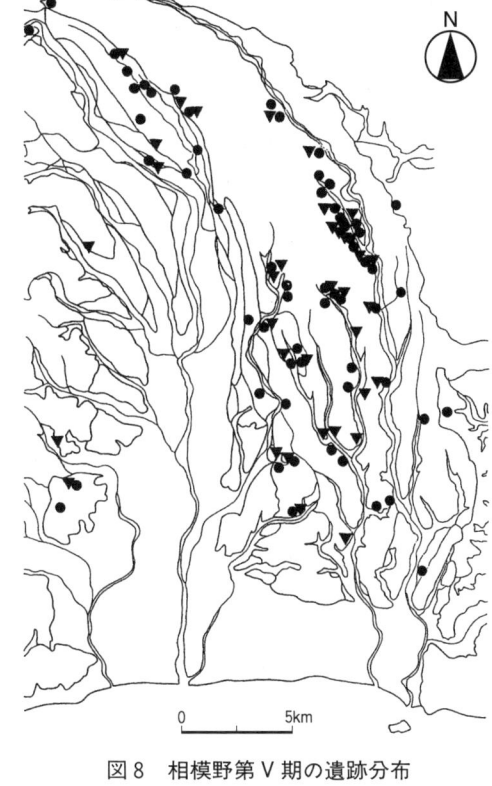

図7　相模野第IV期の遺跡分布　　　　　図8　相模野第V期の遺跡分布

に認められる。相模野第II期になると、はっきりと流域遺跡群が形成されていることから見れば、流域遺跡群をテリトリーとする集団は相模野第I期には既に現れていたと見てよいであろう。そして、相模野第II期には流域集団が確立し、相模野第IV期までそうした集団のあり方は維持されていたと見ることができよう。そうした流域集団は相模野全体で7～10個ほどであったと見られる。一つの流域集団が数世帯集団からなると見れば、その人数はせいぜい十数人であろう。そうすると相模野全体でもせいぜい150～200人ほどの人口ではなかったろうかと思う。これらの流域集団間では石器の製作技術や生活戦略を共通にしており、流域集団間には同一集団としての意識があったものと考えたい。これに対し、武蔵野台地や箱根の西、愛鷹山麓の遺跡群との間には遺跡の少ない空白地域があることから、石器群の組み立て、その製作技術、生活戦略などが共通する点で、文化的地域性を共通にする集団ではあるが、相模野の単位集団とは別の単位集団として認識しておくべきであると考えよう。

　相模野第V期になると、いくつかの流域集団は存続しているように見えるが、相模川西岸や多摩丘陵にも遺跡分布が拡大し、相模野の等質的な地域性が崩れているように見える。これは、後氷期に向かって急激に温暖化しつつある環境の変化、大形狩猟対象獣の絶

滅、狩猟対象や狩猟法の変化に伴う集団の再編成、細石刃石器群の波及などの要因が重層的に働いて伝統的な集団編成やその生活領域が大きく変化したことを示しているのではないだろうか。

先土器時代の生活

先土器時代の遺跡から当時の生活を復元して理解しようとするには、わが国の場合、石器以外の遺物がほとんど残されていないため、研究上必ずしも恵まれた条件にはない。

しかし、この石器や剝片類は、遺跡の中で、どこからも満遍なく出るというような状態ではなく、径2～5メートルほどのいくつかのまとまりをなして発見されるのが常である。こうした、石器や剝片類のまとまりをブロックとよんでいる。遺跡を残した人々の石器作りなど遺跡内での諸活動の痕跡として、遺跡を形作る意味のある場としてこのブロックは理解できる。

ただし、こうした視覚的なまとまりをもって遺されている石器や剝片類は、それぞれそこに遺されることになった理由、つまり遺存の契機が異なる点には注意を払っておく必要がある。すなわち、役割を終えた石核（残核）や剝片・砕片は、石器製作がその場で行われてそのまま不要な屑として遺されたものである。これに対して、製作途上で破断・欠損などの理由でその場に廃棄されたものは別として、道具としての石器が遺される契機は、その道具の使用という行為があって、これに伴う損耗、役割の終了などの結果、使用場所に遺されたり、不要な石屑がまとめて遺されたところに捨てられたりしたものと考えられるのである。ブロックの意味を考えるときには、遺存の契機の異なるものが、それを構成していることに注意を払っておかなくてはならない。

このブロックを構成する石器や剝片類を詳細に観察すると、同一の石から剝離されたと考えられるまとまりが抽出できる。これを個体別資料とよんでいる。ブロックは、こうした複数の個体別資料の集積としても理解できるのである。

個体別資料を構成する石器や剝片類は、ブロック内、あるいはブロックを越えて他のブロックとの間でも、しばしば接合し、中にはほとんどもとの母岩の状態に近く復元できるものさえある。こうしたものは特別に接合資料とよんでいる（写真1）。

ところで、この接合資料は、ひとかたまりの母

写真1　接合資料（埼玉県所沢市砂川遺跡出土、明治大学博物館蔵）

岩から一定の技術に従って石器や剝片を製作した様子を示してくれるため、当時の石器製作の方法や技術を研究する上で、非常に重要なものであることは容易に理解できよう。しかし、接合資料は石器製作技術の復元にとどまらず、遺跡における人間の行動を解きほぐす上でも極めて重要な証拠となるのである。接合資料は、それを構成する石器や剝片が石器製作の過程の中で、いつ、どの資料の後で剝離され、それに続いて剝離された資料はどれかということがわかるのである。つまり、その石器や剝片類とその前後に生産された石器や剝片類の遺された位置関係を重ねて読むことによって、個々の石器や剝片類がその場所に遺されることになった経緯を考える手掛かりを与えてくれることになるのである。接合資料でのこうした分析と読み込みを基礎として、必ずしもすべてが接合しないような個体別資料についても、その資料の遺され方を、印象や憶測ではなく、合理的に理解し、説明することができるであろう。

　例えば、埼玉県所沢市砂川遺跡では、A地点とF地点の併せて364平方メートルが発掘され、6カ所のブロックが発見され、総数679点の石器群が発見されている。この石器群は66の原石個体に分けることができる。それぞれの個体別資料がどのような種類の資料からなっているかを見ると、残核、石核調整にかかわる各種の剝片・砕片、石刃を持つ類型A、石核調整にかかわる各種の剝片・砕片と石刃はあるが石核を含まない類型B、総数が数点にとどまり、石器やその素材と考えられる石刃・剝片などからなる類型Cに整理できる。類型Aは、遺跡で石核の調整や目的的な剝片の剝離作業が行われ、用済みとなった残核が遺跡に捨てられて遺されたことを示すもの、類型Bは、類型Aと同様な作業が行われたが、石核が遺されていないもの、つまり、まだ石核として目的的な剝片を生み出せるものとして遺跡外に持ち出されたことを示す。類型Cは、その個体別資料を構成する資料にその遺跡内での製作痕跡のないもの、つまり、製品として遺跡外から持ち込まれたことを示す類型である。

　遺跡、ブロックを個体別資料に基づいて分析するということは、その具体的内容を、原石や素材の持ち込み、石器製作、不要な剝片類の遺棄、製作した石器や素材・石核の持ち出し、石器の使用と遺棄といった行為群の束として理解するということなのである。

　詳しくは後述するように、約2キロ離れている綾瀬市の吉岡遺跡群と藤沢市用田鳥居前(とりいまえ)遺跡の間で複数の接合する資料が発見されている。つまりこの二つの遺跡は同じ集団によって相前後して営まれた遺跡であることが、事実をもって証明されたのである。個体別資料と接合資料の分析が遺跡を越えて進められれば、遺跡を越えたヒトの動き、先土器時代人の生活が実体として証拠立てられてくるに違いない。

　この分析は遺跡レベルで行われるばかりでなく、ブロックレベルでも行われることになる。ブロックレベルでの個体別資料のあり方から、例えば、AブロックとBブロックに

またがって同一の個体別資料が存在する場合、最初はAブロックで石器製作が行われ、次いで石核がBブロックに持ち込まれて石器製作が続けられたのか、あるいはその逆であるのか、両ブロックを往復するようなかたちで石器製作が行われたのか、Aブロックで作られた製品だけがBブロックに持ち出されているのかといったことが具体的に読めることになる。

　個体別資料や接合資料は、一つのブロックの中だけで収束するのではなく、複数のブロックにまたがって存在するのがむしろ一般的であるのだが、こうした関係を持つブロック群を、遺跡を構成するブロックの中から抽出することができる。このように関係付けられるブロック群をユニットとよぼう。

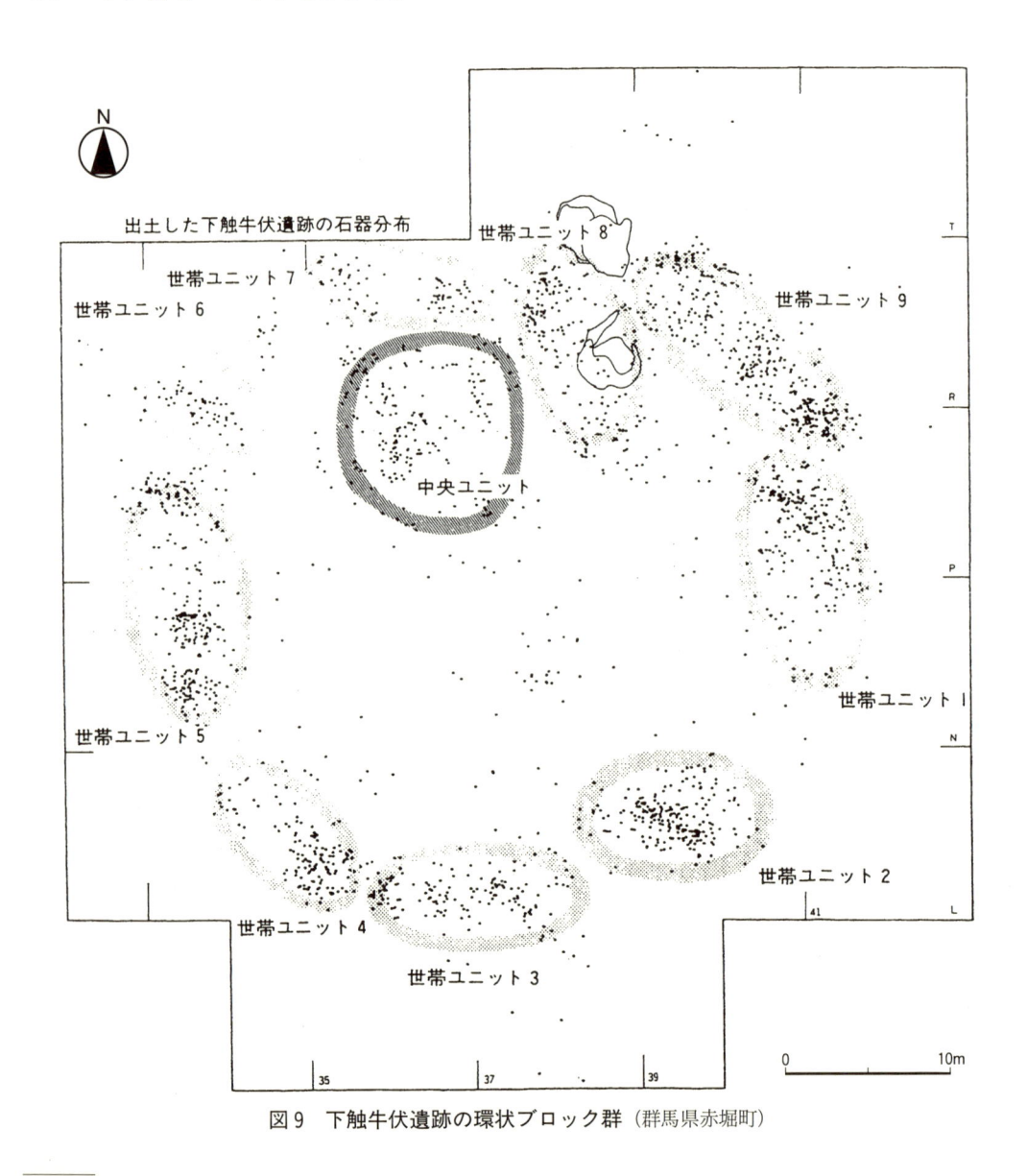

図9　下触牛伏遺跡の環状ブロック群（群馬県赤堀町）

つまり、先土器時代の遺跡は、複数のブロックからなるユニットによって形作られていると見ることができるのである。このユニットが、その遺跡での一まとまりの人間行動を表すと見ることができよう。このユニットは、確実な一時期のまとまりと判断できるものだが、同じ層位に複数のユニットが存在する場合（それが層位的に明らかに異なり、前後関係が識別できれば複数の生活面に分けて考えることになるが）、これを同時存在の異なる集団、例えば異なる世帯によるものと見て、遺跡の構造を考えることができよう。

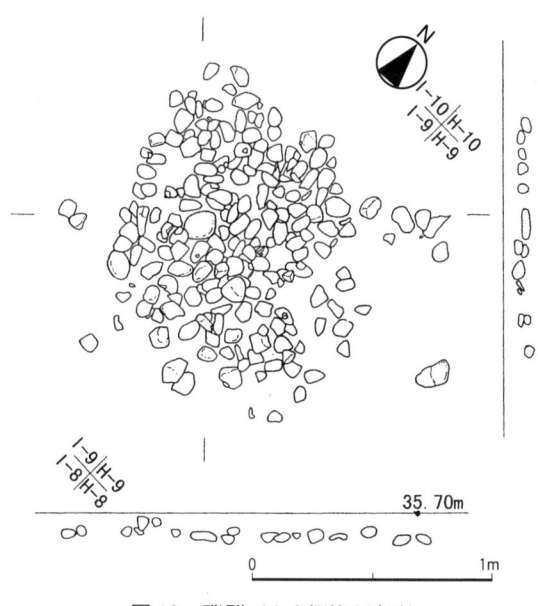

図10 礫群（上土棚笹山遺跡）

ただし、これにも問題がないわけではない。つまり、現在の発掘調査技術や分析能力では分けきれないが、近接した時間内（数年から数百年以上まで、遺跡の遺された場所での土壌の堆積条件によって異なる）での、その場所の反復利用による場合がないとは言えず、これを見分けることは、実は、大変難しい。

前述のように、先土器時代の遺跡は、一般には複数のブロックによって構成されているが、中には、一つのブロックのみで構成されているような、極めて規模の小さな遺跡もある。一方、ATの降灰以前、ナイフ形石器と局部磨製石斧が特徴的に組み合わさる石器群の時期には、群馬県赤堀町（現伊勢崎市）下触牛伏遺跡、長野県信濃町日向林B遺跡などのように、数十個のブロックが直径30〜80メートルの環状をなして並ぶものがある（図9）。環状ブロック群とよばれるもので、接合資料の分布や、個体別資料の分布から、これらのブロックは同時期に存在したことが確かめられている。このようなブロックが、そのまま住居として考えられるのならば、まさに縄文時代の環状集落と異ならないとも言えるのだが、ブロックがそのまま住居であると考えられる証拠はない。

下触牛伏遺跡では環状をなして33のブロックが発見されているが、これが15のブロック群にまとめられる。この各ブロック、そして関係付けられたブロック群（ユニット）の資料のあり方を見ると、石器製作に伴う夥しい数の剝片・砕片と数点の石器を持つユニットのあり方が一般的で、これが環状をなして分布し、この環状をなすブロック群の内側に数多くの石器をもつ大形のブロックが存在している。前者を九つの単位集団としての世帯の生活空間として世帯ユニットととらえ、後者をそれらの複数集団（世帯）によるムラの共同的な具体的な作業場としての中央ユニットとして整理されている（図9）。

写真2　炉址（清川村宮ケ瀬サザランケ遺跡、神奈川県教育委員会提供）

ブロックとともにユニットを構成するものとして、礫群とよばれる数十の円礫を一まとめに敷き並べたかのようなものがしばしば発見されている（図10）。この礫群を構成する礫は焼けているのが普通で、熱のために割れたり、表面が剝がれていたりするものが多くみられる。また、タール状の黒色の付着物が見られるものも多い。これはボイリング・ストーンなどとよばれる加熱調理用の礫と見られており、礫群は使用後の礫が集積されているものではないかと考えられる。さらに火処としての炉址が構成要素として加えられる。石で囲うような施設をもったり、浅い掘り込みをもったりする場合もあるが、こうした明瞭な施設をもたない炉址もあり、単なる炭化物の集中としてしかとらえられないようなものもある。

先土器時代の住居

　先土器時代の住居は、現状では相模原市の田名向原 No. 4 遺跡例（図11）を除けば確実なものはほとんど知られていないと言える。

　この田名向原 No. 4 遺跡で発見された住居は、10個の柱穴が直径7メートルほどの環状をなして並び、その中央に二つの炉址を伴うもので、柱穴の外側には礫が帯状をなすかのように分布する。おそらく、縄文時代以降の住居として一般的な竪穴式のものでなく、掘り込みのほとんどない型式で、木の柱を建て、上屋を組み、これに獣皮を葺き、裾に礫をならべて置いて押さえとするような手の込んだテント的なものであったろうと考えられる。縄文時代以降の竪穴住居の平均的な大きさと比べるとやや大形である。こうした住居が先土器時代に標準的なものであったかどうかはわからないが、田名向原 No. 4 遺跡例は、むしろ例外的な大型施設であった可能性が高いものであろうか。この住居が構築された時期は、この場所が離水した直後であることが発掘調査で確かめられていることから、相模川に直接面した川岸に営まれた季節的な集中的漁労、具体的には遡河性の魚類（サケ・マス類）を対象とする漁労のための施設であった可能性があるのではないかと考えている。時代は少し下るが、縄文時代草創期の東京都あきる野市前田耕地遺跡の場合も、離水直後の河原とでも言うべき場所で集中的な槍先形尖頭器の製作をする一方、遡上するサ

ケを捕獲しており、ここにも住居状の施設が発見されている。

先土器時代は最終氷期の最寒冷期を含む後半期にあたる。いまだ恒久的な家屋を作って定住する生活様式を採用する以前であるが、毎日移動しながらの暮らしとは考えにくい。遊動する領域内の拠点的な各所ではある程度の期間の居住を考えるほうが自然である。当然ながら何らかの居住施設が構築されたものと考えられる。縄文時代以降に見られる竪穴

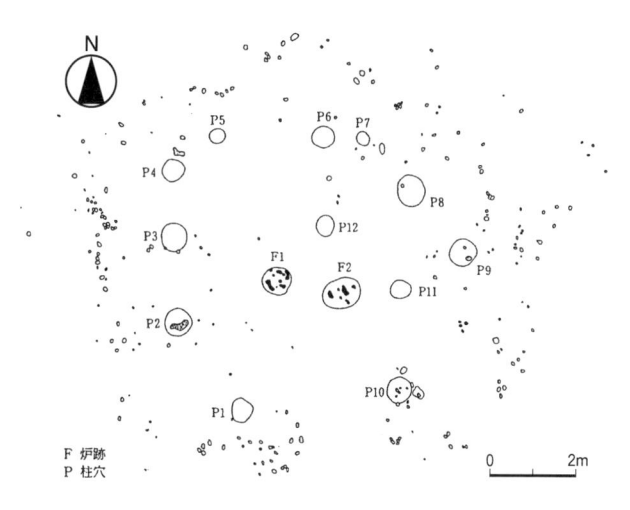

図11　田名向原 No.4 遺跡の住居址（相模原市）

住居のようなかなりの規模の土木工事を伴うものではないにせよ、寒冷な環境を考えると、簡単な差し掛け小屋のようなものではなく、かなり強固なつくりの獣皮で覆ったテント状のものは考えておくべきであろう。ユーラシア各地の旧石器時代遺跡で知られているような居住設備を考えておく必要がある（図12）。

縄文時代も早期になると堅固な竪穴式住居群を持つ定住集落が出現するが、それ以前には長期の定住をうかがわせる遺跡はない。約4000もの先土器時代遺跡が発見されていながら住居や明確な火処の発見例は数えるほどでしかないし、縄文時代以降の遺跡で発見される各種の構築物などの痕跡も実に少ない。こうした点から考えても、この時代の生活は一カ所に定着して生活するというより、領域内の各所を遊動する生活であったに違いない。とはいっても、無原則に移動を繰り返しているようなものではあるまい。食料資源としての動物や植物の移動や産状に合わせてある程度決まったパターンでの移動をしながらの暮らしであったと考えてよいように思われる。

先土器時代の集団とその遊動

相模野台地には約300の先土器時代遺跡がある。このように遺跡が群をなして発見されているところは、全国各地に知られている。例えば、北海道では白滝や置戸、東北では山形県の新庄や置賜の盆地、関東では相模野、武蔵野、大宮、下総の各台地、中部では愛鷹山麓、磐田原台地、霧ケ峰や諏訪湖盆地、野尻湖周辺、近畿では二上山周辺、中・四国では鷲羽山や冠高原、九州では多久や阿蘇山麓、大野川流域などが挙げられる。

これらの遺跡群は長期にわたってその地域に遺跡が営まれ続けた結果として生まれたものである。その遺跡を残した人々は遊動する集団であったわけだが、その遊動の範囲はお

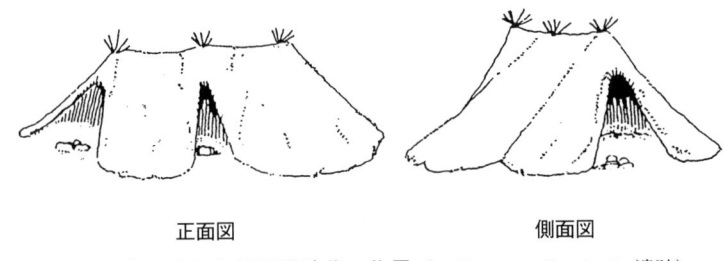

正面図　　　　　　　　側面図
図12　復元された旧石器時代の住居（フランス・パンスバン遺跡）

のずと限られていたと考えられる。こうした遺跡群のあり方は、その地域の集団が遊動した範囲を示しているものと受け止められる。

　ヒトの社会は、夫婦と子供という血縁を紐帯とする集団が社会を構成する基本単位である。先土器時代においてもこれは変わらなかったものと思われる。二世代あるいは三世代にまたがる血縁原理の集団が、最小の単位を構成していたと見て、おそらく間違いはないであろう。しかしこのことは考古学的には証明されていないし、将来においても考古学的にこれを証明することは、極めて困難な課題である。

　この血縁集団がそのまま世帯集団を構成していた明確な証拠はないが、多くの民族誌などが示すように、その社会集団の構成原理が母系、父系、双系にかかわらず両親と子供は明確に識別され、これがしばしば最小の生活単位となっている。このことから見れば、2〜3世代にまたがる家族あるいは拡大家族が世帯集団であったものと見てよいものと思われる。こうした家族が幾つか集まり基礎的な単位集団を構成していたのであろう。それは、いわゆるバンドとよばれるような少人数の集団であって、このバンドのいくつかがお互いにまとまりあって地域集団としての単位集団を構成していたものと見ることができる。先土器時代にあっては、その集団の構成原理は母系か父系かを証拠立てるものはないし、こ

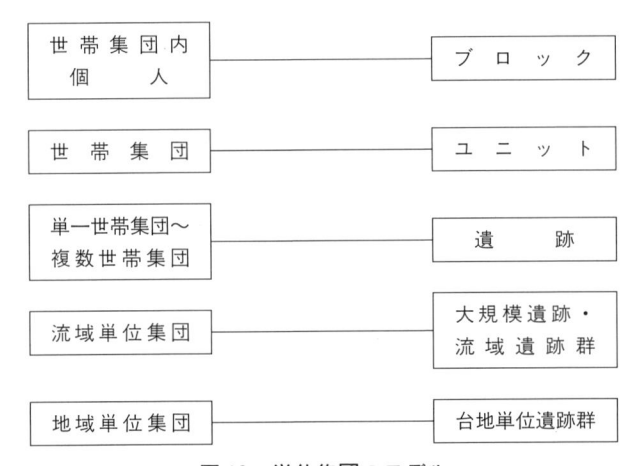

世帯集団内個人	ブロック
世帯集団	ユニット
単一世帯集団〜複数世帯集団	遺跡
流域単位集団	大規模遺跡・流域遺跡群
地域単位集団	台地単位遺跡群

図13　単位集団のモデル

れらのバンドが集まって構成されるであろう地域的な集団の構成原理も不明と言わざるを得ない。

　具体的な遺跡や遺跡群での現れ方をモデル的に示せば、世帯集団は遺跡を構成するユニットに、基礎的な単位集団が大規模遺跡や流域遺跡群に、地域的な単位集団が上述したような台地規模での遺跡群にそれぞれ対応するものではないかと思われる（図13）。

　こうした地域の単位集団は生活用具として最も重要な石器の材料をそれぞれの地で獲得しているが、そうした在地の石材ばかりでなく、しばしば石器に要求される機能をより良く満たすような遠隔地の石材も獲得している。

図14　石器石材原産地の分布とその利用圏

例えば、黒曜石は天然のガラスで、加工しやすい上、実に鋭利な刃を簡単に得られるものであるところから、先土器時代以来、古代に至るまで石器の材料として活用されている。しかし、この黒曜石はどこにでもあるわけではなく、北海道では白滝や置戸、赤井川、関東・中部では高原山(たかはらやま)、伊豆・箱根、霧ケ峰周辺、九州では腰岳(こしだけ)など限られた産地しかない。南関東各地の遺跡からは、比較的近い伊豆半島や箱根の黒曜石ばかりでなく、遠く信州の黒曜石や海上の神津島(こうづしま)からもたらされた黒曜石で作られた石器が発見されている。実に数十キロから200キロもの遠隔の地に黒曜石がもたらされているのである。北海道白滝の黒曜石には、シベリアまでもたらされた例が知られている。こうした黒曜石を当時の人々がどのようにして入手していたのかを調べていくと、遠隔地の集団が直接、黒曜石の採取に出向いている様子はなく、原産地において採取された原石、あるいは一定程度の加工を施した素材が、いくつかの集団を介して流通していた様子がわかってきている。集団間での交易を考えなければならないのである。

　こうした石材の流通は、黒曜石に限らず、近畿や瀬戸内・北部九州のサヌカイト、東北・渡島半島(おしま)の珪質頁岩などでも認められる（図14）。

　原産地の遺跡ではない、いわば消費地の遺跡を見ると、遺跡群中にある大規模な遺跡からは、しばしばかなり多量の遠隔地石材とそれから作られた石器が発見される。これに対して小規模遺跡の場合には、概して遠隔地石材による石器類が少ない傾向が指摘できる。これは、地域の単位集団の拠点的な遺跡に交易によってもたらされた遠隔地石材が、いわば二次的に領域内の基礎集団に分配されている様子を考えさせる。遺跡間での個体別資料の比較分析、接合資料の抽出が進んでいけば、実態としてこのことが解明されていくであろう。

（『綾瀬市史5　通史編　原始・古代』綾瀬市、2002年所収
「第一章　先土器時代（旧石器時代）」より一部抜粋・改変）

織笠 昭 *Orikasa Akira*

8
先土器時代文化 2003 相模野平成篇

1 旧石器時代ではなく先土器時代から

　2001年3月11日、「平成12年度神奈川県考古学会考古学講座 相模野旧石器編年の到達点」が開催された。1957年の岡本勇氏らによる横浜市本郷遺跡の調査（和島・岡本1958）や、岡本氏および松沢亜生氏による分布調査（岡本・松沢1965）、そして相模考古学研究会による一連の調査（相模考古学研究会編1971）以来の40年以上に及ぶ研究の蓄積を、現在の視点からとらえなおし提示した成果である。

　だがそこにはいくつかの問題も残された。それ自体はこうした企画にはつきものとも言うべきことであるが、問題はその社会的・学問的背景との関連である。筆者はこの2年にわたり「先土器時代文化2001」と「先土器時代文化2002」を著してきた（織笠2001b・2002）。そこで考察してきた事と同様の問題が、現行の相模野編年をめぐる課題としてある。そしてその問題はおおよそ1990年代、昭和から平成に移行してから始まっている。本論は「旧石器時代ではなく先土器時代から」という視点をもって、相模野編年の二、三の問題とその根幹について触れる。本稿標題の因って来たる所以である。

2 相模野編年の大別と細別

　相模野は武蔵野、愛鷹・箱根山麓と並び、もっとも無理の無い形で層位と対応した編年が組まれている地域である。ただし、武蔵野と愛鷹・箱根山麓は立川ローム層相当部の上部が相模野よりも薄いという堆積上の問題が残る。一方、相模野はその良好な堆積の故に深部にメスを入れにくいという物理的問題があった。ところが相模野では、綾瀬市吉岡遺跡群を始めとして相模野B4層以下の資料が増加してきた。完備されたとは言い難いが、

一貫した形で地域編年上のつながりと切れ目を検証する前提が整ってきたのである。こうした現状とこれまでの経緯を踏まえたうえで、先の考古学講座に集約された相模野編年を見直してみよう。

　白石浩之氏は鈴木次郎・矢島國雄「両氏の五期区分」（たとえば矢島・鈴木 1976）と諏訪間順氏による「12 段階」（諏訪間 1988）が、「前者は大別、後者が細別による編年区分であることは明らかであり、それ故両者の編年はかみあうことはない」とする（白石 2001）。鈴木・矢島両氏による編年の意義と問題点についてはそこで白石氏が詳細に検討されており、基本的には異論はない。

　一方、諏訪間氏による編年が細別であるという点はどうだろうか。白石氏も述べるように「層位的に上部へ向かうほど細分化が進み、下部ほど大別的な区分となっている」（白石 2001）。ただ、この点は資料の片寄りという制約の故もある。また細別編年といっても、それが鈴木・矢島両氏による編年への対案として突然に提出されたものではない。諏訪間氏自身も「近年の資料の増加に伴って相模野各期の細分案が提出される状況の中で（鈴木 1983、諏訪間・堤 1985、鈴木 1986、織笠 1987 a、堤 1987）」提案したものであるとしている（諏訪間 1988）。それらは諏訪間氏による実践を含めながら、共に相模野を学んだ人々によるいくつかの細分案を、かなり一貫した形で再配列したというところに意義がある。それ故に、層位と石器群の対応、そしてそれによる編年は実感的であり、納得しやすいものとなった。

　ところが、上述の諏訪間氏の掲げた文献はすべて L2〜L1S 付近を対象とした研究成果である。即ち相模野第 IV 期以降である。諏訪間氏による段階 II・III は鈴木・矢島両氏による第 II 期の二細分（鈴木・矢島 1978）にほぼ並行するものだった。段階 V は、本来は野川・武蔵野編年における区分が出発地点としてある（小林・小田他 1971、白石 1973）。さらに筆者による相模野第 III 期・武蔵野第 IIa 期の細分案を新たな視点から提示した頃であるが（織笠 1987 b・c）、諏訪間氏による編年としては、近年のように、それが十分には吟味されてはいなかった。

　その後の資料の増加と再検討を見ると、細石器文化から土器出現に至る過程（段階 IX〜XI）は砂田佳弘氏や筆者による 4〜5 区分（砂田 1993 b、織笠 1994）があり、2001 年の講座でもあらためて検討され示された（砂田 2001）。段階 VI〜VIII については各段階ごとの評価を別とすれば大きな動きはない。段階 V については筆者の試み以降、「シンポジウム AT 降灰以降のナイフ形石器文化」（石器文化研究会編 1996・1998）に至るまで数多くの方による細分の方向性が示されている。一部にはこれに対して批判的な意見もあるが、西井幸雄氏の指摘するように、批判の「後にある文章は歯切れがあまり良くない」（西井 1998）のは一般的傾向である。それ故か細分に懐疑的であった諏訪間氏も、講座では「本

段階の細分は可能であるが」(諏訪間 2001) としたのだろう。

　以上を考慮すると、諏訪間氏の段階区分は土層堆積の薄厚にかかわらず、大別と細別の入り混じった編年ということになる。石器群の変遷を層位に基づいて整理したのはひとつの成果ではある。だが各段階を連続した数字でつなげていくと、新資料に応じて層位名称の数字と段階名称の数字に変更の必要性とズレの生じる場合 (諏訪間 2001) がある。また本来、細別的に設定されたはずの段階Ⅴについて「段階Ⅴ石器群の成立期」や「段階Ⅴの後半」といった表現が、先行研究の引用無く示されることになる (諏訪間 2002)。

3　相模野編年における画期

　数字を付した編年に矛盾の生じやすいことは研究史の証明するところである。遺跡別の文化層設定には有効であるが、編年となると話は別である。少なくとも数字付け編年は相模野五期区分にとどめておくのが穏当な所である。

　こうした大別と細別の混在の問題を解消し克服するために、筆者は「編年は大別と細別の相関関係の中で検証されなければならない」と述べたのである。同じく、それを実現するためには「石器形態下の形態理解 (安蒜 1973) に基づく型式的検討の積み重ねが必要とされ」て得られるのが石器文化編年であり、「そうした試みを経たうえで、これをたとえば岩宿Ⅱ石器文化、岩宿Ⅲ石器文化として広く総括すべき」としたのである (織笠 2001a)。相模野における編年的大別については最新案を既に示したところである (織笠 2003)。細別については従来試みてきたが、今後なお継続する心づもりでいる。白石浩之氏も「数字による区分」を批判しており、「遺跡名を冠した画期を設けること」を主張している (白石 2001)。傾聴すべき意見である。

　そこで筆者はまず一遺跡のあり方を出発点に、少なくとも中部日本におけるナイフ形石器文化→尖頭器文化→細石器文化を基軸とした大別に基づく細別の検証を続けている。段階編年の基本的な問題は白石氏 (白石 2001) と筆者の指摘する所だが、さらに整理上の問題を別とすれば徹底した層位名による編年も必要である。層位と石器群との対応もまた多くの問題を抱えていることは周知のことだが、このときこそ相模野編年五期区分は使い方によってはひとつの目安としてきわめて有効である。その上で遺跡名を冠した編年を構成するのが今は最上の方法だろう。上述の過程はさらに様々な問題を有している。だが、それらをひとつひとつ着実に検討し解消し、その成果を積み重ねていく以外に方法は無いのである。

　その上でなお、多くの人の悩む共有の問題がある。区分の基準とは何かがそれである。

もっとも確実な方法は、新たな石器の出現と普及に置くことである。順に記せば、ナイフ形石器、角錐状石器、尖頭器、細石器が指標となる。それらの出現と普及の時期は、おしなべて石材の変化を伴う。石器と石材の変化は地域相を変える基盤ともなる。そしてそれらの時期の間にはしばしば遺跡・遺物の激減期が介在する。このように考えれば相模野第Ⅲ期をＬ３上面から、第Ⅳ期をＬ２から、第Ⅴ期をＬ１Ｈ上部からとして問題はない（織笠 2003）。これらＬ３以降の問題のいくつかについては先の講座論集で触れているので参照されたい（織笠 2001 a）。

一方、第Ⅰ期と第Ⅱ期との間はなお明瞭ではないと考えるべきだろう。そこで第Ⅰ期である。

相模野最古の事例は、現状では吉岡遺跡群Ｄ区Ｂ５層にある（白石・加藤 1996）。そしてこれを含めたＢ５・Ｂ４層をどう理解するかについては、白石浩之氏による積極的な発言がある（白石 1996・2001）。この点を検証してみよう。

4　最古級の石器群とは何か

遺跡名を冠した時期名称は、それがよく整理検討された上での石器文化の把握を前提とする。かつて杉原荘介氏（杉原 1956・1974）や戸沢充則氏（戸沢 1965・1990）によって示されたそうした石器文化編年は、いまいくつかの視点から再検討されるべき部分がある。だが、その基本方針は地域―全国編年を構成する上で有意である。そしてそうした視点からの実践は少なくない。より広域を対象とした試みとしてはナイフ形石器文化における須藤隆司氏（須藤 1986）、尖頭器文化では藤野次史氏（藤野 1989）、細石器文化では安蒜政雄氏（安蒜 1984）による試みを例とすることができる。そこでは大別と細別の区別も明解である。

相模野という地域の編年も基本は五期区分を大別としながら再構成をはかっていく必要のあることは既に述べた。ところが近年、少なくとも1996年以降の白石浩之氏による編年は、どこが大別でどこが細別であるかが解りにくい。それは特にＢ3層以下の評価、特に白石氏による「相模野最古級の石器群」をめぐっての問題にある。白石氏による三つの論文（白石 1996・1999・2001）を見てみよう。

白石氏は武蔵野Ｘ層下部や相模野Ｂ5層の石器群を「後期旧石器時代の初頭期」であることを否定し（1999）、Ｂ5層を「中期旧石器時代終末期」（1999）「最末期」（2001）、Ｂ4層を「ナイフ形石器文化への移行期」（1996）「中期旧石器時代と後期旧石器時代の移行期」、Ｂ3層を「後期旧石器時代の初頭期」、（以上、2001）「ナイフ形石器群ないしはナイ

フ形石器文化」(1996) とする。こうした位置付けから生じる問題点を整理しておく。

1．ここでの「終末期・最末期・移行期・初頭期」はいずれも「中期旧石器時代」と「後期旧石器時代」という時代名称にかかる表現である。もちろん遺跡名を冠した名称でもない。表現法として不可能ではないのだが、それは大別や細別の原理（山内 1937）とは遠く離れた所にあることは学史が示している。

2．「中期旧石器時代終末期・最末期」以前の前提となる「前・中期」遺跡のほとんどが学術的な価値を失う中で、「後期」の設定は考古学的に倒錯である。ここでの「後期」は「前期」や「中期」の対概念足り得ない（織笠 2002）。

3．1996 文献に示された「中期」の資料を前提としないとすると「尖頭状石器群」(1996) や「台形様石器群」(1996・1999) の由来はどのようにとらえられるのか。

4．年代が「30,000 年」を越える（1996・2001）B5 層は立川ローム層であるが、そこが「武蔵野ローム層の深さに近づいて出土し」(2001) ているから「中期」であるとするなら、考古学編年と地質学編年の対比に抜本的な再検討が必要となる。

5．「考古学的に該期（B5 層、筆者注）の石器群を上部から出土した石器群と比較すると、後期旧石器時代よりも中期旧石器時代の石器群に親近性がある」(2001) とするが、ここで言う「中期旧石器時代」の遺跡とは具体的に何処であるのか。

6．最大の問題がある。1995 年以前に実践してきたはずの白石氏流の型式的実践が踏まえられていなかったように思われることである。

以上の問題を克服しない限り、「中期」の「終末期・最末期・移行期」の議論は根の無いものになる。相模野 B5・4 層の位置については不分明な「中期」を前提とするのではなく、「それらが間違いなくナイフ形石器文化以前なのか、あるいは同時期異相とも言うべきものなのか、十分に検討されなければならない」（織笠 2002）のである。ナイフ形石器文化に先行する可能性があったとしても、長野県竹佐中原遺跡の石器群を検討中の大竹憲昭氏が指摘するように「ナイフ形石器文化の本質に迫らない限り、先行する石器文化の可能性というフレーズは取れない」のであり、たとえば「竹佐中原遺跡の石器群を検討することは、より古い石器群への探索ではなく、ナイフ形石器文化を問い直すことから始まると考えている」（大竹 2002）ことは、相模野においても、何処においても共有の認識足り得る。

ちなみに吉岡遺跡群 D 区 B5 層の「ナイフ状石器」で報告書に示された 5 例の刃角の平均値をとると 39.4° となり、これは茂呂型や国府型等の日本における代表的なナイフ形石器の刃角（織笠 1987 c）にほぼ等しい（織笠 2003）。なお見直すべき視点は数多くあるのである。

5　ならぬことはなりませぬ

「相模野最古級の石器群」をめぐっては、何故、先のような問題が生じたのか。相模野・神奈川県域では未発見の「前・中期」遺跡が、東京・埼玉という身近な所へ迫ってきたからか。とりわけ「秩父原人」の存在は衝撃的だったはずである。そしてそうした資料に基づく華やかな議論の展開は、かつて「先土器時代」を用いた人に対してこそ「旧石器時代」へ移行させるための圧力となっていったのではないだろうか。1980年代以降の転換の理由（砂田 1993 a）は多様であっても決定打はあったのである。

時代呼称用語はその使用段階によって様々な表現法が有り得る。だが個人の、研究者の学問的意図は生かされなくてはならない。多様であることの認識は個別の形態的認識を前提とする。現実の多様性を、実利的便宜性によって一元化しようとするなら、そこに自由で、民主的で、学ぶ歓びにあふれた世界を構築することはできない。考古学界における多様性の実際を市民の方々に正確に伝えることなく、一定の結論のみを発信し続けるなら、社会における考古学への信頼はなお減少していくだろう。だから、ならぬことはならぬのである。

神奈川県考古学会創立時からお手伝いさせていただいた一人としての思いは尽きない。これまでの諸先輩、諸氏の学恩に答えるためにも、いつの日にか「先土器時代文化神奈川篇」を執筆させていただければと念じている。

引用・参考文献
安蒜政雄　1979「関東地方における切出形石器を伴う石器文化の様相」『駿台史学』32　駿台史学会
安蒜政雄　1984「日本の細石器文化」『駿台史学』60　駿台史学会
大竹憲昭　2002「長野県竹佐中原遺跡」『考古学ジャーナル』495　ニュー・サイエンス社
岡本　勇・松沢亜生　1965「相模野台地におけるローム層内遺跡群の研究」『物資文化』6　物質文化研究会
織笠　昭　1987 a「相模野尖頭器文化の成立と展開」『大和市史研究』13　大和市役所
織笠　昭　1987 b「殿山技法と国府型ナイフ形石器」『考古学雑誌』72-4　日本考古学会
織笠　昭　1987 c「国府型ナイフ形石器の形態と技術（上・下）」『古代文化』39-10・12　古代學協會
織笠　昭　1994「日本列島の細石器文化」『中日古人類・史前文化淵源関係国際學術研究討論会柳州国際シンポジューム発表要旨』別府大学
織笠　昭　2001 a「相模野ナイフ形石器文化の終焉」『神奈川県考古学会平成12年度考古学講座相模

野旧石器編年の到達点』神奈川県考古学会
織笠　昭　2001 b「先土器時代文化 2001」『石器に学ぶ』4　石器に学ぶ会
織笠　昭　2002「先土器時代文化 2002」『長野県考古学会誌』99・100　長野県考古学会
織笠　昭　2003「先土器時代」『海老名市史 6　通史編原始・古代・中世』海老名市
小林達雄・小田静夫・羽鳥謙三・鈴木正男　1971「野川先土器時代遺跡の研究」『第四紀研究』10-4　日本第四紀学会
相模考古学研究会編　1971『先土器時代遺跡分布調査報告書相模野篇』相模考古学研究会
白石浩之　1973「茂呂系ナイフ形石器の細分と変遷に関する一試論」『物資文化』21　物資文化研究会
白石浩之　1996「中期旧石器時代終末から後期旧石器時代にかけての石器群に対する新視点」『神奈川考古』32　神奈川考古同人会
白石浩之　1999「相模野最古の石器文化」『吉岡遺跡群Ⅸ 考察編・自然科学分析編』かながわ考古学財団調査報告 49　かながわ考古学財団
白石浩之　2001「相模野編年の問題点」『神奈川県考古学会平成 12 年度考古学講座相模野旧石器編年の到達点』神奈川県考古学会
白石浩之・加藤千恵子編　1996『吉岡遺跡群Ⅱ 旧石器時代 1　AT 降灰以前の石器文化』かながわ考古学財団調査報告 7　（財）かながわ考古学財団
杉原荘介　1956「縄文文化以前の石器文化」『日本考古学講座』3　河出書房新社
杉原荘介　1974『日本先土器時代の研究』講談社
鈴木次郎　1983「細石器（本州地方）」『季刊考古学』4　雄山閣出版
鈴木次郎　1986「ナイフ形石器の終末と槍先形尖頭器石器群の出現」『神奈川考古』22　神奈川考古同人会
鈴木次郎・矢島國雄　1978「先土器時代の石器群とその編年」『日本考古学を学ぶ』1　有斐閣
須藤隆司　1986「群馬県藪塚遺跡の石器文化―ナイフ形石器の型式学的考察―」『明治大学考古学博物館館報』2　明治大学考古学博物館
砂田佳弘　1993 a「先土器時代石器群研究の行方―その時代史と研究の枠組み―」『かながわの考古学』3　神奈川県立埋蔵文化財センター
砂田佳弘　1993 b「細石器技法の発達」『考古学の世界 古代を拡大する 2 関東・中部』ぎょうせい
砂田佳弘　2001「相模野細石器編年の到達点」『神奈川県考古学会平成 12 年度考古学講座相模野旧石器編年の到達点』神奈川県考古学会
諏訪間順　1988「相模野台地における石器群の変遷について―層位的出土例の検討による石器群の段階的把握―」『神奈川考古』24　神奈川考古同人会
諏訪間順　2001「相模野旧石器編年の到達点」『神奈川県考古学会平成 12 年度考古学講座相模野旧石器編年の到達点』神奈川県考古学会
諏訪間順　2002「相模野旧石器編年と寒冷期の適応過程」『科学』72-6　岩波書店
諏訪間順・堤　隆　1985「神奈川県大和市深見諏訪山遺跡第Ⅳ文化層の石器群について」『旧石器考古学』30　旧石器文化談話会
石器文化研究会編　1996『石器文化研究』5　石器文化研究会
石器文化研究会編　1998『石器文化研究』6　石器文化研究会
堤　隆　1987「相模野台地の細石刃核」『大和市史研究』13　大和市役所
戸沢充則　1965「先土器時代における石器群研究の方法」『信濃』17-4　信濃史学会
戸沢充則　1990『先土器時代文化の構造』同朋舎出版

西井幸雄　1998「V～IV下層段階の範囲と細分の可能性」『石器文化研究』6　石器文化研究会

藤野次史　1989「日本列島における槍先形尖頭器の出現と展開」『周陽考古学研究所報』4　周陽考古学研究所

矢島國雄・鈴木次郎　1976「相模野台地における先土器時代研究の現状」『神奈川考古』1　神奈川考古同人会

山内清男　1937「縄紋土器型式の細別と大別」『先史考古学』1-1　先史考古学会

和島誠一・岡本　勇　1958「縄文時代」『横浜市史』1　横浜市

（『考古論叢 神奈河』11、2003年〔『石器文化の研究』新泉社、2005年〕所収）

III

月見野発掘後の40年

戸沢充則　*Tozawa Mitsunori*

1
日本先土器時代研究の視点〔講演〕

30年前の岩宿発見の感動

　今日のシンポジウムの前座として、神奈川考古同人会の皆さんから、「日本先土器時代研究の視点」という話の題目をいただきましたので、岩宿遺跡発見以来の研究をふりかえりながら、最近の先土器時代研究について、日頃考えている2、3の点を、雑感的に話させていただきたいと思います。

　今回の企画をされた皆さんは、十分に認識されている上のことと存じますが、今年は1979年ですから、1949年に岩宿遺跡での学史的な発見がおこなわれてから、ちょうど30年を経過したわけです。しかもその最初の発掘成功の日が9月11日と記録されていますから、今日（12月4日）はまさに先土器時代の研究が新しい40年目に向かって、その第一歩を踏み出したところです。そうした時点で、こうしたシンポジウムが企画されたということは、大変意義あることとして、敬意を表したいと考えます。

　ところで岩宿が発見された頃、ぼくは高校2年生でした。したがって考古学界でおこっていることを、生(なま)の形で知るという立場には全くいなかったわけですが、想いおこしてみますと、岩宿発見のニュースは言葉ではいい表わせない不思議な感動というか、なにか強く心に訴えるものがありました。ぼくは信州諏訪の生まれですが、そういう遠い山国まで、岩宿発見を契機として、何かが呼びかけてきたという印象を受けたことを、いまでも強く心の底に残しております。

　いまのようにいろいろな情報源のない頃ですから、岩宿に関する最初の文献としてぼく等が目にできたのは、『科学朝日』にグラビア付でのった「岩宿で旧石器発見」というような題の、杉原荘介先生の書かれた記事でした。それには芹沢長介・岡本勇先生などの書かれた夏島貝塚の記事などものっていまして、それらを見た時の印象が強烈だったと、いま改めて思いおこすわけです。そういう感動に似たものが、山国の高校生にまでとても新

鮮なものとして伝わってきたということは、その中にどんな意味があったのだろうかを、最近のなにか白けた気分と比較して、この際ちょっと考えてみたわけです。

　いくつかの意味があると思うのですが、その一つは、岩宿発見当時の考古学界には、なにかとても大きな学問的活力があったからだと思います。その最大の活力源は、以前、ぼくが『どるめん』に書いたことがありますが、岩宿発見以前の日本考古学史を振り返ってみますと、岩宿発見のおこなわれた1949年という年が、日本歴史の大きな転換期に当たっていたことと、深い関連があると考えるのです。つまり太平洋戦争の敗戦を境として、歴史に対する観方が大きな変化をしたわけです。考古学にとくに関係して申しますと、戦前の皇国史観に支配されていた研究や歴史観から、戦後の民主主義に代表される自由な歴史観への転換が、岩宿遺跡の発見をもたらせ、そしてそういう歴史の転換の中でおこなわれた岩宿の発見や、そのころおこなわれていた登呂遺跡の発掘が、それまでの考古学界にはみられなかったような、学問的活力を生み出したといってよいのではないでしょうか。このことは学問のあり方の問題として、ぼくたち研究者にはきわめて大切な問題をふくんでいると思いますが、今日はそれ以上ふれないことにいたします。

　さて、そうした歴史の流れや社会の動きの中からかもし出される活力とともに、研究者自身の中にも非常に大きな活力があったことを忘れてはなりません。その点につきましては、故藤森栄一先生が書かれた『旧石器の狩人』などにも、いろいろな先輩たちのことが活写されていますから、いちいち例をあげるまでもないことですが、一つの目標に向かって、大変な情熱をもってつき進んでいく先輩たちの姿をそこに見ることができます。はたから見てみますと、誰々さんと誰々さんが発見や業績を競っているなどと、悪口をいわれるようなこともあったのですが、当時、大学に入学して、そうした先輩たちの何人かに接していたぼくなんかは、外野からの野次馬的の観方とは別に、もっと真摯な学問的な情熱をもって、先輩たちは先土器時代の研究を推進していたとみています。

研究用語と概念の整理と統一を

　岩宿発見当時のことを想いおこしながら、それでは現在の状況はいったいどうなんだろうと考えてみたいのです。もちろん、今日ここにお集まりの皆さんは、こんな朝早い時間に、遠くから横浜に集まってこられたわけですから、それぞれがたいへんな情熱をもっておられるわけです。しかし今日の日本の社会全体の中で、日本考古学界の活力というものがどれだけ発揮されているのかというと、多少の疑問がないわけでもありません。

　戦後三十数年の間、社会の中で脚光をあびた考古学としてのすぐれた実績を、いま日本

の考古学界はそれなりに蓄積しています。最近では高松塚だ、大安麻侶の墓だと、新聞の一面トップを飾るような「大発見」も相ついで、いままでになく多くの一般の人々に、考古学への関心をよびおこさせていることは事実です。そうした人々の中のかなり多くの人が、新聞や雑誌の記事からもう少し進んで、専門的な知識を求めようとする傾向が強くみられます。新聞社などが企画する講演会や考古学・古代史関係の講座が、いつも満員の盛況だということをみてもよくわかります。

ところがそうした人々が、あと一歩専門的にと思っても、その第一歩で大きな障害にぶつかります。いや一般の市民だけではありません。大学の考古学専攻生だって似たりよったりです。つい先頃のことですが、私の講義を受けている学生に「最近の先土器時代研究の問題点」というレポートを書かせました。いろいろありましたがその中で一人の学生が——その学生は古墳時代についての研究を卒論テーマにしていて、いわば先土器時代研究では門外漢ということになりますが、彼がいうには、「先土器時代研究はまず用語についての問題がある。いろいろ難解な用語があるが、むずかしいなりにきちんとした概念のうらづけがあるかというと、誰々さんの用語、誰の概念という具合で、必要とも思われない用語・概念が研究の中で一人歩きしている。そういう状態では、言葉の問題から、先土器時代研究にはなんとなく入っていけないし、興味も遠のく」というのです。

こうした指摘は先土器時代研究にとくにいえるかもしれませんが、日本考古学一般に当てはまることでもあります。ごく普通の例をとりましても、最近は発掘現場によく市民が見学に訪れます。以前は研究者はそうした市民を邪魔扱いしたのですが、最近はどこの現場でも、調査員などが親切に説明してあげています。これはとてもいいことだと思います。そうした時に横で話を聞いていますと、「ここからショウドが出ています」とか、「そこに見えるのがチューケツです」「住居のヘキは低く」などという説明が、ぽんぽんととび出します。焼けた土のことを焼土といい、柱の穴のことを柱穴といわねばならない理由は全くないのではないかと私は思うのですが。いくら慣用語だといっても、これは研究者間の隠語のようなもので、学術用語とはいえないものだと考えます。

こうした簡単な例をとってみても、考古学者が使う用語には、一般の人々には理解できないものがたくさんあります。私たちは平気で使うんだけれども、聞いている人にはなんのことだかわからない言葉がたくさんあるわけでして、そのために現場にせっかく来て実物に接しても、簡単なことがわからないまま終わるということが意外と多いのです。これではもの珍しさに考古学に興味がもたれても、考古学が一般市民の中で、日本の社会の中で活力を与える学問として成長できるわけがないのではないでしょうか。

先土器時代の研究についても、先に紹介した学生のレポートの指摘をまつまでもなく、用語の不統一、難解さということが、研究を必要以上にむずかしいものにし、多くの志あ

る研究者を疎外しているのではないかとおそれます。その点で、今日この会場にお見えの小田静夫さんや山中一郎さんや赤沢威さん等が、先土器時代の研究に必要な用語や石器の名称を、整理して体系づけようとする仕事を進行されていると聞きまして、おおいに期待しているわけです。できることならばその出来上がってくる用語が、ごく普通の日本語で、だれにでもわかるようなものであることを願っています。

　用語についてはいろいろな問題がありますから、一度にみんなが納得するというのは難しいのですが、とにかくそういう努力に敬意を表しますし、まさに岩宿発見以来30年を経た研究史の中で、まことに意義のある仕事であると評価したいと思います。

　それはそれとして、今日ここにおいでの皆さんが、すぐにでも出来ることを提案したいと思うのです。それはみんなが目的もわからずにむずかしい研究をするのではなく、目的を定めてわかりやすい研究を進めるように努力していこうということであります。そうした努力の中から、一般の人々もふくめて、学問の活力というものが生まれてくると信ずるのです。

一つの石器に歴史の重みを

　前の話と関連するのですが、ある女子大学で一般教養の考古学の講義で体験したことをお話しします。ある時、研究室から30個ばかりの石器をもっていって、教室でみんなに実際にそれを手にとってもらって話をしました。話といっても黒板に石器の図を書きながら、「ナイフ形石器というのはこういう形をしているから、仮にナイフ形石器と呼んでいます。そしてそれはこうして作られています」といった、ごく簡単な説明をしたわけです。そしていろいろな石器を見せた後、50人ほどの受講生に感想文を書かせました。そうしましたら学生たちが異口同音に答えたことは、石器を実際に自分で手にとって、「1万年以上の歴史の重みを実感として味わった」という感動です。そして例えば「こんなに鋭いものが石で作られるとは信じられなかった」とか、「石器には作り方があるのだと知って驚いた」などという人がたくさんにいました。

　ここにいる皆さんは考古学を専門に勉強しているわけですから、石器には作り方があり、その技術に伝統や特徴があることを知識としてもっています。しかし石器を手にして、手のひらの上に1万年以上の歴史の重みがあるなんていって、ふるえるほど感動することがありましょうか。原体験としては誰も同じだとは思いますが、いま専門家という立場で考えてみますと、石器を手にしてまず気にすることは、それが何々型であるとか、どこの遺跡に類例があるとか、そんなふうなことです。もちろん研究者ですから当然といえばいえ

るのですが、女子大生の感動にくらべると淋しい気持ちがいたします。

　私は学問というのは、ものを知り、あるいは知ったことの感動から始まるという一面を強くもっていると思うのですが、いまの私たちはあまりにも知りすぎたか、時には知っているという専門家的先入観の上で話をし、また研究をしているのではないかと反省させられるのです。たとえ専門家といえども、自分が対象とする研究素材の中から、常に何らかの感動を求めるような研究、そうした感動にもとづいて、その感動を素直に成果に結びつけるようなわかりやすい研究を心がけるべきだと考えます。そうすることが、私たちの考古学を、そして先土器時代の研究を豊かにしていく一つの道であると思うのです。

　岩宿発見以後30年、新しい40年目を迎えようとしているいま、日本考古学史上最大の発見といわれる先土器時代の研究をより発展させるために、皆さんといっしょに以上のようなことを心がけてみようではありませんか。

研究史の新しい画期の意義

　ところで、岩宿発見以来30年を経た研究史の中で、その研究史の一画期として、いま「月見野・野川以前と以後」といういい方がほぼ定着しているように思います。ご存知のように月見野遺跡群はこの横浜に近い神奈川県の相模野台地に発見された代表的な先土器時代遺跡で、1968年にかなり大規模に発掘されました。また野川遺跡は武蔵野台地の遺跡で、翌年の1969年にこれも大規模な発掘調査がおこなわれました。

　この1960年代の最後の年におこなわれた2つの遺跡の調査が、どういう意味で研究史の画期になったのかということを、それ以来10年、ちょうど岩宿発掘以来4度目の10年を迎えるいま、私たちはもう一度考えなおしてみることが必要ではないでしょうか。

　発掘の成果という現象面からみてみますと、確かに月見野・野川の両遺跡は、それまでの研究の状況を一変させるような結果をもたらしました。それはかなり広い範囲をもつ一生活面上に、非常に多量の石器や石片、それから礫群などといった資料が、面的におさえられるという実例が示されたということが第一の点です。それを契機として、個体別資料の分析による遺跡の性格づけ、さらにセトルメント・パターン方式による遺跡の特徴づけなど、要するに遺跡における生活空間を明らかにしようという研究が飛躍的に発展しました。

　それから第二の点としては、そうした生活面や文化層が幾層にも重なる、いわゆる重層遺跡が続々と発見されるきっかけをつくり、たとえば石器群の編年研究についてみても、客観的な層位的事実にもとづく観察が可能となったということです。

以上のようなことは、いまでは少なくとも関東地方の先土器時代の遺跡について、ごく当たり前のことだというほど実例がふえていますが、10年前には考えられなかったことです。関東地方などは火山灰に埋もれた半砂漠のような大地で、遺跡もせいぜい10メートル四方位の範囲に、20〜30個の石器を残すような小規模なものが、あちこちに点々と点在しているのだろうというとらえ方が一般的でした。ところが、月見野や野川の発掘を通して、そうした先土器時代の遺跡観が一変したわけです。

　さて、月見野・野川などの調査がおこなわれるのと前後して、研究の様子も次第に変わってきました。いまいいましたような、遺物の面的なとらえ方や層位的な観察が、実に豊富な資料によって可能となったということもふくめて、月見野・野川以前と以後の研究のちがいを一口にいいますと、余り熟さない言葉ですが「個別資料の研究から、全体の構造の研究へ」と表現してもよいかと思います。石器の編年ひとつを例にとってみても、非常に貧弱な資料をもとに組みたてられていた研究史の初期のころは、ある器種の石器が他の器種の石器へと、はなはだ機械的というか、ひとりで自然に変わってしまうというようなとらえ方がおこなわれました。もちろんそういった初期の研究は、発見されたばかりの先土器時代の編年の大枠を理解するのに、たいへん大きな役割を果たしたことは忘れてはいけないと思います。

　現在、相模野台地や武蔵野台地の遺跡では、細分されたローム層の層位にあわせて、多くの石器の出土が記録されています。そして以前とはちがって、石器製作技術や器種の複雑な組成を問題にするなど、多面的・構造的な石器群の観察を通して、編年の試みがなされようとしています。これはたいへん好ましい研究の方向だと評価するわけですが、一方、卒直にいいまして、月見野・野川以後、発掘の大規模化にともなって莫大な資料が発見されるようになり、その大量の資料をややもてあまし気味ではないだろうかという感じももつのであります。

　どういうことかといいますと、また石器群の編年のことに関連いたしますが、いま多くの研究者が熱心に編年の体系をつくるために努力されています。どこの遺跡の第何層からはどんな石器が出、その上層の第何層からはこうゆう石器が出るといった記述からはじまって、石器を作った素材の特徴はどう変化するかとか、細部加工の特徴はどうかなど、実に細かな記述にまで立ち入って研究が進められています。改めていうまでもないことですが、編年研究というのは、考古学が扱う時代の時期区分になる基礎的な仕事として、欠かすことのできないものであることはいうまでもありません。しかしそれはあくまでも基礎であり、研究の手段であるわけで、どんな細密な編年研究をするにしても、その基本には先土器時代の人々がある時期になぜそういう石器を作ったのか、またその石器を使ってどんな生活が展開されていたのか、石器の研究を通じてそれがどこまで明らかにされるのか

などといったように、つねにその石器を研究することの目的を、はっきりと研究の視点としてもっていることが必要だと思うのです。

自分の不勉強を棚にあげて、私はよく「目的のない編年研究」だとか「細分のための型式学」などといって、皆さんから叱られますが、実際、卒直にいって、何のためにわけのわからない、針の先でつつくような研究をしているのかと疑問に思うこともしばしばあります。もちろん多くの研究者が、最近までに蓄積され、また蓄積されつつある大量の石器を、なんとか一つの形にまとめて体系的に理解できるよう努力をしていることはわかります。しかし現実にはそうした研究が個々ばらばらで、いろいろなやり方で、いろいろなことをやっておられるわけで、とくにその中で概念のはっきりしない、難しい用語がやたらに氾濫し、石器はそこに置き去りにして、言葉だけが走りまわっているという現状も、残念ながら認めざるをえないのです。そんなわけですから、石器の変遷を、先土器時代のおおまかな歴史の変化に重ねて語る時には、岩宿発見直後に杉原先生や芹沢先生が提唱されたような編年が、道具の変化の歴史としては有効性をもつとさえいってもよいのではないでしょうか。

そういうわけですから、先土器時代研究史の新しい段階を迎えようとしているいま、私たちは一人一人が研究の目的と視点をはっきりともつこと、そしてみんなが共通に理解できる研究の手段や方法の確立を、個々ばらばらでなくみんなの共同の仕事としてとりくむことが緊急に必要だと思います。何回か話題にしました用語の問題にしても、前のものは駄目だからといって、いきなり聞きなれない新しい用語を使いはじめるのではなく、研究史的な評価と批判をきちんとおこなって、批判的に継承するという努力を最大限におこなったら、いろいろいじりまわしているうちに、用語だけ変わって内容は同じだったという混乱もなく、用語や概念もみんなの納得いく形で、ほんとうに研究に必要な武器として更生されていくのではないかと考えます。

いま「月見野・野川以前と以後」という研究史上の一つの画期の意義について話してきたわけですが、それはけっしてそれ以前のすべてを否定してはじまったのではなく、豊富な資料を得て、それ以前の研究を批判的に継承するという側面を大切にしなければならないという点を強調したつもりです。

先土器時代研究には石器型式学がない

なにか序論のような話で、予定の時間の半分以上をつかってしまいましたが、あとすこしばかりの時間で、前からの話にも関連があります、石器の型式研究、いわば型式学に関

する、若干の私見をお話ししてみようと思います。

　まず、型式学の必要性ということについてですが、この点に関しては、今日ここに出席の山中一郎さんなどがとくに熱心に考えられ、すでにいくつかの論文を発表されていることはご存知の通りです。

　その山中さんの案内で、私は数年前、フランスの有名な先史学者ボルドウ教授をおたずねしたことがあります。その時の体験ですが、私は大学の研究室からおみやげにあずかった報告書や遺物写真をたくさんもって〝ボルドー詣り〟をしたわけです。遠い日本からきた考古学者ということもあって、好意的に歓迎していただきました。私がおみやげを渡しますと、ざっと、しかしかなり熱心にみた後で「すばらしいきれいなデッサン（石器の実測図のこと）が、たくさんのっていて立派な本です。大変な努力で、時間と労力がかかるのでしょうね」という、お賞めの言葉とも皮肉ともうけとれる評をいただきました。そしてしばらく写真や図を見ながら先生の話をうかがっていたのですが、途中である一つの石器を指さして「ボルドウ先生、この石器はフランスの石器とくらべて、どうごらんになりますか」と質問をいたしました。するとボルドウ教授のいうことには「面白い石器ですが私にはわかりません。というのは、日本の石器の研究では、はっきりとした型式学が示されていないからです」という返事がかえってきたのです。

　ご存知のようにボルドウ教授の石器型式学は、フランス先史学の一つの柱をなすもので、日本にも一部が紹介されていて、世界的に著名です。フランスの旧石器時代のすべての石器を細かく分類して、それにもとづいていろいろな遺跡から出る石器群を、累積グラフなどを使ってその特徴を図式化するなどといった研究をしていますが、それにはボルドウ教授なりの石器の観方、分析の仕方についての基礎があって、そうした方法論的な基礎の上に、ボルドウ型式学の体系とでもいうべきものを作り上げているわけです。

　残念ながら日本には、ボルドウ教授が指摘される通り、石器の研究についてはいまだにそういった体系がないのです。石器の型式学が確立していないといってもよいわけです。因みに、ボルドウ型式学に対比されるものは、縄文土器研究における山内型式学があげられましょうか。

　いずれにしても、先土器時代の研究では、どこどこの遺跡から新しい石器が発見されると、これが「何々型石器」であるといってみたり、グレイバーの分類なんかでは、誰々さんの分類によるX形で、別のだれかさんの分類ならZ形だなどといった具合に、目の前の個々の石器をどれにあてはめればいちばんいいかというような型式分類がおこなわれていたわけです。これではなかなか、先土器時代のすべての石器を網羅して、その中で一つ一つの石器の位置づけを明らかにできるような体系的な型式分類＝石器の型式学はつくれないと思うのです。だから、こんな研究の状態で、私たち日本の研究者がどんなに重要だ

と考える石器を、外国の研究者に見せても、珍しい石器ではあるけれども、所詮ははるか極東の島国のエトランゼの石器だという評価しか与えられないのです。このことは石器そのものに対する理解はどうあれ、日本の石器研究の方法や水準が問われているんだなということを、その時、ボルドウ教授の言葉の中に感じて、私はとてもさみしい思いをいたしましたし、同時に反省もさせられたのです。

　話が長くなってしまいましたが、以上のようなボルドウ教授の意見に示されたように、日本における石器の研究は、岩宿発見以来営々と続けられ、とくに最近は資料もふえ、また研究者の層も厚くなり、以前とくらべると研究は格段に進んだことは確かですが、やはり石器研究の基礎というものがきちんとしていないという指摘は、当然のこととして受けとめるべきだと思います。長いことフランスに留学してこられた山中さんなどは、そういう日本と外国の研究の現状を肌で感じて、いま一生懸命に日本の石器型式学の確立のためにやっておられるわけでして、山中さんのみならず最近の若い研究者のそうした研究の成果をみますと、やはり先土器時代研究の新しい時代が近いように感じられるのです。

歴史の動態を知る研究に向けて

　ところで、ひと口に型式学の確立をといっても、その研究をどういう方向でやっていこうとするのかという点において、研究者の間でそれぞれ考え方がちがうのではないかと思います。

　たとえば、先ほど述べましたような、フランス先史学を代表する一つであるボルドウ型式学について、私はそれは「記述のための型式学」という側面が強いように感じられます。日本の研究においても、石器の観察と記述を客観的に、また正確におこなう基礎となるような、体系的な石器の分類が必要であることはいうまでもありません。

　しかしそのことと同時に、本来、考古学の基本的な方法である「型式学」には、単なる記述や分類だけではなく、歴史の動態をつかむための型式学という考え方はあって当然であるし、石器の研究における型式学においてなくてはならない要素であると思うのです。「記述のための型式学」と「歴史動態をつかむための型式学」というのは、具体的にどのように違い、それぞれを、とくに後者を具体的な研究として進めるにはどうしたらよいかということになると、ひと言ではなかなか説明しきれません。そこでたとえば山中さんの論文の中から言葉を借用すれば、「技術形態学」と「機能形態学」というものの差が、ややそれに近いといえるかもしれません。杉原先生の『原史学序論』での型式と形態という二つの概念のちがいもそれに相当するでしょう。

つまり、ある石器がどういうように作られているか、その技術的な特徴がその石器にどのように現象しているか、もっと具体的な例では、ある種のナイフ形石器にはどの部分に細部加工があり、それがどんな素材でつくられているか、また大きさや刃の形はどうなっているか等々、その石器を生み出しているいろいろな要素を細かく観察して、できるだけ客観的な分類をおこなう。あるいはおこないうるような分析の基準を明確にするのが、技術形態学の目的であるように理解しています。

それに対して機能形態学とは、これもさまざまな方法で客観的な観察・分析をおこなって、ある石器が何につかわれたのかという、文字通り客観的な形態研究にもとづいて機能を明らかにするのが目的の研究であると、私は山中さんの論文を読んで受けとっています。

山中さんは、当面は機能形態学より、ボルドウ型式学がそうであるような、技術形態学をまずきちんとやるべきだという意味の提言をしているわけですが、私はその提言はそれなりに、型式学の一つの方向を示したものと理解しますが、同時にやはりこの技術形態学と機能形態学というものを統合する試み、それが一つになった「型式学」が、日本の先土器時代研究の中で、フランス「先史学」の伝統とはちがった、日本「考古学」の伝統として、今後順当に発展していくべきだという考え方を前々から持っていました。

それは私の場合、もう20年近くも以前のことになりますが、考えてみますと先土器時代の研究の初期の頃で、石器の型式や形態などといった認識や観察も不十分だった頃、「インダストリー論」という学生時代の習作論文のようなものを書きました。そこでいまいった「技術形態学」と「機能形態学」の統合された型式学の試みが必要だということを、自分の意識の問題として表現したわけです。

そのような型式学の追究が、なぜ歴史の動態を明らかにする型式学になるかという点について若干ふれてみますと、たとえば私たちはいまいろいろなやり方で石器群の編年というものをやっております。その中で、ある石器が次の段階にはこういう石器に変化する、下層にはこんな石器があり、上層には別の石器があるということを、考古学的な事象としてとらえることができます。そうした事象の中には、今日も話題になるかと思いますが、ナイフ形石器の小形化、あるいは細石器化と一部でいわれるような、ナイフ形石器の変化が認められています。このナイフ形石器の小形化というのは、石器の製作技術などに関連した、いわゆる技術形態学の部分に関連するものと考えられます。つまり、ある種のナイフ形石器がだんだんと技術改良され、石器を作る技術的な特徴の変化を重ねながら、だんだん小さく、精良な形に変化していくわけですから、石器そのものをつくる技術とそれが実際の石器の上に表現された技術的特徴の変化ととらえられるわけです。

しかし、そのような変化を重ねながら、ナイフ形石器が小形化し、ついに細石器化したという評価が許されるなら、ナイフ形石器が細石器に変わったということは、石器の機能

に関する面での大きな変化としてとらえるべきだと考えるべきです。

　あまり適確な例ではありませんでしたけれども、要するに先土器時代2～3万年間の石器の変遷を見ていますと、その中に石器が質的に変化する部分と、量的に変化する部分があることがわかります。尖頭器の出現過程に関する稲田孝司さんの論文は、そうした変化を動的にとらえようとした内容をもつものだったと、私は研究の視点を高く評価してきました。もう一度申しますと、石器の質的変化というのは、いわばその石器の機能の変化を予知させ、それを用いた先土器時代の人々の生活の（歴史的な）変化を背景にもったようなものだと考えられます。それに対して石器の量的変化というのは、その石器の機能や用途に直接はかかわり合いのない、いわば石器のもつ「クセ」の変化というんでしょうか、そういう表面的・現象的な変化というようにとらえてよいと思います。

　こうした石器の質的な変化と量的な変化というものは、けっして別個に独立してあるものではなく、関連しあい、からみ合って一つの石器の変遷の過程をたどるものです。石器群の質の変化と量の変化を一体的に、また言葉をかえていえば構造的にとらえるための型式学があってこそ、歴史を動態として把握する石器研究が進展するのではないでしょうか。

　そうは言葉でいっても、理念を実践的研究に結びつけることは容易ではありません。しかしそうした方向をもった研究が、それがたとえ技術形態学をいまは厳密に進めるべきだと主張する立場でも、その方向を見失わないことが、細分のための目的のない型式学を止揚して、型式学そのものの質と、したがって先土器時代研究の内容を深めることにつながるのだと、私は確信しています。

　まとまりのない話に終始しましたが、要するに、先土器時代研究史の上で、「月見野・野川以後」10年を迎えたいま、私たちが真剣に考えるべきことの一つとして、「日本の石器研究には型式学がない」という、ボルドウ教授などの批判を卒直に受けとめ、それならば石器の型式学というものをどのように進めていくべきかを考えなければいけないという点をながい話の中で強調したわけです。そしてその中で、研究を進めるためにはいろいろな段階とか、研究上のテクニックの問題はありますが、少なくとも意識の問題として、石器の型式学というものを、石器変化の質と量の関係でとらえるといった、歴史動態を知るための型式学を確立する方向を目ざす必要があるという私見を述べてきました。

　今日これから後のシンポジウムを通じて、皆さんの熱心な研究の中に、これからの型式学のあり方を示唆するような発表を期待して、私も一生懸命勉強させていただこうと考えています。

（『神奈川考古』8、神奈川考古同人会、1980年所収）

戸沢充則　*Tozawa Mitsunori*

2
先土器時代研究の到達点と保存の意義

はじめに

　岩宿遺跡の発掘以来、先土器時代の研究は30年を数える。この間、1960年代後半の時期を境として、研究史は一つの転期を迎えたといえる。

　それは1968年に発掘調査された神奈川県月見野遺跡群、翌年の1969年に発掘調査された東京都野川遺跡において、それまで、研究者が予想しなかったような、先土器時代の研究の上できわめて重要な成果がえられ、それに対応する研究の方法論上の深化が試みられるようになったことが、研究史上「月見野・野川以後」と画期される理由となった。

　ところでいま、月見野・野川遺跡の「成果」と表現したが、実は、前者は大規模な宅地造成事業で、また後者は河川改修工事に伴って発見、発掘調査されたものである。工事の原因者（遺跡の破壊者）が負担するかなり多額の発掘費とさまざまな便宜を得て、はじめて数千m²の大面積と、数mの厚さのローム層を深く発掘することが可能となり、その結果、月見野・野川両遺跡とも、遺跡を面としてとらえる調査や、そして十数層にわたって累積する層位的な生活面を検出するという「成果」を収めることができたのである。

　しかし筆者はこうした一連の「成果」を、ほんとうに成果として評価できない一種のうしろめたさを感じる。月見野・野川以後、その両遺跡での体験をもとに、主として南関東の武蔵野台地、相模野台地、常総台地などを中心として、大規模調査が相ついで行われ、日本の先土器時代に関する研究は、量的には、それ以前と比較にならぬほどの展開をみせた。資料はいまでも年々増加しているが、それらを正しい方向に体系づけるような研究はそれほど進んでいない。それは新しい資料の増加に、整理や分析が追いつかないという「消化不良」の現象でもあるし、後をたたない緊急調査の連続で、研究の時間が生み出せないという、現代の日本考古学研究者が共通に背負う矛盾の反映でもあるからである。

　そのような矛盾をかかえながらも、遺跡はつぎつぎに発見され、休みなく発掘されてい

く。そして不幸なことに、そうした先土器時代の遺跡はどれ一つとして保存の対象になっていない現状を、いま研究の到達点を語る中で、まず痛切にわれわれは反省しなければならないであろう。

層位と編年の再検討

　1968年に発掘調査された月見野遺跡群では、厚さ4mをこす立川ローム層の中に、少なくとも10枚以上の生活面が重層していることが確められた。この遺跡群が立地する相模野台地は、関東ロームを形成した火山灰の最も大きな供給源である富士、箱根により近いため、たとえば東京周辺の武蔵野台地にくらべ、ローム層の堆積は倍近い厚さをもつ。その結果、ローム層をさらに細かく区分するための鍵層、すなわち黒色帯（暗色帯＝図1の柱状図に示したB0～B4）やスコリヤ層、パミス層の存在も顕著であり、層区分はきわめて明瞭である。しかも多くの場合、先土器時代の一つの生活面は、安定した遺存状態を示す礫群によって、その層位をほぼ限定できるという利点をもっている。

　このようにして相模野台地では、月見野遺跡群とそれ以後に発掘調査された遺跡の例も加えて、20枚に近い重層する生活面が検出され、その層準は立川ローム層の最下底近く（約3万年前）から、最上面（約1万年前）にまでおよんでいることが明らかとなった（矢島國雄・鈴木次郎「相模野台地における先土器時代研究の現状」〔『神奈川考古』1、1976年〕）。

　一方、相模野台地と併行して進められてきた武蔵野台地での発掘調査でも、東京都野川水系に分布する豊富な遺跡群で、多くの層位的重複のある遺物が発見され、相模野台地に匹敵する成果が続続ともたらされている。とくにここ2、3年の間に調査された東京都鈴木遺跡や高井戸東遺跡などでは、立川ローム層の最下底部に近い第X層から、局部磨製石斧を伴う特色ある石器群が検出されるなど、立川ローム層全層にわたる先土器時代石器群の変遷は、ほぼ全体を層位的にとらえうる段階に達した（小田静夫「無土器時代から縄文時代へ―東京野川水系」『地方史と考古学』1977年他）。

　図1は相模野台地の資料を主として、南関東における先土器時代文化の編年研究の成果を示したものである。図幅の関係上細部で省略した部分が少なくない。また武蔵野台地の石器群は第1期の高井戸東遺跡以外のものは図示していないが、石器の特徴、変遷は相模野台地とほとんど全く同じとみて差し支えない。

　その結果から明らかなように、多くの石器群は総じて多様な器種からなる組成をもちながら変遷していることがわかる。それらの器種の中で、型式上の変化があるとはいえ、はじめから終わりまでナイフ形石器が特徴的な存在を示すことが明らかである。そのことか

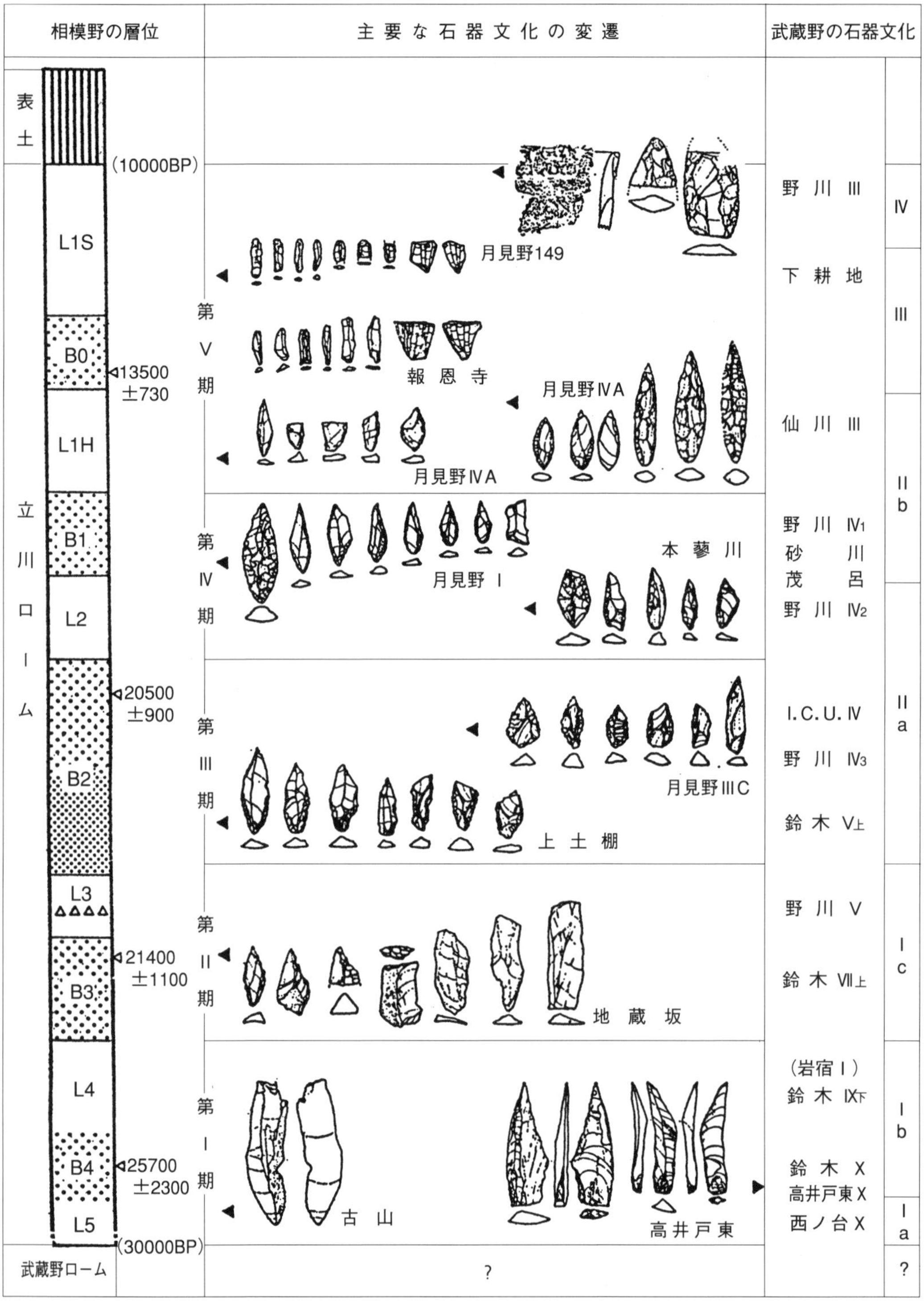

相模野の層位	主要な石器文化の変遷	武蔵野の石器文化	
表土			
(10000BP)		野川III	IV
L1S	月見野149	下耕地	III
B0 ◁13500±730	報恩寺　月見野IVA	仙川III	
L1H	第V期　月見野IVA		IIb
B1	第IV期　月見野I　本蓼川	野川IV₁　砂川　茂呂　野川IV₂	
L2			
◁20500±900	第III期	I.C.U.IV　野川IV₃　鈴木V上	IIa
B2	月見野IIIC　上土棚		
L3		野川V　鈴木VII上	Ic
B3 ◁21400±1100	第II期　地蔵坂		
L4		（岩宿I）鈴木IX下	Ib
B4 ◁25700±2300	第I期　古山　高井戸東	鈴木X　高井戸東X　西ノ台X	Ia
L5 (30000BP)			
武蔵野ローム	?		?

図1　南関東地方の先土器時代の層位と編年（模式図）

ら、日本の先土器時代文化は、ナイフ形石器の型式学的研究を深めることによって、時代の動きと文化の構成の輪郭を描き出すことができるという予想は十分になりたつ（たとえば白石浩之「東北日本におけるナイフ形石器変遷の素描」『神奈川考古』1、1976年等）。

　月見野・野川以前の研究史的な仕事の中では、敲打器文化→刃器文化→尖頭器文化→細石器文化という、示準石器による「文化」の編年がおこなわれた（杉原荘介編『日本の考古学1　先土器時代』1965年）。相模野や武蔵野台地における最近の研究結果は、そうした単純な編年観が修正されるべきことを教えているが、同時にナイフ形石器、槍先形尖頭器、細石器の出現する順序が、従来の研究結果を全く否定すべきものでないことも示している。重要なことは、そうした新しい器種の石器、主要な生産用具である道具がどのような歴史的背景の中で生まれてくるかといった、石器群変化の「動態」を把握する素材として、最近の豊富な層位的事実にもとづく編年研究の成果が活用されなければならないという点にある。そのような意味で、石器群の構造的理解の試みが改めて注目されなければならない（たとえば稲田孝司「尖頭器文化の出現と旧石器的石器製作の解体」『考古学研究』15-3、1969年）。

　相模野・武蔵野台地の先土器時代文化の編年では、図1に示されているように、それぞれの地域でそれぞれの研究者の観点にもとづく分期が試みられている。

　武蔵野台地では小林達雄・小田静夫等が、ナイフ形石器の消長を主な基準として、第Ⅰ期ナイフ形石器盛行以前の時期、第Ⅱ期ナイフ形石器盛行の時期、第Ⅲ期ナイフ形石器消滅、細石器発達の時期、第Ⅳ期縄文時代への過渡的な時期という4区分をおこなっている。

　また相模野台地では、鈴木次郎・矢島國雄等が第Ⅰ～Ⅴ期の区分を示している。その区分の基準は、ほぼローム層の層準に準拠し、遺跡数の変動、礫群の消長とあり方、石器製作技術（剝片剝離技術）の変化、そして石器の器種組成と型式の変化など、いくつかの指標を検討しておこなっている点に特徴と意義があるが、まだ十分に図式的に説明されるにいたっていないきらいがある。

　こうして同じ資料を用いた時期区分に相違があるということは、けっして好ましいことではないが、先土器時代文化の研究ではいままでになかった一つの方向を示す芽として重要な意義もある。それは層位と型式の羅列によって、遺物の単純な前後関係だけを明らかにしようとした、日本考古学の伝統的な編年研究とはちがって、石器等の変化の中に、なんらかの歴史的な段階や変革期を求めようという意図が多少でもよみとれるからである。先土器時代文化の編年はそうした目的に対して、より積極的でなければならない現状に達したとみるべきである。

遺跡の構造への関心

　開発にともなう遺跡の大規模発掘によって、厚く重層する遺跡の層位的発掘が進んだのと同時に、遺跡を面的に広く調査することがおこなわれるようになった。

　1965年に発掘調査された埼玉県砂川遺跡では、遺存状態の比較的安定した石器群と、豊富な接合資料を得て、遺跡の構造を復原するための、基礎的研究が積極的に試みられた（戸沢充則「埼玉県砂川遺跡の石器文化」『考古学集刊』4-1、1968年）。

　そこで行われた試みは、その直後に調査された月見野・野川にもひきつがれ、研究史の一時期を画した月見野・野川以後の発掘では、遺跡の構造については研究者の最大の関心の一つとなっている。ちなみに、1964年に第一次調査を開始したフランスのパンスバン遺跡の発掘以来、フランス先史考古学の分野で伝統的な潮流であった型式編年学と並んで、遺跡の構造に関する研究はいまや中心課題の一つとなっており、それはヨーロッパの考古学界全体にも強く浸透しているのである。

　ところで先土器時代における遺跡の構造の把握は、まずブロック（あるいはユニット）とよばれる、同一生活面に遺存する石器・石片、あるいは礫や礫群、さらに最近の調査のように微細な木炭片の検出などまでふくめて、遺物群のある有意な空間的まとまりを、単位として観察することからはじめられる。多くの場合、一つのブロックは径数m以下の石器・石片の地点分布の範囲としてとらえられ、そうしたブロックが一遺跡に数カ所、多い例では十数カ所以上も存在するということが知られている。どこの遺跡でも検出される礫群と、石器・石片の分布とは必ずしも一致しない場合も多く、複数の礫群と複数の石器・石片分布（ブロック）がいっしょになって、一つの生活単位の場を暗示する等々の考え方があるが、結論は今後の分析にまたねばならない。

　こうしたブロックの把握を基礎とする遺跡の構造についての研究では、いま二つの動向を指摘することができる。その一つは野川遺跡をはじめ武蔵野台地の先土器時代遺跡を調査したグループが、すでにいくつかの論文等で発表しているような、セツルメント・アーケオロジーの導入による、ブロック（ユニット）あるいはブロック群のパターン化の作業である。それによると、それぞれのブロックを構成する石器の組成はそれらと剝片類の量比関係、さらに礫群・炭化物の有無や状況などによって、ブロックをいくつかのパターンにわける。それは例えば、石器を作った場、日常起居の場、厨房のような場などとその機能が類推される。つぎに一つの生活面上に分布するブロック群が、いかなる類型のブロックの組合せからなるかを観察し、その時期のその遺跡の性格、たとえば長期居住型の遺跡であったとか、短期のベースキャンプ的な遺跡であったといった類型化（コンポーネン

ト・タイプ）がおこなわれるのである（小林達雄・小田静夫他「野川先土器時代遺跡の研究」『第四紀研究』10-4、1971年）。

　以上のような試みは、遺物中心に陥りがちであった先土器時代文化研究に、遺跡研究の意味を具体的な問題として提起したという点で評価されるが、しかし廃棄された結果としてのブロックを固定的にとらえ、その機能・性格について本来分析の結果導き出される属性を、先験的に類型化するという、方法論上の混乱と危険性があるという批判がなされている（前出の矢島・鈴木論文等）。

　そうした評価と批判は、砂川遺跡や月見野遺跡群などの発掘調査を実践してきたグループの研究者たちによって出されたものである。そのグループによる砂川遺跡（第2次）や東京都下耕地遺跡の調査では、条件のよい接合資料を多くえて、個体別資料（原石の同じ石器や石片）の分析を精密におこない、一ブロック内ばかりでなく、ブロック相互間の資料の動きを明らかにし、遺棄された結果のブロックを固定的にとらえるのではなくて、ブロックの形成過程を把握しようとした。このような方向の研究では、まだ具体的に図式化された遺跡の構造に関する説明はあまりなされていないが、いろいろな可能性のある研究の展望が示されている。例えばブロック間にみられる「石器製作の癖」を通じて、各ブロックに関与した人数を割り出し、ブロック間の資料の移動によって、単位集団の範囲を把握することや、一遺跡に限定されない先土器時代人の行動の様式やその領域（遺跡群）について、より確率の高い推測を可能とすること等々である（安蒜政雄「遺跡の中の遺物」『どるめん』15、1977年、および前出の矢島・鈴木論文等）。

　紙数の関係で具体的にとりあげて紹介することはできないが、近藤義郎・春成秀爾・小野昭等による、先土器時代の集団関係やその背景をなす生業形態などについての大胆な問題提起は、上記のような南関東を中心とした先土器時代遺跡の構造に関する実践的な研究と、その展望を具体化した仮説として注目されねばならない（近藤「先土器時代の集団構成」、春成「先土器・縄文時代の画期について（上）」ともに『考古学研究』22-4、1976年。小野「後期旧石器時代の集団関係」『考古学研究』23-1、1976年）。

今後の問題

　研究の面でいえば、日本の先土器時代文化がどこまで古くさかのぼり得るか（いわゆる「前期旧石器」の評価）、帝釈峡遺跡群や野尻湖底の発掘で、先土器時代の動物相や植物相の究明や、さらに人類遺骸の確認などがどこまではたされるか、等々、いくつかの注目すべき課題が研究者の前にある。

しかしそうしたトピカルなテーマ以外に、先土器時代文化研究30年の歩みをふりかえって、いま緊急になすべきことの一つは、1965年の段階でいったんまとめられ、その後の調査・研究の中で再構築の必要が叫ばれてきた先土器時代文化研究の全国的な体系を、いまの時点でどのように確立するかという課題であると思う。

　それにはいろいろなアプローチの仕方があろう。基礎的には編年の確立もそうであるし、石器の型式学を最小限西欧の先史考古学の水準にまで達成することも一つである。しかしこれまでに概述したような、新しい研究史の段階を迎えて、ただ単に石器を中心とした個別研究の深化だけでは、新しい体系を生み出す意義は薄い。先土器時代の歴史叙述を目標とするという目的と方向をもった体系化が積極的に試みられなければならない。

　遺跡保存の面でいえば、いくつかの他の時期にはみられない困難さが予想される。その一つは遺跡がきわめて深い地下に埋もれているということである。地下数mの遺跡の存在は地表からはとらえられない。そのため多くの場合、大規模な開発関係の工事に伴って発見され、その結果、事前調査だけで破壊される。

　また深い地下に重層してあることや、そうでなくても縄文時代以降の遺跡のように、竪穴住居址等の顕著な遺構をほとんど残さないため、発掘を終わって遺物をとり出してしまえば、あとは何もないというケースが大部分である。そうした場合、保存といっても何を保存するのかという疑問が当然出される。フランスの洞窟遺跡などにみられる「テモアー（堆積物の一部を残し包含層の断面に石器文化の変遷を表示する）」などは、保存の一例であるが、これも層位編年学尊重という学史的段階では有効であろうが、遺跡の構造が問題となる現在ではきわめて安易である。とすれば、同じフランスのパンスバン遺跡で徹底して試みられている原位置主義の調査、そして型取りによる生活面の復原保存などが、いまでは最もあり得べき努力の一つといえる。

　資料数1000個をこえる先土器時代遺跡を一カ所掘れば、経験によれば数年の整理・分析の時間が必要であろう。だとすれば、遺跡はなるべく掘らないことが肝要である。それに関連して、先述したように、相模野台地でも、武蔵野台地でも、その他北海道の白滝地方や長野県の八ヶ岳東麓等々、全国には顕著ないくつかの先土器時代遺跡群の存在が知られている。地下の包含層の実態がつかみにくい先土器時代の遺跡では、個々の遺跡をあれこれ理由をつけて保存するよりも、上に例示したような地域の遺跡群全体を、というよりはその地域全体を、「先土器時代遺跡群重点保存区域」として、これから発見されるであろう新遺跡もふくめて、完全な保護の対象とするような積極的な方策がとられなければ、現状のままでは、遺跡が出た、石器を掘る、そして遺跡は空っぽになって消滅するという悪循環がつづくのである。

（『第2次埋蔵文化財白書』日本考古学協会、1981年所収）

戸沢充則　Tozawa Mitsunori

3
石槍文化研究の定点〔講演〕

石槍のふるさと信州へようこそ

　戸沢でございます。開会が遅れて大分時間が押せ押せになっていますので、「石槍（いしゃり）文化研究の定点」ということで、手短に40分ほどお話をさせていただきます。

　はじめに今日ここに、いま、こういう形で開催された、長野県考古学会主催のシンポジウム「中部高地の尖頭器文化」ですが、たいそうの前評判でした。先日、富山市で日本考古学協会の大会があったんですが、会場のあちこちで、「野辺山でまた会おう」とかですね、「長野のシンポジウムは君どうする」というふうな会話があちこちから耳に入りました。信州出身の研究者の一人として、その前評判、たいへんうれしく思いました。それで今日こうやって見ますと、その前評判どおりですね。お顔と名前があまりよくは一致しないのですけれども、現在、先土器時代研究の第一線で活躍している、県内外のたくさんの方がお見えになっております。はじめに長野県の出身者の一人として、「ようこそ、秋爽やかな信州へ」ということで、歓迎の意を表したいと思います。

　これからあと二日間にわたって、皆さん非常に内容の濃い勉強を始めるわけですけれども、さきほどありましたように、時間はきわめて貴重であります。私ごときロートルが、冒頭にしゃしゃり出てきて、40分間もお話する、大変もったいないことだと思いますけれども、一応シンポジウムのかたちを整えるためその前座だという意味でお引き受けをしました。ですからどうぞ、気楽に皆さん聞いていただきたい。お話しする内容につきましては、だいたいの要点を、今日配られましたシンポジウムの分厚いレジュメに書いてございますので、本当にウォーミングアップのつもりでお聞きになっていただきたいと思います。

歴史的意味のある「石槍」という用語

　まずはじめに、今日、石槍文化に関するシンポジウムが開かれたわけですが、近ごろ先土器時代の研究者の皆さんの間で、いわゆる尖頭器文化への関心が、非常に高いということにまず注目したいと思います。

　今年の春、白石浩之さんが『旧石器時代の石槍』という、まあこれは尖頭器文化に関する本邦最初の単行本ということになりますけれども、それが出版されました。私などは普段不勉強なものですから、いま研究がどうなっているのかということが分かりませんでしたけれども、この本を見て、大変啓発されるところが多かったと喜んでおります。白石さんは大変苦労されて、コンパクトにまとめられた良い本ですので、皆さんにも使って頂きたいと思います。これ以上言いますと宣伝になりますので止めますけれども、よろしくお願いいたします。先ほど、ぼく「石槍（いしやり）文化」という名前を使いたいということを申し上げたのも、一つはその白石さんの本の監修者ということで名を連ねたという責任の一端を感じているからでもあります。

　しかしそれだけでなく、やはり「尖頭器文化」というのは大変ややこしい言葉、難しい言葉のような気がいたします。先日も、文化財保存全国協議会の大会が明治大学で開かれまして、そのとき講演をしてくださった田中琢さんが、講演の中で考古学の用語が一般の人々にとって大変難しすぎる、ということに触れられました。その中で、英語の「ポイント（point）」の直訳である「尖頭器」という用語は、実に一般の人には馴染めない。普通の人なら、「せんとうき」というと、あの空を飛んでいる飛行機の「戦闘機」のことを思うのが常識である。となると考古学者は常識人ではないのではないか、まあいきなりそういうことにはなりませんけれども、とにかくあまりいい言葉ではない。せっかく日本語には「槍（やり）」という立派な言葉が昔からあるわけですから、それを生かしたほうが良い、というふうなことを言っておりました。偶然ですけれども、考古学の用語の難しさの例として「尖頭器」が出てきたということであります。

　考えてみますと、「尖頭器」の原語である英語の「ポイント」という言葉、それがヨーロッパの考古学界でそのまま石器の用語として用いられていることは、あんまりないんじゃないかと思います。例えば「spear-point」あるいは「spear-head」、槍の先ですね。「laurel-leaf point」とか、あるいは「laurel leaf shaped point」、要するに柳の葉の形、柳葉形をした尖頭器というように、形容的な語句と複合して使われているのが普通ではないかと思います。

　日本で個々の石器、いま話題にしているような尖頭器すべてを「石槍」ということには

若干の問題があるかもしれませんが、例えば、「尖頭器文化」というようなかたちで文化類型全体をいうときには、できたらこれからだれにでも分かり易い「石槍文化」のほうが良いのではないかと私は考えております。もっとも、こうした考古学の用語の問題は単に用語の問題だけではなくて、例えばこれからのシンポジウムを通じて、本当に石槍文化そのものがきちんと歴史的に評価されて、日本の歴史、日本の人類史の中に位置付けられるのかどうか、これが問題であるわけですから、そういう点で、今日のシンポジウムの結果を期待したいと思います。

石槍文化研究への最近の関心

　話が若干横道にそれましたけれども、その白石さんの本と前後しまして石槍文化に関する優れた、注目すべき論文がこのところ相次いで発表されています。内容までいちいちここで紹介するわけにはいきませんし、皆さん御存じの方も多いと思いますが、名前だけちょっと上げさせて頂きますと、この2、3年の論文を発表年代順にちょっと申します。まず栗島義明さんが「槍先形尖頭器石器群研究序説」という論文を1986年に書いております。栗島さんいらっしゃいますか。あの、失礼ですがちょっと所在を明らかにしていただければ、この後シンポジウムもスムーズに行くんじゃないかと思います。あちらにいらっしゃいました。

　それから翌年の1987年には織笠昭さんが、「相模野尖頭器文化の成立と展開」という論文を書いております。織笠さんは確かいらっしゃいましたね。

　それから同じ年に樫田誠さん、「神奈川県大和市深見諏訪山遺跡第Ⅲ文化層のナイフ形石器と槍先形尖頭器」。樫田さんいらっしゃるんですか。ああ、みんないらっしゃいますね。

　翌年になりますけれども安蒜政雄さんが、「明大和泉校地遺跡の石器群と編年」という報告書の中で大変分かり易い図式を出しております。安蒜さんもそのへんにいらっしゃいますね。

　それから、去年の暮れから今年のはじめにかけて、『信濃』に2回に渡って、堤隆さん、先程事務局にいましたが、「樋状剝離を有する石器の再認識」という論文を書いております。

　それから、鈴木次郎さんもいらっしゃいましたですね。いらっしゃいます？　あのまんなかにいらっしゃいますね。「相模野台地の尖頭器石器群」という論文を1989年、今年になって書いております。

それからごく最近ですけれども、伊藤健さんは「樋状剝離を有する尖頭器の編年と変遷」という論文を、ここ2カ月くらいの間に発表されています。伊藤さんいらっしゃるんですか？

　また今年の春に、東京都埋文センターの主催で「槍の文化史」と銘打つシンポジウムが開かれております。

　それから今日この会場に着いてからいただいたんですけれども、広島の藤野次史さんが、「日本列島における槍先形尖頭器の出現と展開」という大論文を書かれまして、今日別刷をいただきました。10月発行ですからホヤホヤでございます。

　まあこのほかにも私のまだ目に触れない、あるいは報告書の中で重要な研究、問題提起をしている論文も少なくないと思います。それらのすべてをここで紹介できないのは失礼かと思いますが、いずれにしても石槍文化に関する若い皆さんの研究には目覚ましいものがあるということであります。

　こうした状況は岩宿発見以後もう40年ですけれども、その中間に月見野・野川以前と以後と呼ばれる画期がございます。その月見野以前、特に岩宿発見以後の20年間、いわば研究史の初期の段階、中部地方の資料を中心に、やや集中的な石槍石器群に対する業績が見られたとき以来、これほどの盛況は初めてです。まさに「石槍ブーム」といってもよいと思います。

　石槍という特定の石器群、あるいは石槍文化についてというような限られたテーマについて、研究者の関心がこれほど集中しているという点では、おそらく先土器時代文化研究史の中で、かつてないほどの学界的状況といってもいいと思います。今年は奇しくも岩宿発掘40周年にあたります。その間研究史の一つの画期といわれる「月見野・野川以前と以後」に直接かかわった私としては、いま、石槍文化に向ける皆さん若い研究者の熱いまなざしが、これからの新しい研究史の画期を作るものではないかという大きな期待を持つわけであります。

石槍文化研究の研究史的意義

　ところで、次に先土器時代文化研究史において石槍文化研究の意義、先土器時代の研究史全体の中で石槍文化研究がどのような役割を果たしてきたか、ということについて若干気のついたことを話してみましょう。

　思えば研究史の初期の頃、この信州で、1952年に初めて先土器時代の遺跡である諏訪市茶臼山遺跡が発掘されました。先ほど由井茂也先生の話にもあったことですが、そのと

き指導に訪れた杉原荘介先生と芹沢長介先生が、諏訪の藤森栄一先生の研究所、諏訪考古学研究所にあった踊場遺跡の石槍を中心とした石器群を見て、それが先土器時代のものであるという確信を持たれました。それから「石槍を追え！」というスローガンを掲げて信州の各地を駆け巡ったわけです。その過程で先ほど由井先生のお話にありました、芹沢先生と由井先生の出会いということもありました。いま大変懐しく思い出します。

そして杉原先生の上ノ平遺跡の発掘に続いて、芹沢先生や由井先生が始めて、確実にローム層中に文化層をもつ石槍石器群の発掘に成功しました。馬場平遺跡というのがこのシンポジウムの会場の程近いところにあるのは、先ほど由井さんのお話のとおりであります。余計な提案かもしれませんけれども、歩いて馬場平まで行くと大変時間がかかりますけれども、途中これも由井さんのお話にありました「柏垂」という石槍文化の大遺跡がここから歩いて30分足らずのところにございます。途中にはこれまた著名な「矢出川遺跡」もあるわけですから、一つ今夜はあまり夜更しをしないで、酒の量なども慎んで、明日は朝飯前に早朝ハイキングでも試みたらどうかと思います。

その遠足のことはともかくとしても、先土器時代文化研究のごく初期の段階において、この信州を舞台に、文字どおり石槍は研究の尖兵、こういうときには「せんとうき＝戦闘機」といって良いのかもしれませんね、その研究の尖兵として貴重な役割を負ったわけであります。

石槍文化に関する研究史初期の熱気がさめた頃、私はそれまでの研究をまとめるような2、3の報告書や論文を書きました。しかし未だ資料も不十分で研究の方法も手段も未熟でしたから、それ以上研究が伸びませんでした。私だけでなくて、学界全体の雰囲気も石槍は難しい石器だということで敬遠されがちでした。

石槍は石器群の構造的研究を促した

しかしやがて1960年代の後半、いわゆる研究史の上で、月見野・野川以前と以後という画期の時期が訪れます。そういう研究史の画期、研究史の流れに歩調を合わせるようにして、石槍文化を題材とした非常に重要な論文が世に出ました。それは1969年に発表された、稲田孝司さんの「尖頭器文化の出現と旧石器的石器製作の解体」という論文でありました。この論文のあとがきにも記されていますように、この論文は稲田さんが明治大学の卒業論文として提出したもののうち、理論的、方法論的な部分を中心に再構成されたものであります。したがってその発表された論文では、稲田さんが卒業論文で扱った群馬県武井遺跡を中心とした具体的な資料に関する分析は全く省略されていますが、この卒業論

文を読んだ私はその稲田さんの研究が、剝片など遺跡から出土する小さな石片まで含めて、全石器群を個々にまた包括的にきわめて精緻に観察し、かつ分析し、稲田さんがこの論文に書いているように、石器と石器製作が人間の集団の社会生活のなかで、どういう位置にあるのかという研究の目的を、ものの見事に描いて見せてくれた実にすぐれた卒業論文だという印象を、強く持ったということをいまでもよくおぼえています。

　さらに加えますと、こうした稲田さんの研究は、これもこの論文のはじめのところにはっきりと書いてありますけれども、「(戸沢の)インダストリー論はもっとも素朴で本質的な視点を欠くところに、決定的な弱点があるように考えられる。いずれにしても編年至上主義と同次元の土壌にあるかぎり、それらの新しい目は成長しないだろう。」こういうふうに書いています。

　このインダストリー論というのは、おこがましいんですがその当時の私が、目下売出中の石器群研究の方法論でした。これをこっぴどく批判するという立場から出発したのが稲田さんの論文であるわけであります。若干言い訳になりますけれども、私自身、インダストリー論は「先土器時代石器群を歴史的な素材としてどのように再構成するか」という目論見で、また縄文時代研究も含めて編年偏重といわれる研究の動向に批判的な立場で構想し、書いたものであります。それなのにそういう論文を書いた卒論の指導教授に向かって生意気な卒業論文を書くやつだと、そのときに本気に怒っていたら、もしかするといまの研究史は若干変わっていたかも知れません。まあこれは冗談ですけれども……、しかし私は彼の方法論と資料の分析の見事さに、一種の恍惚感を覚え、非常に高い評点を与えたはずであります。

　そうした優れた資料分析や方法論的な記述が、発表された稲田論文では、第1章の「石器群は構造的であること」というのと、やや具体的な内容に触れている第5章の「石器群の構造的変化の歴史的意義」というのに要約されているわけであります。いまここでその内容を詳しく紹介している余裕はありませんので、その1章と5章を大変小さな文字ですけれども、コピーして皆さんにお配りしました。これからもこのシンポジウムの中で、しばしば「石器群の構造」とか、あるいは「石器群の構造的研究」などというように、「構造的」という言葉がたくさん出てくると思いますが、そのときには是非、稲田さんの言っている「構造」の意味に立ち返りながら、理解を深めてほしいとそう願って、コピーをお配りしたわけであります。

　先にも述べましたように、1969年に稲田さんが論文を発表した年といえば、研究史上「月見野・野川以前と以後」という画期をなす野川遺跡の発掘が1969年、月見野遺跡はその前年、まさにそのときであります。そうした画期の意義をいま若い人達全部とは言いませんが、あるいは学生諸君の中には、遺跡が広い面積を持っている、そういうところを調

査した。また文化層が重層的に幾つも重なっているといった、そういう現象的な側面が「月見野・野川以前と以後」という画期になるんだ、というような評価をする傾向がなきにしもあらずですが、もっと重要なことは「遺跡および石器群の構造的研究」といわれる、砂川遺跡などの研究を基礎とした、安蒜さんを代表とする、遺跡や遺跡群の構造の研究というものが本格的にスタートしたこと、そして遺物の面では、稲田さんの論文が石器の構造的方法論を確実に指し示したということであります。

そうした学史的評価の中で稲田さんの扱ったテーマが石槍文化であったという点に、いま何か一つの因縁といいますか、あるいはそれ以上大きな意義を感じるのであります。

もともと石槍という石器は人類の狩猟具、狩りの道具として持っている機能や用途のうえでも、またその石器を作り出す技術的な、何というんですか複雑さというんですか煩雑さ、つまりその技術的な特性から言っても、さらにその出現がほぼ全世界的に後期旧石器時代の後半というような時期であるという背景からいっても、他の石器以上にある重要な歴史的な意義を持った石器である、という予感をだれにも強く持たせます。確かに研究上は難しい石器ですが、同時に石器群の持つ本質的な内容にも迫ることができるという点に大きな意義があると考えられます。事実、日本の先土器時代の研究で、稲田さんの論文を例に挙げましたけれども、こういう論文に示されるように研究史の画期を確実に切り開いた石器群であったということは言っていいと思います。

新しい研究史を切り拓く尖兵として

さて、その月見野・野川から今年はちょうど20年。いま、先土器時代の研究者の大きな関心が石槍文化に向けられ、こうした盛大なシンポジウムがもたれるということは、研究の将来に向けて何か新しい画期がもたらされるであろうということを予感させ、明るい希望を抱かせるわけですが、しかしそれを単なる予感や希望に終わらせないためには、研究者個々が、いや出来たら研究者みんなが、石槍文化の研究について、言い方はおかしいんですけれども最大公約数というような研究目標を持つこと、個別の資料やあるいは幾つかの研究成果に関しても、共通の問題に即して評価していくという努力が必要だと思います。

ここでまた稲田さんの論文に触れますが、現在までの研究段階では、先程お話ししましたように稲田論文に対する評価のポイント、みんながこの点が稲田論文の評価する点だというのは、石器群の構造的研究に関する方法論という点に重点が置かれていると思います。しかし、稲田論文の最大の目標といいますか、研究者としての稲田さんの問題認識の焦点

は、もっと別なところにあったと僕は思います。

　例えば「旧石器的製作の解体」というような論文の題名一つをとってみても、また実際にこの論文の最終章である第6章、「石器群の構造変化」の中で、稲田さんの言う「石器群の構造変化」というものがいったい社会的にどんな背景を持っているんだろうことを、大胆かつ積極的に論じていることからも明らかなように、稲田さんは単に石器群を研究するのではなくて、石槍石器群の構造的把握というような、きちんとした目的と方法論に基づく石器群の理解を通して、先土器時代文化の歴史的変革の意義、あるいはその背景、そういうものを明らかにしようというところに、稲田さんの論文の最大の目標があったというふうに僕は捉えております。

　残念ですが、こうした考え方は、20年前の研究の段階では、先土器時代研究者みんなの共通認識にはなっておりませんでした。その後、膨大な量の石器群が発掘されるようになり、関東などでは層位的に細分が行われ、石器についても型式やあるいは製作技術といった点について、非常に細かな研究が大いに進展しました。これはこれで大変結構なことですが、しかし、稲田論文で示されたような研究の目的、あるいは研究の目標というものが、石槍文化については置き忘れられていたのではないかというふうに考えられます。

　その点に関連して、自分の責任を栗島さんに転嫁する訳ではございませんけれど、栗島さんが書いた論文の中に、当時、要するに研究史の初期の研究を回顧的に論評しているところで、その当時の研究は「日本先土器時代における槍先形尖頭器文化の内容や、その階梯的位置づけが少なからず明らかにされていった」というふうに昔の研究を評価しています。しかし、いまの研究ではそうではないということであります。そういうふうな書きっぷりからも分かりますように、この20年間に、稲田さんのもっていたような石槍文化研究の本質の問題は、欠落してしまったかもしれない、そういう危惧を抱かざるを得ないと思うのですがどうでしょうか。

　そこでいま、改めて稲田論文が掲げた研究の目標、すなわち石槍文化を先土器時代文化の中で、あるいはさらに日本の原始時代史の中で、どのように位置づけるかということを、共通の問題意義としてみなが強く意識する、そのことが実り多いこれからの石槍文化の研究、いやもっとも直接的に現時点的にいいますと、これからのシンポジウムをわかりやすくかつ意味のあるものにしていくきっかけになるではないでしょうか。そのことが、これからの先土器時代の新しい画期を作り出すきっかけになるんだというふうに僕は信じています。

　大変口幅ったいことをいっていますけれど、実は、私が先程冒頭で紹介した最近のみなさんの諸論文、これは表現の仕方や、あるいは主として扱っている地域、さらに資料の種類などにそれぞれ違いや特色がありますけれども、皆さん石槍文化の歴史的評価や位置づ

けをどうするか、という共通の問題意識をもって書いていることには敬意を評します。石槍文化の歴史的意義などといっても、実証科学の考古学にとっては無縁のものだと感じる人も、あるいはいるかも知れませんけれど、いやそんな人はいないと思いますが、新しい研究史の段階は、先土器時代の歴史像を明らかにする、こういう方向でこそ展開していくのであると思いたいわけであります。

ところで、いまいったように、いきなり石槍文化の歴史的意義を解明するといったって、問題意識ばかり先行して、実体の研究がついていかないということになります。そこで私は、いまの研究の段階でどんなことがはっきりすれば、これからの研究がどの様に進められるのかという、一つのいわば研究の「けじめ」のようなものをつける必要があると考えます。考古学のように、新発見のたびに事実が変わっていくという学問分野では、特に研究のある段階のけじめをきちんとつけるということが必要だと思います。

レジメにも書いておきましたし、先程もちょっと言いましたように、わかりやすい研究、理解しやすいシンポジウムを進めるためにも、いま例えばここで石槍文化の何が明らかにできるか、そして何を明らかにするか、その何を明らかにするかということに一つの見通しをもった上で、これからの研究をどういうふうに進めるか、そういう共通の研究の目標が必要だということを力説しているわけであります。私はそういったことを「研究の定点」、結論や目的や結果ということでなくて、研究の定点という言葉でこれからも表現したいというふうに考えております。

石槍文化発祥の地は信州か？

ところで今回のシンポジウムにおける研究の定点はなんだろうかということを、主催者の皆さんから相談を受けて以来、私は古臭い頭でしばし考えてまいりました。良い知恵が浮かばないんですけれど、皆さん御存知のように、あるいは先程から申しておりますように、過去、信州は石槍文化研究のメッカでありました。そして先土器時代において石槍が最も多く作られ、その石槍文化が中心的に発達を遂げた地域の一つでもあります。さらに、おそらく本州最大、最も良質な石槍製作の原料である黒耀石の原産地を有しています。また、稲田さんが論文の中で予測していたように、更新世末期の自然環境の変化、特に動物相の状態とそれに対応する生業活動の在り方、そういうものの中から石槍文化の発達がこの信州を中心にしてもたらされたと思われます。

その信州でいま、石槍文化研究の定点を置くとしたら、私は石槍という石器の発生、そして石槍文化の発祥という問題を解決できないであろうかということを密かに考えており

ました。ちょっと最近の論文などを勉強してみますと、かなりのところまで分かりつつあるんだなということが読みとれます。そういう訳ですから、僕のいう定点は研究の進んでいる人にとっては分かりきったことであるという御意見もあるかも知れません。あるいはそれは困難な課題で無理だという意見もあると思います。しかし、先程御紹介した論文の著者の多くは、何となく石槍は信州で発生したという意見をほのめかしております。

　例えば最近の伊藤さんの論文「樋状剥離を有する尖頭器の編年と変遷」もそうだと思いました。結論をもってくるまでの詳細な資料の操作とか解釈とかいろいろあるわけですが、そういうことをここでは簡単に説明できませんので結論だけ先に言いますと、伊藤さんはどんなふうに書いておられるかというと、中部高地が尖頭器の少なくとも東日本の原郷土と言えるのではないだろうかと書かれています。他の方も色々な表現を使いますけれども、それに近い事を書いている方がたくさんいらっしゃいます。この様に多くの研究者が信州で石槍が発生したというように予測しているのではないでしょうか。そういうことがはっきりした上で、石槍文化の歴史的意義を見通す新しい研究に一歩前進したいと、皆さんうずうずしているんだろうと私には見えます。

　そこで信州在地の研究者の皆さんは大いに頑張らなくてはいけません。比較的最近の論文の中から信州の研究者による石槍発生についての意見について、私が気が付いたところをノートしたものが2、3ありますので、参考までにご紹介します。

　まずはじめに1986年に書かれた大竹幸恵さんによる『茅野市史第1巻』。ここにはこんなことが書いてあります。「渋川遺跡をはじめとする本市域のそれぞれの石器群は、八ヶ岳西南麓の先土器時代文化の全体を知る上での貴重な情報をもっており、その石器製作技術を背景とした道具の変遷の実体からは、この地域が先土器時代を代表する槍先形尖頭器を生み出すという歴史的な舞台になっていたことが認められよう」と書いております。

　その次に『長野県史・考古資料編』に載っております「先土器時代の道具」の記述です。これは長野県考古学会の森嶋稔会長のご執筆でございますが、そこには「両面加工の槍先形尖頭器が関東西南部において、石器組成のなかに登場するのは、関東地方の編年の第IV期であるという。しかし中部地方では第III期から、片面加工の尖頭器が伴いはじめる。その段階ではナイフ形石器の量にくらべると、極めて少量であるが両面加工尖頭器の伴出が、男女倉J・渋川IIB遺跡などによって知られる」というように書いてあります。1988年、去年発表の論文です。

　現在未完成ではありますけれども、『長野県史・通史編1』というのが間もなく出ます。そこにも上記のいま御紹介しました意見と同じような捉え方で、石槍の発生と展開ということが叙述されています。これは、大竹憲昭さんが執筆されたもので、僕はまだ校正刷しか読んでいませんので、その後内容が変わったかどうかはわかりません。

さて最後に『信濃』に発表された堤隆さんの力作「樋状剝離を有する石器の再認識」という論文があります。この主題の石器、樋状剝離を有する尖頭器は、後で詳しい話があると思いますが、最近研究者の間で非常に注目され、話題の大きい石器だということは知っていた訳ですが、この堤さんの論文を読んで、私自身新たに認識をもつことができました。大変緻密な分析と明解な問題整理がマッチして、大変見応えのある好論文だったと、まず評価しておきたいと思います。

　研究の具体的な内容については後で堤さんその他の方が論じられましょうから、ここではふれないことにしますが、堤さんの分析にもとづいて、一つの確かな型式学的概念で説明されるようになったいわゆる男女倉型有樋尖頭器の評価に関連して、堤さんが次のような指摘をおこなっています。「有樋尖頭器に関する編年的予察としては、中部日本地域ではナイフ形石器文化の中において男女倉型有樋尖頭器がまず認められ、一部、下総地域にあってはその後に東内野型有樋尖頭器が登場することが予測された」。それから「おそらくは信州の黒曜石原産地周辺に登場した男女倉型有樋尖頭器は関東へと拡散し、一方では大平山元まで波及したものと考えられる」。このように男女倉型有樋尖頭器という石器に関連して、石槍文化発祥の壮大な動態を描き出しています。

　おそらくこうした考え方には、学界の皆さんの中にはまだいろいろ御意見もあるかと思いますけれど、まあそれは後の討論にお任せすることにして、信州の中でもいま三つ御意見を紹介しましたけれども、堤さんの考え方と大竹さんの考え方、あるいは資料の評価の仕方には差があるわけであります。つまり大竹さんはナイフ形石器あるいは切出し形石器と形態的な親和性をもっているというような特徴から、渋川Ⅱの石槍が発生期の石槍であると言っているのですが、堤さんが発生期の石槍の一つとする男女倉型有樋尖頭器は、渋川Ⅱの石器とはかなり違いがあるわけであります。そして両者の関係がどうなっているのか、その後意見が統一されているのかどうか知りませんけれども、ともかく違いがあります。

　個人的な意見をいいますと、約四半世紀前に私が立てた仮説があるものですから、私自身はなんとなく大竹流に親近感を覚えますが、しかし大事なことはこの堤流の考え方と大竹流の捉え方の差はそんなに遠い距離ではない、という予感をもっています。そんなことをばくぜんと考えているとき伊藤さんが最近書いた論文の中で、やはり同じようなことを指摘されておられるわけであります。ですからこのへんの議論をこのシンポジウムで是非すっきりと詰めていただきたいものです。

　いずれにしましても信州の研究者の間では、当初の仮説から四半世紀を経たいま改めて、信州が石槍文化の発祥の地の一つであり、石槍文化の発展の姿が典型的におこなわれた土地であるという一つの理解が固まりつつある様に思います。

もう時間が無くなりましたけれども、おわりに、信州が石槍文化の発祥地であるということを研究の定点の一つとしよう、そして今回のシンポジウムでそのことを確認したいと希望します。普段不勉強な私のいうことですから、いささか乱暴で大変ひんしゅくを買うかも知れませんが、しかし私の提案は先土器時代における「信州中華思想」を売り出す為ではございません。それは再三述べましたように一つの研究の定点をおくことによって、研究の方向がより鮮明になり、新しい研究の方法と視点を生み出すきっかけになれば良いと思うからであります。そしてそのことは、いつも私が言っていますように、だれにでもわかりやすい研究、もっと直接的にこのシンポジウムを理解しやすいものにするきっかけになると思うからであります。

　かつて信州が生んだ考古学者故藤森栄一先生が縄文研究に対して、何時まで編年をやるかという批判の声を投げ掛け、縄文農耕論といういわば研究の一つの定点を提示いたしました。それを一つの契機として縄文文化の研究は、個別資料の研究から、文化の構造を問題とする研究に大きく脱皮したというように私は学史的に捉えております。また思想とかあるいは方法には問題がありますが、古くは明治時代の坪井正五郎博士が人種民族論争というものを掻き立たせることによって、黎明期の日本考古学の発展を啓蒙的に促進させたこういう事実にもならうべきところがあります。

　さいわいこれからのスケジュール等を見ますと、定点をもった報告や討論を組織しようという、長野県考古学会の皆さんの努力の跡がありありと見て取れるわけであります。多勢の今日の参加者の皆さんも、是非その努力に共鳴し、共感して、さわやかな信州にふさわしい会が成功するように、私からも御協力をお願いして、大変貴重な時間をつまらない話で終ることを気にしつつ、このへんでひきさがろうと思います。どうも有難うございました。

(『長野県考古学会研究叢書1』長野県考古学会、1991年所収)

戸沢充則　Tozawa Mitsunori

4
岩宿時代とその研究〔講演〕

はじめに

　昨年1992年という年は、約40年間、まがりなりにも先土器時代研究者という看板をかかげてきた私にとって、かなりショッキングな二つの「事件」があった年でありました。事件だなどというと表現はおだやかではありませんが、その一つは、これからの日本の旧石器研究を担う若い研究者の中心のお一人である佐藤宏之さんが、『日本旧石器文化の構造と進化』という大著を出版されたことであります。

　そしてもう一つの事件というのは、岩宿時代研究発祥の地である群馬県笠懸町に、「岩宿文化資料館」と称する相当に規模の大きな、町立の博物館がオープンしたことであります。

　今日は、昨年あったこの二つの事件を中心にして、ある人にとっては先土器時代の、またある人にとっては旧石器時代といわれるその時代の研究の現状、そして将来への期待を語ってみたいと思うのであります。

先土器時代研究史40年の総括

　さて、はじめに佐藤さんの本のことですが、この本は総頁360頁、A5判というやや大きめの判型、その本文は緻密な文章の活字が、すき間のないほどびっしりと埋めつくされています。日本の旧石器時代だけを扱った著書としては、文字通り学界はじまって以来の大著といってよかろうと思います。

　これだけの大作ですから、佐藤さんから献本を受け取ってからもう一年近くもたつのに、私はまだ内容を全体について理解できるまで完読しておりません。そんな状態で佐藤さん

のお仕事を、今日の話題にとりあげるのは大変申し訳ないと思います。しかしこの本の冒頭60頁ほどを占める第Ⅰ部の「旧石器文化研究の歴史と方法」の内容は、それだけでも重要な論文だと考えますので、今日その部分だけについて取り上げさせて頂くことをお許し願いたいと思います。

研究の変革を求めて

佐藤論文の第Ⅰ部はただいま紹介した表題でわかりますように、岩宿発掘以来四十数年にわたる先土器時代研究の研究史を総括し、これからの研究の進め方について方法論と佐藤さんの考え方を示した内容です。

その第一章の表題は「日本旧石器時代研究とパラダイム・シフト」となっています。

私のような旧い人間は、パラダイムだ、シフトだなどとくると、すぐ手元にあるあれこれの辞書をひいてその意味を確かめるのですが、それによるとパラダイムは規範とか模範という意味、シフトはプロ野球のテレビ中継などでよく「王シフト」などというように、変更とかやりくり、つまり強打者を打席に迎えて守備位置を変えるといった意味だと書いてあります。

したがってパラダイム・シフトを直訳しますと「規範の変更」ほどの意味になりましょうか。ですから佐藤さんの本の第Ⅰ部第一章は岩宿発掘以来の先土器時代研究史を総括し、それまでの研究の規範を変更しなければならないということを主張されているのだということがわかります。

なお、ここで一つ注意しておきたいことは、佐藤さんがパラダイム・シフトを説明する場合、私のように日常的な辞書に書いてある意味で説明するのではなく、T．クーンというアメリカの哲学者・科学思想家の言葉を引用して説明しているという点であります。そのあたりをちょっと佐藤さんの文章で紹介します。

> クーンによれば、「パラダイム」とは「一般に認められた科学的業績で、一時期の間専門家に対して、問い方や答え方のモデルを与えるもの」（クーン1971、Ⅴ頁）と規定され、アリストテレスの『自然学』やニュートンの『プリンキピア』を例に挙げて、「彼らの業績が、他の対立競争する科学研究活動を棄てて、それを支持しようとする特に熱心なグループを集めるほど前例のないユニークさを持っていたからであり…（中略）…その業績を中心として再編成された研究グループに、解決すべきあらゆる種類の問題を提示してくれている」ような性格をもつ業績をパラダイムと呼んでいる。
>
> そして、科学の進歩を、パラダイム・シフト（＝『科学革命』）の継続的展開と考えた。筆者もこうした観点から、日本旧石器文化の石器研究の研究史を叙述するつもり

である。

以上のとおりですが、その説明の中で「他の対立競争する科学研究活動を棄てて」とか、「パラダイム・シフト＝科学革命」という言葉が目につきます。なお念の為に申し上げておきますと、このクーンの考え方はアメリカのいわゆるニューアーケオロジー運動をおこし、その指導者となったことで世界中の考古学者・人類学者に名を知られる L．R．ビンフォードの一つの大きな理論的支柱になったそうです。

それらのことは後でまたふれるかもしれませんが、なにはともあれ以上の一連の文脈からみて、佐藤さんはこの論文の中で、古い先土器時代の研究の方法を捨て去り、新しい研究のパラダイムを作り直す必要性を強く主張されているのだということがわかります。

研究史の3段階とその評価

ところで、佐藤論文の第一章、つまり先土器時代の研究史を総括した章は、先土器時代研究史を3つの段階に分けた3つの節からなっています。

そのまず第1節は「標準石器にみる文化段階論」と題され、それは「編年研究の初期段階」と「編年研究の成果と限界」という、2つの項で記述されています。

岩宿発掘から約10年くらいの間、私が以前に書いた研究史の区分では「発見史的段階」と呼んだ段階に当たりますが、その総括は大筋で佐藤さんも私と同じ意見だといってよいと思います。その内容の説明はここでは省略いたします。

佐藤論文の第2節は「遺跡構造論・石器文化の構造」となっていて、だいたい1960年代の後半から70年代前半を、研究史の第2段階としてまとめています。その節の内容は「戸沢充則の研究戦略」と「研究戦略のパラダイム化」、そして「佐藤達夫の研究法」という項目からなっております。

佐藤論文は私が1960年代後半に、わりに短期間に集中的に書いたいくつかの論文をあげて、それらを3つのテーマにわけて論評されています。

一つには遺跡内構造論。これは砂川遺跡の研究を主にしたもので、私の報告は1968年に発表しました。

二つめは石器文化論。これは私が1965年に書いた「先土器時代における石器群研究の方法」という論文がもとで、後にインダストリー論などとみんなに呼ばれるようになったものです。

三つめは石器文化構造論。これは1967年に提出した私の学位論文の中で、終わりの仮説的な結論に当たる部分の内容です。

以上3つの研究と方法について、佐藤さんは先土器時代研究の「研究戦略上のパラダイム」であると位置づけられたのです。

そして、それらに関係する個々の研究のいくつかについても論評を加えられ、例えば砂川遺跡の研究については、「この方法により、はじめて遺跡の構造的分析が可能となり、人間生活の具体的側面に接近する手法を、わが国の旧石器考古学が入手した点は高く評価される」と、たいそうなおほめの言葉もみられます。私はそうした評価に対して率直にうれしいと思います。

ただし砂川の研究についてちょっとふれておきますが、1968年に報告書を書いた時点で、私はフランスのパンスバン遺跡のこともドイツのゲナスドルフ遺跡のことも不勉強で全く知りませんでした。砂川の成果は外国の研究を真似したわけではなく、遺跡を一生懸命に掘り、石器群を熱心に観察した結果として導かれたものでした。

さて、佐藤論文の第2節は「研究戦略のパラダイム化」という項目に進むわけですが、その冒頭のところで先ほど述べた私の三つの研究が、先土器時代研究のパラダイムとしての地位を確立したと述べられ、その時点では、

> 「戸沢の研究方法は、日本の旧石器時代研究において、分析から解釈に至る初めての一貫した体系的研究方法を提示したことに意義があり、旧石器研究者に一定の達成すべき水準を具体的に提供したことは、非常に重要な成果といわなければならない。」
> （22頁）

と、私としては身にあまる評価をいただいております。

「戸沢パラダイム」批判

しかし、いま引用した文章にすぐ続いて、次のような深刻で重大な批判が展開されるのです。

> 「しかしながら、この体系的研究方法は、1960年代を通じてほぼ完成されたため、今日の日本旧石器研究の現状においては、研究水準の確保・発展というよりも、むしろ、長期間にわたり繰り返された反復的な研究行為の結果、停滞と画一化を招いてしまい、正よりも負の効果がしだいに増大しつつあるとも考えられる（佐藤1991a）。戸沢の研究方法は、その革新性と体系性において群を抜く存在であったため、発表当時に比較して、研究環境が激変（研究者の量的・質的変化＝研究機関研究者主体から行政研究者主体へ、資料の爆発的増大、研究体制の変化＝調査研究費の激増、専門調査機関の設置等々）してから、その過度の浸透・共有化によりかえってパラダイム化したことは、科学の発達がパラダイム・シフトの断続的な継起によるとするクーンの主張に良く適合している。」（24頁）

今の文章にあるパラダイム化ということについては、佐藤論文では第3節の「パラダイム形成の進行と方法論的停滞」で詳しく説明されています。ここでは、その前に、いわゆ

る「戸沢パラダイム」がかかえている基本的、方法論的欠陥は何なのかについて、佐藤さんの論評を私なりに要約的に紹介しておきたいと思います。

まず遺跡構造論については、個体別資料や接合資料等の分析結果を中位理論（これは考古学的な事象と、その解釈の間を結ぶ方法や理論のことですが）がないまま、直接に人間集団や行動に結びつけてしまっていると批判しています。そしてそれは、民族誌や民族考古学の成果を全く無視していることに原因があると指摘しています。

次に石器文化論についてですが、基本的にはいま述べた遺跡構造論の場合と似たようなことですが、ある一つの石器群の形でとらえた石器文化というものを、単一の人間集団や社会と短絡的に対応させたため、古い伝統的な考古学の方法である伝播系統論におちいり、遺跡が残された背景の多様性を無視したと指摘しています。そして生態学的考古学やシステム論的考古学等の観点が欠落していると批判しています。

最後の石器文化構造論は、フランス流の先史考古学の方法を導入し、それを基礎として組み立てられたもので、石器の内容、その型式分類などの研究状況のちがう日本にあてはめたことで、たちまち限界性を示したと指摘しています。そしてここでも機能論的方法や、生態学的・システム論的な方法の欠如を批判しています。

以上のような論評をまとめて、佐藤論文では、

「戸沢らを中心にして形成されてきたパラダイムは、そのあまりに単一的な研究戦略を、広範囲で採用したことにより、研究の硬直化を招いた。」（26頁）

と、総括されているのであります。

佐藤論文ではこの後、先ほども紹介しましたように、「パラダイムの形成と方法論の停滞」と題して、1980年以降、戸沢パラダイムが形成され、後の研究が方法論的に停滞した原因をきびしく追求していきます。

そして第二章と第三章では、新しい研究の方法にはどんなものがあるか、また佐藤さんが考える旧石器時代研究の方法とはどのようなものであるかを、25頁ほどの頁数を費やして連綿と論じています。

その内容を細かくお話しする時間はとてもありませんので、その第二・第三章の章・節の表題に出ている言葉をアトランダムに拾ってみますと、「伝播系統論からの地域進化適応論へ」、「生態学的考古学」、「民族考古学の方法」などの見出しが並び、さらに「システム論」、「中位理論」、「新進化主義」、「刷新された唯物史論」等々の用語や概念が続々と登場します。

これらは佐藤さん自身の表現にしたがえば、「欧米先史学の諸成果の積極的援用が急務である」といった場合のそれであり、また「世界の科学思想・哲学に積極的に参加するための理論研究」といった場合の諸概念があるわけであります。

研究史の断片的で私的な回顧

研究史の変革と継承

　さて、かなり長い時間をかけて、佐藤さんの著書の内容をお借りして、これまでの先土器時代研究史の流れをふりかえってまいりました。

　「戸沢パラダイム」といったとらえ方で、私のまずしい過去の仕事を位置づけていただいたこと、そして、いまや戸沢の研究戦略は終わりの時だと総括されたことも含めて、私は自分の仕事が見えたという点で、佐藤さんの労作に敬意と感謝をささげるものです。事実その旨の長文の私信をお送りして、佐藤さんも私の気持ちを受けとって下さいました。

　しかし問題は研究の現役から遠くなった戸沢という一個人の問題ではありません。先土器時代のいままでの研究、そして現状、さらに将来の研究が、本当に佐藤さんのいわれる通りであるのかどうかが検討されなくてはなりません。

　私が1960年代終わりにまとまった仕事をした後、現在にいたるまでの間、「戸沢パラダイム」のようなものが実際に存在したのかどうか、私には判断ができません。もしそれがあったとしても、私の眼からみれば「戸沢パラダイム」などとは関係のないところで、先土器時代の研究は着実に進展したと思います。

　例をあげたらきりがありませんが、例えば先土器時代の社会論や集団関係論にしても、最初の分布論的な分析から、いまでは石器の生産と流通の社会システムを問題にするほどに発展しています。

　自然環境の問題でも、考古学者の主体的問題意識の下で行われた大きな業績もありますし、その他、人類学・生態学・植物学・地質学をはじめ最近の先端科学技術の応用など、他の考古学分野と同様に、先土器時代の研究でも学際的研究は大きな成果を上げています。私の小さな体験でも、いわゆるコンピューター考古学による石器群分析の論文をみて、機械や計数に弱い私でもなるほどと思う業績も多くなったといえます。

　そうした研究のすべてが、過去の先土器時代研究史の方法をパラダイム・シフトしたことから発想され、実践されたものであるとは私には見えません。それまで積み上げられてきたものをより内容的に豊かにし、研究の質を高めるために行われた研究であると受け止められます。

　また私の研究史回顧のような話になって恐縮ですが、佐藤さんは過去の私のまずしい仕事を、

　　「戸沢の研究方針は実践から理論にいたるまで、整合的かつ体系的で、何よりも当時
　　においては、極めてラディカルであった」(22頁)

と評されております。このくだりを拝見して、私のどこがラディカルであったのか、戸惑いながら考えてしまいます。岩宿発掘以来かなり長い間、私は杉原荘介先生と芹沢長介先生の下で、この二人の大先輩の仕事の「落穂拾い」をするような状態で勉強と研究をしてきました。そして両先生のご指導で、茶臼山遺跡等の報告を書き、それを卒業論文にまとめ、さらに修士論文や学位論文、その他に学会に発表する論文などを書いてきました。それらはいずれも先輩の業績を80％以上生かし、自分のものは10％ほども加われば良いというのが、私にとっても一番いい勉強の方法でした。先に佐藤さんに評価された私の研究は、みんなそのようにして出来たものなのです。

「戸沢パラダイム」という新しい「研究戦略」をうち立てるために、二人の先輩の研究をラディカルにのりこえようとしたなどとは、とても考えもおよばなかったことです。

岩宿発見後の 20 年、30 年、そして 40 年

いま、私と先輩とのかかわりをお話ししたので、つぎにその後の私のことも少々つけ加えておきたいと思います。

再三述べましたように、私がいくつかの論文をまとめ終って一段階ついた 1968 年に、月見野遺跡群の発掘がはじまりました。ついで翌 1969 年からは有名な野川遺跡の発掘も行われました。

両遺跡ともそれまでにない成果と、いろいろな新しい問題を提起いたしました。そこで私がいい出して、先土器時代の研究史の画期を「月見野・野川以前と以後」と呼ぶようになったのです。佐藤さんはその画期に否定的で、それ以前の状況が 1970 年代終わりまで続き、80 年代に入ってから「戸沢パラダイム」を否定する形の研究動向が芽生えたとしています。

その見解の違いはともかくとして、私自身の研究生活の流れからみれば、やはり月見野遺跡の発掘は大きな境目であったと回顧できます。なぜなら、この発掘を通じて、また野川の発掘も同じですが、たくさんの若いすぐれた多くの研究者が誕生したからです。

さらに思いをいたせば、大学では学園紛争が、また考古学界でも「考古学闘争」と称する運動がおき、大きな混乱がはじまる年でもありました。岩宿発見後 20 年のことでした。

ちなみに、アメリカでニューアーケオロジーが、怒濤の如くおこったのもこの頃だったのではないでしょうか。

話がそれてしまいましたが、その月見野・野川以後 10 年、ちょうど岩宿発掘 30 周年に当たる 1979 年に、神奈川考古同人会がナイフ形石器の研究をテーマにシンポジウムを開きました。全国から若手の先土器時代研究者がたくさん集まって、私はその盛況さに目をみはったものです。先土器時代の研究で全国の若手研究者が一堂に会した、研究史上記念

すべきシンポジウムといえるのではないでしょうか。

その席上、私は「日本先土器時代研究の視点」という講演をする機会を与えられました。その中で私はもう若い研究者のバイタリティにはついていけないなどと言い訳をしつつ、だいたい次の3つの内容の話をしました。

第一の話は、最近は大規模な緊急発掘が多くなって、石器が多量に出るので、資料に対して岩宿発掘直後のような感動をだれももたなくなった。研究に感動をとりもどさなくてはいけないという話でした。

第二は、先土器時代研究の用語や論文がむずかしすぎて、一般の市民はもとより、専門外の研究者からも批判がでているので、しっかりとした用語を作り、分かりやすい研究をめざしたい。

第三は、日本の考古学の方法論の貧困さは、外国の考古学との交流もさまたげているので、先土器時代研究では当面、石器の型式学をみんなで研究し、方法を確立しようという呼びかけをしました。

なおその年の秋、私自身も矢出川遺跡群の総合調査と、合わせて野辺山シンポジウムを主宰いたしました。自然科学との学際的研究の進展や、矢出川遺跡群の保存をねらった企画でした。実は月見野以来、私にとって10年目のフィールドでした。

それからまた10年たって1989年に、長野県考古学会が主催した「中部高地の尖頭器文化」というシンポジウムで、またまた「石槍文化研究の定点」という講演をすることになりました。

ここでは、先土器時代の歴史叙述を目指す研究の目標を立て、個々の研究テーマでも、目標に近づく道筋のわかる研究の定点をみんなで確認した上で、共同の研究や議論を進めることが、新しい研究史の展望をひらくものだと呼びかけました。

月見野・野川以後20年、岩宿発掘から40年たったこのときは、もう完全に研究の第一線から引いた私を、若いみんなが温かくいたわってくれるような、シンポジウム会場の雰囲気だったと感じました。

以上、くどくどと私自身の感慨を含めながら、月見野・野川以後10年（岩宿発見後30年）と20年（同40年）の節目におこなわれたシンポジウムの様子をご紹介しました。

何をいいたいのかといいますと、若い研究者の皆さんは少しでも新しいものを取り入れて、古い研究をのりこえながら先土器時代研究は着実に進んでいるということを申し上げたいのです。私の研究など黙っていても自然に化石化しているのであって、いまさらパラダイム・シフトもないのではないかと感ずるということです。

克服されるべき考古学の危機

研究の停滞

　しかし、だからといって佐藤さんの研究史の総括と問題提起を無視してよいというつもりは全くありません。いま話しましたように、個々の研究、あるいは個々の研究者の仕事の中には、確実に先土器時代研究の質と内容を高めるものも少なくありませんが、全体としての学界状況は、研究の停滞という状況を認めざるをえません。

　佐藤さんはその原因を、一つには先ほどから取り上げてきました方法論上の欠陥、特に新しい世界考古学の方法論や科学思想からの理論・方法の導入の不徹底さをあげておられるわけです。

　そしてもう一つ、佐藤さんがあげている研究停滞の大きな原因として、開発に伴う大規模発掘の増加、それに連動する研究環境や研究体制の変化という事態があります。佐藤さんの論文からその辺の事情について引用してみましょう。

　「こうした時代の出現がもたらしたものは、もはや個としての研究者が、列島規模での資料（考古資料・文献等）の処理が不可能になり、個別分野・時代への際限ない撤退であった（安斎『無文字社会の考古学』、90〜94頁）。行政研究者は、その身分的・体制的制限を主因として、研究の地域的限定へと自らを追いやり、一方大学機関研究者は、もはや考古資料の網羅的検討が不可能になる状況を現出された。この状況は、旧石器考古学においても同様であり、地域間での時間的遅速はあるものの、資料の驚異的増加は、研究者の地域保守的傾向を強化し、なによりも方法論の停滞を招いた。さらに、一部では、理論的予測や編年試案の結果が時間をおかずに判明するという、従来とは異なった事態が出現したことから、理論・方法論的研究からの後退と、調査成果の待望・蓄積、換言すれば、「掘れば判る」式の「研究」が主体的になっていった。」（28頁）

　まことに不幸な状況といわざるをえませんが、佐藤さんのこの現状認識には、私も全く同感です。その上でさらに申しあげるならば、石器研究の方法論のあれこれよりも、私はこういった開発優先の学問状況からの脱皮こそ、すべての研究者にとって緊急に必要なことではないかと改めて痛感するところであります。佐藤さんの研究史の総括を読んで、これは私の思いすごしかもしれませんが、とくに気になることが一つあります。それは開発優先の緊急調査や、急増する資料の処理に対応するための手段として、あるいは逃げ道として「戸沢パラダイム」が利用されてきたと誤解して、受け取られそうな文脈がみられることです。

もし本当にそうならば、数年前の日本考古学の総会で私が提案し、いままで不発に終わっている「開発優先の発掘に反対し、考古学の主体性を確立する決議」という決議案を、私はそれこそもっとラディカルに訴え、それを先土器時代研究のパラダイム・シフトのバネにしたいと思うほどの気持ちです。

歴史叙述を求める考古学

話がいささかはねて参りましたのでこのへんで少々抑えようと思いますが、先土器時代研究史の総括と評価に関わるいままでの話の結びとして、次のようなことを申しあげたいと思います。

それは、最近の日本考古学の基本問題に関わる動向として、「考古学は歴史学である」、いや「歴史学であらねばならない」という学問理念が少しずつ薄れていることに対する危惧であります。もちろん多くの研究者は、さまざまな考古事象や資料の分析とその解釈にあたって、その歴史的意義や位置づけを明らかにするという目的をかかげます。すべての考古資料が歴史的遺産である以上当然至極のことであります。

しかしその方法論ということになると、考古学は歴史学の補助学であり、人類学や文献史学その他と並んで、歴史学あるいは文化人類学の一分科に過ぎない。しかも資料や事象を解釈する方法・手段としては考古学はすでに古く、その伝統的役割を終えたといった議論が、日本ばかりでなく世界の考古学の潮流としてあるということは、私以上に皆さんよくご存知のことと思います。

しかし、資料の分析や事象の解釈の方法または手段として、考古学には独自の「先史学」的な方法があり、また他の学問諸分野の方法や成果の応用などのことがあるということと、考古学が歴史学であるということは、根本的に意義が違います。しかし同時に、その両者は決して互いに矛盾することではありません。私は日本考古学はあくまでも歴史学であるべきだと信じます。そういった理念を貫くことで、日本考古学独自なといってもよいし、伝統的なといってもよいと思うのですが、その考古学の方法や成果を日本歴史の叙述に生かすための努力を積み重ねることが、いまなによりも必要なことと考えます。

その努力の過程で養われる研究者の歴史意識を通じて、佐藤さんも、そして私自身も大きな危機的状況として指摘したような、開発優先の学問的環境を克服し、先土器時代研究の方法論的停滞を食い止め、将来に向けての展望を切りひらくべきだと考えるのですがいかがなものでしょうか。

岩宿時代に向けて

　もうほとんど時間がなくなりました。今日話題にすべき 1992 年度のもう一つの「事件」である、岩宿文化資料館のオープンのことについて、ごく簡単にふれさせていただきます。

　今日とくにお話し申しあげたいことは、岩宿文化資料館の開館に当たり、時代呼称として、私などはいままで一番使い慣れてきた「先土器時代」というのをやめて、「岩宿時代」という呼称を採用したという点に関してであります。今日の話の中で、いままでは岩宿発見以来の研究史の総括が話題の中心でしたので、先土器時代を主として使ってきましたが、いまこの場で、ただいまから、ひたすら岩宿時代に切りかえて話をつづけます。

　岩宿遺跡ではじめて存在が確認された、日本列島の旧石器段階の石器時代を、学界ではどのように呼んできたかといいますと、多くの皆さんがご存知の通り、それは多種多様です。例えば 1951 年以来、毎年編集・発行されている、考古学協会の公的刊行物である『年報』を見ても、時代呼称について著しい混乱・混用があるということがよくわかります。それには、それぞれ複雑な研究史的背景や、それぞれに相応の理由があるわけでありまして、ただ単に時代呼称の統一を願うなどといった、簡単な問題ではないということは事実であります。

　その辺の学史的分析は、1990 年に鈴木忠司さんが書かれた「先土器・旧石器そして岩宿時代」という論文に、大変公正で的確な記述がありますので、ぜひお読みいただきたいと思います。ところで、鈴木さんはその論文の中で、岩宿時代の呼称を用いる場合、さまざまな未解決の問題があることを詳細に指摘されています。

　二・三の例をあげれば、例えば岩宿時代の細分の問題ですが、これはいわゆる前・中期旧石器時代とされる座散乱木の石器文化や、今後さらに確かめられるであろうより古い時代を、新たに「座散乱木時代」等々の名称で、時代設定すべきかどうかという点。また岩宿時代の後、縄文時代との区分をどうするかといった点。そして日本列島の原始・古代史の時代区分全般にかかわる整合性の問題。さらに世界史的時代区分とのかかわりの問題等々、広い視野にたって、これからの研究課題として問題の所在を整理しています。

　岩宿文化資料館で用いる岩宿時代は、そういった鈴木さんの提起した諸課題をすべて包み込み、なおかつそれらを、今後の資料館の活動を通じて積極的に取りくむべき研究課題としていくという、決意のキーワードでもあるのです。岩宿文化資料館の開館前から、いまの鈴木さんも含めて、佐原眞先生や近藤義郎先生、さらにずっと以前から角田文衞先生や杉原荘介先生、そして最近になって何人かの若手の研究者が、岩宿時代の呼称を積極的に使われております。まことに心強いことと喜んでいる次第です。

しかし、たまたま館長職を依嘱された私が、岩宿文化資料館にお見えになった方にその名称を強要したり、大学で学生が岩宿時代を使わないといって、落第させたりといったケチな考えは毛頭もっておりません。ただひたすらに、日本列島の最古段階の人類の歴史を、歴史学の立場で正しく見るという態度を守りながら、岩宿時代が日本歴史の中に定着する日を、じっと待ちたいという心境であります。

そして当面のこととして、前段でお話したような、佐藤宏之さんが書かれた労作のもつ研究史上の意義にも深い思いをはせながら、岩宿時代の名称がこれからの新しい研究の発展につながる、一つのシンボルになったらどんなにいいかなあと心から願うものです。

＊以上は1993年5月3日、明治大学で開催された日本考古学協会第49回総会でおこなった講演に、若干の補筆をおこなったものである。

（『中部高地の考古学Ⅳ』長野県考古学会、1994年所収）

戸沢充則　Tozawa Mitsunori

5
インダストリー論とは何だったのか〔講演〕

それは研究の出発点にすぎない

　岩宿時代文化（先土器時代・後期旧石器時代）の研究に関連して、みなさんもときどき「インダストリー」とか、その日本語訳である「石器文化」という用語を耳にされたことがあると思います。それに論の字を加えて「インダストリー論」などといわれると、「それっていったいなあーんだ」と首をかしげる人が大部分だと思います。

　その用語の語源は英語の industry（産業・工業・労働）そのものです。岩宿時代文化の研究のはじめの頃、わたしたちは一生懸命原書を読んで、ヨーロッパの旧石器研究の知識を吸収しようとしていたのですが、幾冊かの概説書で、一つの遺跡（文化層）から出た石器群全体を、「インダストリー」と表現していることを知ったのです。のちの話でその理由に触れることになりますが、わたしにとってはそうした石器群の捉え方と用語がとても気に入って、「インダストリー」という用語を借用し、その用語に自分なりの概念を少しずつ加えていったのです。

　その概念の付加も、研究史の初期段階で試行錯誤をくり返しながら遺跡を発掘し、その報告書や二、三の論文の中でインダストリー研究の方法（石器群の捉え方など）を文章化しましたが、「インダストリー論」を全体として体系的に記述したことはほとんどありませんでした。

　もしやや体系的な記述があるとすれば、それは 1967 年に書いた学位論文だったはずです。「先土器時代文化の構造」という大層な表題の論文でしたが、これは種々の事情（後述）があって、学界や一般への公表・出版は、論文提出からじつに 23 年後の 1990 年のことでした。そのためこの論文は"幻の論文"などと言われ、「インダストリー論」も岩宿時代研究の進展の中で忘れられていきました。

　ただ一つ 1975 年に「インダストリー論」という論文を書いています。これは『日本の

資料　インダストリー論略史（自分史メモ）

1952 年	茶臼山遺跡の発掘　岩宿時代文化研究への初の体験的参加。この発掘に対する中央の研究者からの層位優先主義、標準化石的な石器編年重視にもとづく評価に強い疑問をもつ。
1956 年	卒業論文「茶臼山石器文化」　完全な一単位の石器群の把握と分析こそ、岩宿時代研究の最優先課題であると主張。
1958 年	「八島における石器群の研究」・修士論文「ポイント」　上記の認識を確かめる実践としての八島の発掘と、その報告および方法の展望。この 2 論文で「インダストリー」の用語や研究の方法上の問題を具体的に触れる。
1965 年	「先土器時代における石器群研究の方法」　いわゆるインダストリー論を包括的に記述。
1966 年	砂川の発掘　インダストリー論の実践を強く意識して、遺跡の構成、石器群の構造を追究する。
1967 年	学位論文「先土器時代文化の構造」　理論的に構想した岩宿時代文化の構造（「インダストリー・カルチャー論」）を意図したが、当時の資料（およびその分析）の不足・不備のため、不完全な内容に終わる。
1968 年	月見野遺跡群の調査　翌年行われた野川遺跡の調査とともに、「月見野・野川以前と以後」と評価される岩宿時代文化研究史の大きな画期。自分ではインダストリー論の見直しを意識する。
1975 年	「インダストリー論」　自分で「インダストリー論」と題して初めて書いた（書かされた）論文。一般読者向けの講座シリーズで、その"論"の成り立ちや理念などを解説。
1978 年	「先土器時代論」　岩宿時代文化研究 25 年の成果と研究の現状・問題点に触れながら、総合的・構造的視点から、岩宿時代の歴史叙述の方向性を探った。
1980 年	矢出川遺跡群の総合調査　インダストリー研究の次の展開を期待する実践として、地域研究（遺跡群など）と自然環境などに関する学際的研究・総合調査の必要性の認識。
1986 年	「総論・文化と地域性」・「縄文時代の地域と文化」　ともに『岩波講座日本考古学第 5 巻』の所収論文。インダストリー研究は考古学の全分野に及ぶことを示唆。
1993 年	「岩宿時代とその研究」　佐藤宏之氏の"戸沢パラダイム・シフト"に対する感想など。考古学協会総会で講演。
2004 年	『考古地域史論』　インダストリー研究の展開で考古地域史の確立を目指す。その現状認識を旧論文で確かめる。
2006 年	講演「竹佐中原遺跡の調査と日本旧石器文化研究（仮題）」　なぜ、いままた（捏造事件の反省をふまえて）インダストリー論かを発言する。
2006 年	講演「インダストリー論から考古地域史論へ」　何を語ることができるか？

旧石器文化』という講座シリーズ本の一冊に、編集者のお一人であった麻生優さんから強引（?）に執筆を依頼されて書いたものです。そのときわたしは「インダストリー研究の方法」という表題にするようお願いしたのですが編集者に受け入れられず、インダストリーに"論"をつけたわたしの唯一の論文になりました。ところでこの短い論文の最末尾に当時次のようなことを書きました。

「改めて言うならば、インダストリー論の一つの目的は、多角的な検討を加えた完全な石器群の把握が、先土器時代文化の研究において、どこまで追究できるかという命題を、自らの研究の方向に課することにあった」

つまり難しい方法論や高次の理論を、不完全なかたちで当時さかんに述べ立てた反省をしなければならないのですが、その真の目的は遺跡をちゃんと発掘し、出土した石器をきちんと分析し研究しようという、いわば岩宿時代文化研究のための"実践論"であったということです。

たまたま昨日の谷和隆さんの研究発表「先土器時代における単位の捉え方——遺跡から石器文化を摘出する」の中で、「学生時代にはわからなかったが、野尻湖遺跡群の発掘や整理作業を通じて、インダストリー研究の意味がわかった」と発言されています。そしてその結果として谷さんが研究した日向林B遺跡の成果は、環状ブロック群の把握などの結果として、何十年前のわたしの予測を質・量ともに上まわる内容で、岩宿時代の歴史に迫る有意な歴史素材＝"単位"を捉えていると思いました。

ところでわたしが「インダストリー」というようなことを、はじめは原書からの受け売りであったとはいえ、その後執拗に言いつづけるようになったきっかけは、もう50年余り前のことになりますが、1952年に茶臼山遺跡を調査したときからです。この調査は信州でも最初の岩宿時代遺跡の発見であり、また発掘でもありましたが、大学一年生のわたしにとってもはじめて岩宿時代遺跡の調査の原体験の場でもありました。

茶臼山遺跡の発掘では約700点に達する、多量の黒耀石製の石器群が出土しました。いま700点で多量と言いましたが、谷さんが報告した日向林B遺跡では9000点の出土量があるわけですから、いまではもう茶臼山の700点などはものの数ではありません。しかし50年前、研究の中心であった関東地方では、一つの遺跡で数十点の出土量が最大で、ごく零細な石器群で編年等が論じられていました。

そうした状況もあったせいか、茶臼山遺跡の多量の黒耀石製石器群に対する、東京の学者の評価は大変に厳しいものでした。いわく「ナイフとブレイドが一緒に出るなんておかしい」とか、「信州のロームは堆積状態が悪く、すべてが混在している」とか、「そうした層位を分けられない発掘もだめだ」、「とくに磨製石斧まで共伴すというのでは、常識を疑う」などといった批判を受けたのです。

こうした"中央の権威"からの声を受けて、ともに調査を続けてきた藤森栄一先生や松沢亜生(つぐお)さん、そしてもちろんわたしも強い疑問と反発を感じました。もう気の短いわたしなどは、せっかく入学したばかりだが、大学などやめてしまいたいほどの怒りを覚えました。退学をひき止めてくれたのは藤森先生でした。「石器を自分たち独自の観方で研究して、批判に反撃してやろう」というような激励と慰めのような説得を受けて、松沢さんとわたしは多量の石器を必死になっていじりまわし、観察を始めました。

　その詳細をここで紹介する時間はありませんが、たとえば石器の技術論的な観察を進めた松沢さんの研究は、やがて旧石器技術論の基礎となり、いまでも岩宿時代研究史に確実に引き継がれていることはご承知のとおりです。またわたしは4年後の1956年に「茶臼山石器文化」という卒業論文を書き、岩宿時代の旧石器群研究の方法試論を、茶臼山遺跡の石器群を基本資料として提示しました。インダストリー研究のはじめです。

　以上お話ししましたように、岩宿時代研究史の第一の段階、「発見の時期」ともいわれる1960年代の終わりまでは、より完全な「インダストリー＝石器文化」を把握するために試行錯誤を続けていたというのが、わたしの自分史的な研究段階だったのです。

歴史学的認識の必要性

　茶臼山遺跡の発掘以来、わたしがインダストリー研究という点にこだわったのは、まだ本格的研究が始まったばかりの岩宿時代の旧石器群を、日本列島最古の歴史を知るために、その時代の歴史構成の基本資料（"単位"）として、それをどう生かすべきかという想いが強くあったからです。そうした考え方は大学に入る前、藤森栄一先生や宮坂英弌(ふさかず)先生から、地域の考古学研究や発掘などを通じて自然に身についたものでした。

　そのことの表われとして、インダストリー研究のことを論じたわたしの文章の中には、必ずといってよいほど「歴史学的認識」といったような言葉が出てきます。たとえばその一つである学位論文の中の一節です。「先土器時代文化の体系化の試みは、考古学的資料を歴史学的認識の基本資料として生かす、という方向性のもとで行わなければならない」といった表現です。これはとても青くさい生意気な言葉であって、具体論とはいえない理念あるいは夢というべき類のものです。

　こうしていわば理念が先行して書いたのが学位論文『先土器時代文化の構造』です。この論文を書いた1967年当時は、まだ全国的に資料が少なく、研究の水準からいっても、日本列島全体にわたって石器文化の特徴を比較して、論文の題名のような先土器時代文化の構造を体系的に叙述することなど到底不可能なことでした。だから今日の資料の自分史

年表には「この論文は不完全な内容に終わる」と自己評価のメモを書き入れておきました。

しかし茶臼山遺跡の発掘以来、インダストリー＝石器文化の完全な把握を追究し、その実践に基づいてインダストリーの概念を理論的に深め、そうして得られた「石器文化」を相互に比較し、その高位の文化構造として「地域文化」を確認し、さらに地域文化の動態を明らかにすることで、「時代文化」を構造的に捉えるという「インダストリー・カルチャー論」の方向性は、個々の遺跡や石器群の最も基本的な資料操作の段階から、つねにその研究のプロセスの中に歴史を意識する、別な言い方をすれば目的を明確にもった研究を進めるという意味で、重要な問題提起を果たした学位論文ではなかったのではなかろうかと、わずかに自らを慰めるのです。

「インダストリー論略史・自分史」の転機

ところでわたしが学位論文を書いた1967年前後の略史年表を見てください。前年の66年に砂川遺跡の発掘、翌年の68年には月見野遺跡群の発掘が記載されています。ともにあとになってから岩宿時代研究史のうえで重要な発掘と位置づけられているものです。

前に言ったわたしの学位論文の出版が遅れた最大の理由は、この2つの発掘の成果を時間的余裕がまったくないまま、論文の中に生かすことが不可能であったことに、わたしはためらいを感じて、すでに出版計画が進んでいたのをあえて断ってしまったのです。そして学位論文の自己評価のことは先ほど話しましたが、月見野遺跡群発掘のあとでは「インダストリーの見直し」を強く意識したのです。

どういうことかと言うと、60年代の後半まで研究史的には発見の時期ともいわれる初期の段階で、わずかな面積の遺跡の一部を掘って、わずかな石器群（1つのブロック程度の）を対象として組み立てた「インダストリー論」も、ましてや理論（念）的に構想した「インダストリー・カルチャー論」などといったものは、月見野遺跡や野川遺跡などで知られたような、広範囲に分布するブロック群、そして層位的に何層にもわたって重層して出土する豊富な石器群を前にして、まさに幻の考古学方法論であり、歴史理論であったかと思いつつ、「インダストリー・カルチャー論」の新しい体系化の方向性を模索しはじめようとしたのです。

この岩宿時代研究史の画期にもあたるこの辺りの学史的状況については、少しあとのことになりますが1992年に佐藤宏之さんが『日本旧石器文化の構造と進化』という本で詳しく分析しています。

そこでは、1960年代まで「インダストリー・カルチャー論」を基礎として、その後の

岩宿時代研究の枠組みと一つの規範を示してきた、"戸沢パラダイム"というものは、大規模開発の下での"大発掘時代"になった1970年代以降は、もう役に立たなくなったから、"パラダイム・シフト"つまりいったん放棄し、研究方針を一変させるべきだと、佐藤さんはずばりと指摘しています。

これを受けてわたしは1993年の講演「岩宿時代とその研究」で、佐藤さんの意見には基本的に同意を示し、早く新しいパラダイムを作って、岩宿時代の研究をさらに深めるよう、学界が協力して努力することを期待するという感想を述べました。

以上でわたしの話の柱の第一は終わることになりますが、「インダストリー論とは何だったのか」ということは、結局十分に答えられなかったのではないかと考えます。つまるところ「インダストリー論」などというものはなかったのです。はじめの話のほうで言ったように、遺跡をちゃんと掘り、それで得られるあらゆる情報や出土資料をきちんと分析すること、そしてその過程を通じてそれらの成果を歴史構成の基本資料としていかに生かすかという目標を、学問の方法論として追究することこそ、考古学研究者としての姿勢であり、インダストリーの研究は岩宿時代研究史の初期に、私自身に投げかけた研究の目的設定であったということです。

なぜ今またインダストリー論か

話がやや個人的なことにかたよりますが、1990年代に入ると何の運命のひきまわしか、わたしは大学運営の雑務に追いまわされるようになりました。そのため前世紀の最後の10年間はまともにフィールドに足を運ぶこともなく、学会活動もほとんど休止の状態でした。

2000年にやっと学長職から解放され、さてこれから何をやろうかと身辺整理にとりかかっていたとき、降ってわいたように「旧石器発掘捏造事件」が発覚いたしました。それ以来久しぶりのフィールドということで熱心に足を踏み入れたのは皮肉にも、東北各地の捏造旧石器遺跡ということになってしまいました。捏造の事実を一つひとつ検証していく過程で、なぜこんなことが起こったのだろうと考えながら、ひそかに50年前の茶臼山遺跡の発掘のこと、そしてその後のインダストリー研究に夢中に取り組んでいた頃のことを想い出して、東北地方を中心にして進行していた、前・中期旧石器遺跡の捏造などまったく気づかなかったことに対して、自分の60年にわたる考古学人生に空しさを感じていました。

そんな矢先（2001年）に竹佐中原遺跡の発見が伝えられました。故郷信州の遺跡でもあ

ったし、出土する石器が、岩宿時代のいままでの旧石器にくらべて、明らかに古そうな様相を示すということで、躍るような足どりで通ったフィールドでした。何回目かに遺跡に行った日、わたしが知る限り失礼ながら岩宿時代の研究には縁の薄かった、長野県埋文センターの市澤英利部長が、「ここの発掘はインダストリー論の方法で進めましょう。ついては……」ということでインダストリー研究に関するいろいろなことを質問されたのです。わたしはびっくりしましたし、いろいろ聞かれるうちに少々鼻が天狗になりかけたのでしょう。その後永年の沈黙を破るかのように、竹佐中原遺跡では何かといえばインダストリーという用語が飛び交い、石器の出土状態や石器群の捉え方、性格づけなどにインダストリー的解釈が連発することになりました。

　そうした調査の集約として2006年春、飯田市を会場として行われたのが、埋文センター主催のシンポジウムで「竹佐中原遺跡の調査と日本旧石器文化研究（仮題）」という総括講演でした。その中では、石器群については出土状況などを厳密に吟味し、石器群全体を形態や型式、その製作技術についてもまず客観的に分析すべきである、既知の器種名・型式名などを安易に使うことはやめよう、また年代測定などを優先して中期旧石器時代だとか後期だとかいう議論に熱中することはよそう。一つの石器文化として十分に検討したうえで、その歴史的な位置づけや海外関係を決定していこうなどということを、会場に集まったかなり多くの人びとに語りかけました。

考古学の存立基盤を守るために

　わたしとしてはまさに「なぜ、いままたインダストリー論か」という、個人的には少々いい気分で、竹佐中原遺跡や黒耀石原産地遺跡にぽつぽつ通いながら、その頃、旧論文などをまとめる作業を家にこもってやっていました。『考古地域史論』（新泉社、2003年）とか『歴史遺産を未来に残す』（新泉社、2005年）などがその結果です。しかしそうしているうちに、考古学をめぐる周辺の環境や社会の状況がますますひどくなっていくのを、ひしひしと肌に感じて心を傷めることが多くなりました。

　文化財保護行政は全国的に後退が進み、調査機関の縮少はおろか廃止ということさえ現実化しています。考古学も深くかかわるべき教育の問題でも、歴史教科書から考古学が消えていくことや、学校現場でのいじめや自殺といった教育の荒廃ぶりなど、目をそむけ、耳をふさぎたくなるようないやなことばかりです。それに輪をかけるように教育基本法を改悪し、それを手がかりに平和と自由・人権をわれわれに保証してきた憲法を改悪しようとする政治的策謀は、日本国民の生存権をおびやかすことになります。そしてそのことは

わたしたちの考古学の存立基盤を奪うことにつながることは必然です。いま辛うじて残っている埋文行政など、たちどころに自治体行政の中からリストラされ抹消されることは、現在、職場や身近なところで、いろいろなかたちで、みなさんが不安や危機を感じている現実を見れば明らかなことではないでしょうか。

　そうしたことの具体的な例を挙げることはここでは差し控えますが、いま直面するいくつかの文化財行政の問題にしても、わたしのような老人が闘わなければいけない対象がいくつかあります。考古学研究者としてまずみんなが力を合わせて実践しなければいけないことは、開発優先でただひたすらに掘りまくった莫大な量の考古資料、すなわち貴重な地域史の歴史遺産を、地域のそして日本の正しい歴史を構築するための基本資料として、どのように十分に生かしていくか、そしてそのことが地域の人びとの考古学に対する理解と、深い信頼につながる実践を積極的にすることです。

　今回のシンポジウムのレジュメでパネラーのお一人が述べているように、「大規模開発の嵐は過ぎ去り、大量の資料を得たわれわれは、残された分厚い報告書の中で、なすすべもなくただざまよい続けている」という状況認識を研究者が共有したうえで、その状況から一刻も早く脱却する道を見出さねばならないのです。今回のシンポジウムはそういう意図で企画され、こうして多くのみなさんが熱心に参加されたのだと考えます。

　20年間にわたる遺跡の捏造という、考古学史上（日本と世界を通じて）未曾有の不祥事を、なすところなく見逃してきた責任の上から言っても、日本の"旧石器研究者"は、学問としての考古学の存立基盤を確固とするために、卒先して反省と新しい努力を重ねなければいけないのです。

　「インダストリー研究を通して考古地域史の構想を、いいかえればインダストリー論から考古地域史論への展開を」というのが今回のわたしの話のキーワードでした。

　　　　　　　　　　　　　　　　　　　　　　（『語りかける縄文人』新泉社、2007年所収）

編者・執筆者紹介（掲載順）

戸沢充則（とざわ・みつのり）

1932年生まれ
明治大学名誉教授

鈴木次郎（すずき・じろう）

1948年生まれ
神奈川県埋蔵文化財センター主幹

矢島國雄（やじま・くにお）

1948年生まれ
明治大学文学部教授

小野正敏（おの・まさとし）

1947年生まれ
国立歴史民俗博物館副館長

安蒜政雄（あんびる・まさお）

1946年生まれ
明治大学文学部教授

織笠 昭（おりかさ・あきら）

1952年生まれ（2003年逝去）
東海大学文学部教授

＊写真構成・月見野の発掘
島田和高（しまだ・かずたか）

1970年生まれ
明治大学博物館学芸員

月見野の発掘——先土器時代研究の転換点

2009年3月30日　第1版第1刷発行

編　者＝戸沢充則

発行所＝株式会社　新　泉　社
東京都文京区本郷2-5-12
振替・00170-4-160936番　TEL 03(3815)1662　FAX 03(3815)1422
印刷・製本／創栄図書印刷

ISBN978-4-7877-0904-2　C1021